누구나

문장으로 완성하는

영작문

따 라 쓰 기

품사편

누구나 영작문 - 품사 편

초판 1쇄 인쇄 2017년 6월 13일
초판 1쇄 발행 2017년 6월 23일

지은이   오석태
펴낸이   임충배
편집   양경자
영업/마케팅   김요한
디자인   여수빈
펴낸곳   도서출판 삼육오 (PUB.365)
제작   (주)피앤엠123

출판신고 2014년 4월 3일
등록번호 제406-2014-000035호

경기도 파주시 산남로 183-25
TEL (031)946-3196 FAX (031)946-3171
홈페이지 www.pub365.co.kr

ISBN 979-11-86533-68-0 13740

이 도서의 국립중앙도서관 출판예정도서목록(CIP)은 서지정보유통지원시스템 홈페이지(http://seoji.nl.go.kr)와
국가자료공동목록시스템(http://www.nl.go.kr/kolisnet)에서 이용하실 수 있습니다.(CIP제어번호: CIP2017013688)

누구나 영작문 따라쓰기

품사편

문장으로 완성하는

따라 쓰 기

저자 오석태

Pub.365

유행의 발걸음은 참 빠릅니다.
뒤쳐져 어영부영 걷다가는 어색한 발자국만 남습
니다. 흉내만 내서는 그 유행에 동참하기 어렵습
니다. 소리 없는 비웃음과 자책으로 얼룩지고 맙
니다.

영어학습에서도 참 다양한 유행이 존재와 소멸
을 반복합니다. 인기와는 상관없는 유행의 반복입
니다. 영어 쓰기. 어느새 유행의 끝물로 보입니다.
그 끝에 제가 막차를 타고 있는 듯합니다. 그런
데 말이죠. 가만히 생각해보니 영어 쓰기는 단순
한 유행이 아니라는 생각이 듭니다.

**제가 영어를 처음 배우던 시절.
그 시절로 돌아가봅니다.** 단어를 외
우고 문장을 외울 때 어떤 방법이었을까? 쓰기였
습니다. 연필, 볼펜, 그리고 펜과 잉크를 들고 때
로는 하얀 노트에, 때로는 누런 갱지에 단어와 문
장을 하염없이 적어내려 갔습니다. 그랬습니다.
영어 쓰기는 유행이 아니라 영어의 시작이었습니
다.

**영어 쓰기가 유행을 탈 일은 없
습니다. 영어학습의 시작입니
다.** 그리고 그 시작이 이미 지났다 해도 어느 날
여유 있는 시간에 펜 한 자루 들고 영수증 뒷면에.
다이어리나 저널의 한 면에 긁적일 수 있는 것이
바로 영어 단어. 영어 한 문장입니다.

〈누구나 영작문〉에 적힌 280개의 문장들을 다 적고 난 후에는 늘 암송하고 다니세요. 그러면 그것들이 자연스레 응용되면서 삶에 새로운 자극을 받게 됨은 물론 예상치 못했던 영어실력의 향상이라는 큰 결과를 누리게 될 겁니다.

문제는 문장의 질(質)입니다. 어떤 문장을 쓰느냐는 겁니다. 그리고 그 문장을 통해서 무엇을 배울 수 있느냐 입니다. 말에서 나오는 가벼운 문장. 글에 등장하는 가벼운 문장. 하지만 단순히 가볍지만은 않은 문장. 영어의 어법을 제대로 배울 수 있는 문장. 그런 문장들로 이 쓰기 노트가 채워졌습니다.

〈누구나 영작문〉에 나오는 쉽고 탄탄한 문장들을 통해서 영어의 어법을 수월하게 익혀보세요. 한 문장 한 문장 적어 내려갈 때마다 기분이 새로워 질 겁니다. 문장의 팁을 약간은 진지하게 들여다보세요. 예전에 알았던 내용, 미처 신경 쓰지 못했던 내용, 새롭게 알게 되는 내용들이 자리를 잘 잡고 있을 겁니다. 영어라는 주제에 한동안 무심했던 내 뇌에 새로운 탄력을 주고, 그 탄력으로 흥분된 산소의 흐름이 다시 뇌에 전달되면 단순한 상쾌함을 넘어서 육체적 건강에까지 이어진답니다.

서
門

목차

Part **1**  연습

쓰기연습

HOWTO

이 책은 다음과 같이 7단계의 체계로
영작문을 연습합니다.

STEP O

필기체로 영어를 써 보셨어요?
호랑이 담배피던 시절에 a~z까지
연결하며 써봤던 기억이 좀~ ^^
영어 작문도 하며 더불어
나만의 영어 필기체가 완성되니 정말 멋지네요.
* 〈나만의 멋진 영어 필기체 완성〉 워크북 별매 4,900원

> **03** 자주 사용되는 접두어를 영어 필기체로 ✎
>
> In, Within (가운데, 안)의 뜻이 있는 것 : en-, inter-
>
> *enjoy*
>
> *envelope*
>
> inter*national* 국제
>
> *international*

STEP I

> **정관사**
>
> **햇빛이 내 눈으로 들어가고 있다.**
>
> 주어 　　　　　 서술어
>
> 햇빛이 　　　 들어가고 있다

총 280개 문장으로
영작을 완성합니다.
먼저 주어와 서술어를 찾습니다.

STEP 2

영작을 하기 위한 주요 단어
먼저 학습을 해볼까요?
아는 단어일 수도 있고,
그렇지 않을 수도 있고…
꼭 암기하고 넘어가세요.

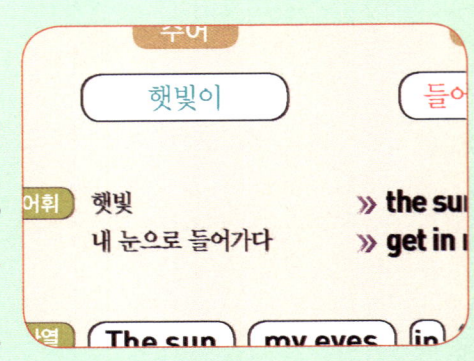

주어

햇빛이　　　　　들어

어휘　햇빛　　　　》 the su
　　　내 눈으로 들어가다　》 get in

열　The sun　my eyes　in

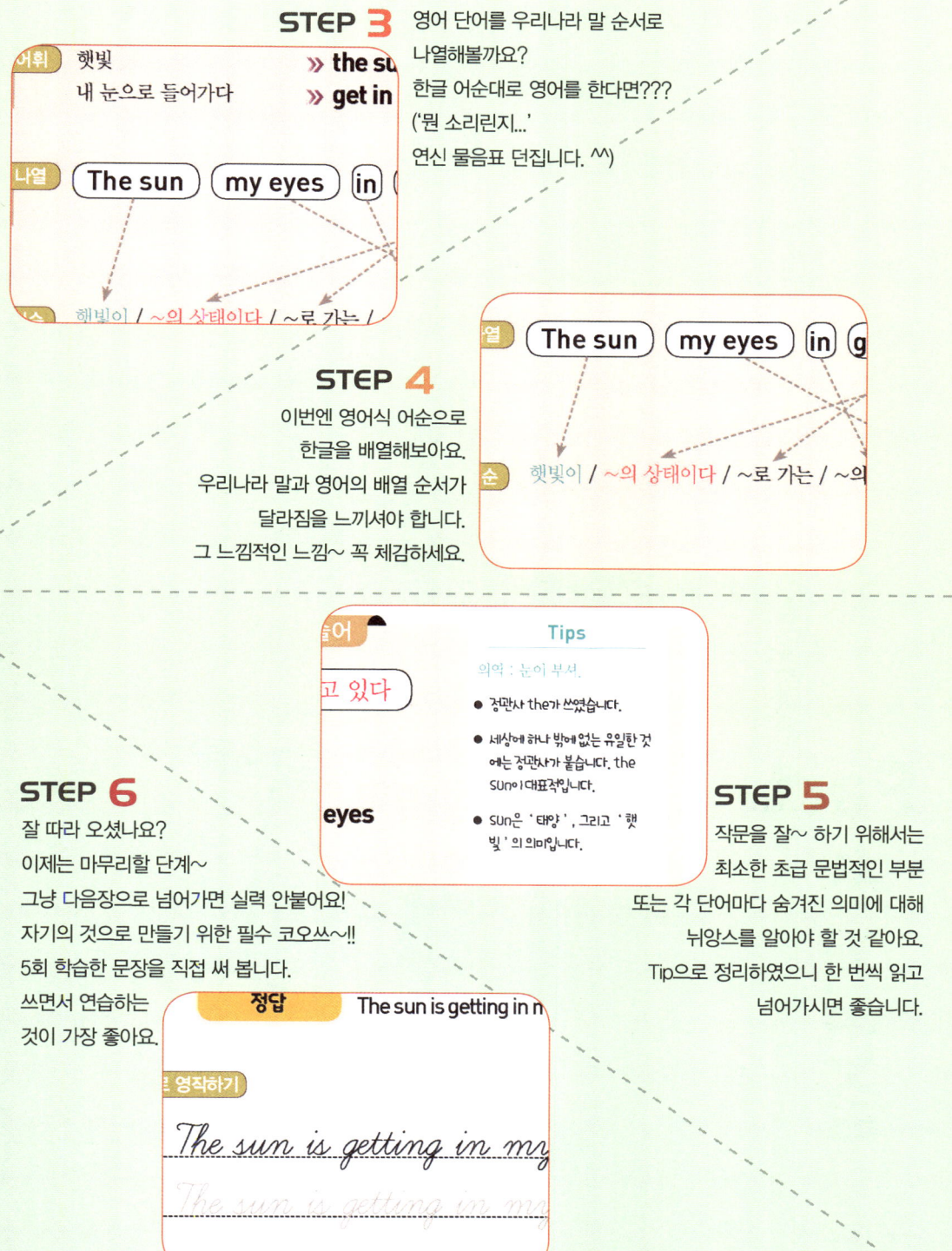

STEP 3

영어 단어를 우리나라 말 순서로
나열해볼까요?
한글 어순대로 영어를 한다면???
('뭔 소리린지...'
연신 물음표 던집니다. ^^)

어휘 햇빛 » **the su**
내 눈으로 들어가다 » **get in**

나열 (The sun) (my eyes) (in)

소 햇빛이 / ~의 상태이다 / ~로 가는 /

STEP 4

이번엔 영어식 어순으로
한글을 배열해보아요.
우리나라 말과 영어의 배열 순서가
달라짐을 느끼셔야 합니다.
그 느낌적인 느낌~ 꼭 체감하세요.

열 (The sun) (my eyes) (in) (g

순 햇빛이 / ~의 상태이다 / ~로 가는 / ~의

단어 ꒰고 있다

Tips

의역 : 눈이 부셔.

● 정관사 the가 쓰였습니다.

● 세상에 하나 밖에 없는 유일한 것
에는 정관사가 붙습니다. the
sun이 대표적입니다.

● sun은 '태양', 그리고 '햇
빛'의 의미입니다.

eyes

STEP 6

잘 따라 오셨나요?
이제는 마무리할 단계~
그냥 다음장으로 넘어가면 실력 안붙어요!
자기의 것으로 만들기 위한 필수 코오쓰~!!
5회 학습한 문장을 직접 써 봅니다.
쓰면서 연습하는
것이 가장 좋아요.

정답 The sun is getting in m

영작하기

The sun is getting in my

The sun is getting in m

STEP 5

작문을 잘~ 하기 위해서는
최소한 초급 문법적인 부분
또는 각 단어마다 숨겨진 의미에 대해
뉘앙스를 알아야 할 것 같아요.
Tip으로 정리하였으니 한 번씩 읽고
넘어가시면 좋습니다.

Part **1**

쓰기연습

Cursive
Handwriting

★ 본 도서는 영어 문장을 필기체로 직접 쓰면서 학습합니다.

★ 홈페이지에서 무료로 필기체 연습 노트를 제공합니다.

★ www.pub365.co.kr 〉 도서자료실 〉 "필기체" 검색

★ 〈나만의 멋진 영어 필기체 완성〉 별매 / 4,900원

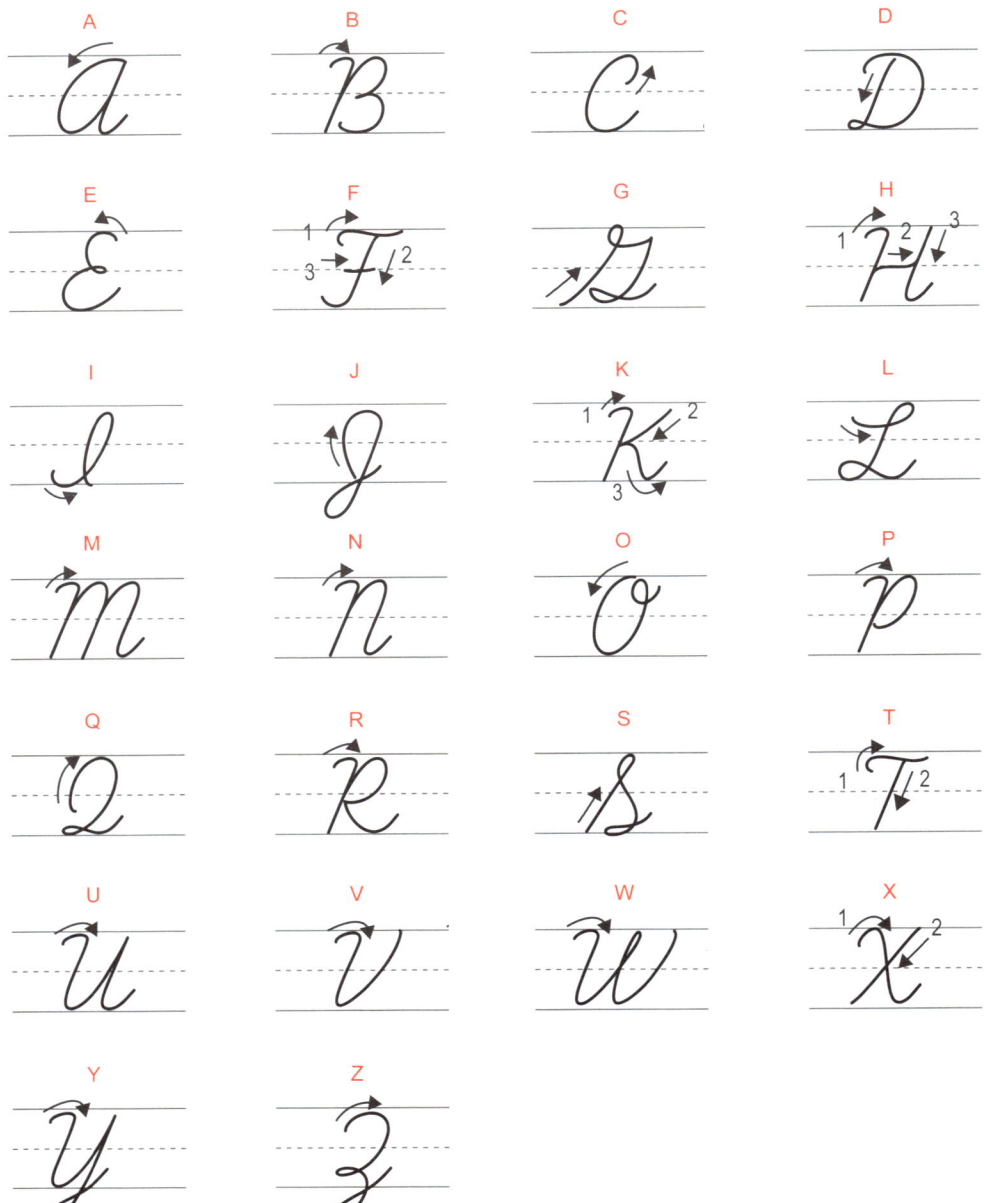

* 홈페이지(www.pub365.co.kr) 도서자료실에서 필기체 연습용 워크시트를 다운받을 수 있습니다.

A

B

C

D

E

F

G

H

I

J

K

L

M

N

O

P

Q

R

S

T

U

V

W

X

Y

Z

a

b

c

d

e

f

g

h

i

j

k

l

m

n

o

p

q

r

s

t

u

v

w

x

y

z

* 홈페이지(www.pub365.co.kr) 도서자료실에서 필기체 연습용 워크시트를 다운받을 수 있습니다.

a b c d

e f g h

i j k l

m n o p

q r s t

u v w x

y z

Before, Forward (앞, 전진)의 뜻이 있는 것 : pre-, pro-   **pre**dict 예언하다 / **pre**vious 앞의

predict predict

previous previous

proceed 진행하다 / **pro**gress 진보하다

proceed proceed

progress progress

After, Backward (뒤, 후퇴)의 뜻이 있는 것 : post-   **post**erity 자손 / **post**pone 연기하다

posterity posterity

postpone postpone

Down, Under (아래)의 뜻이 있는 것 : sub-, sup-   **sub**marine 잠수함 / **sub**way 지하철

submarine submarine

subway subway

support 지탱하다 / **sup**pose 예상하다

support support

suppose suppose

Negative (부정)의 뜻이 있는 것 : mis-, dis-

misfortune 불행 / misfit 부적합

misfortune

misfit

discomfort 불쾌 / dishonest 정직하지 않은

discomfort

dishonest

Against (반대)의 뜻이 있는 것 : anti-

antidote 해독제 / antipathy 반감

antidote

antipathy

Away, From (분리)의 뜻이 있는 것 : de-, se-

decline 거절하다 / deliver 배달하다

decline

deliver

separate 분리하다 / serve 절단하다

separate

serve

In, Within (가운데, 안)의 뜻이 있는 것 : en-, inter-

enjoy 즐기다 / **en**velope 봉투

enjoy

envelope

international 국제의 / **inter**cept 도중에서 빼앗다

international

intercept

After, Backward (뒤, 후퇴)의 뜻이 있는 것 : ex-

exhibit 전시하다 / **ex**pose 노출하다

exhibit

expose

With (합동)의 뜻이 있는 것 : com-, sym-

compassion 동정 / **com**panion 동료, 상대

compassion

companion

sympathy 동정심 / **sym**phony 교향곡

sympathy

symphony

20

수에 관한 것 : uni-, twi-

uniform 제복 / unit 단위

uniform uniform

unit unit

twice 두 번 / twin 쌍둥이

twice twice

twin twin

Around (주위)의 뜻이 있는 것 : circu-

circuit 주변 / circulate 순환하다

circuit circuit

circulate circulate

Good (좋음)의 뜻이 있는 것 : beni-, wel-

benign 친절한 / benison 축복

benign benign

benison benison

welcome 환영하다 / welfare 행복

welcome welcome

welfare welfare

Abstract Noun (추상명사)을 만드는 것 : –al, –ure

survival 살아남음 / denial 부정

survival survival

denial denial

culture 문화 / adventure 모험

culture culture

adventure adventure

Major (전공)의 뜻이 있는 것 : –ics

mathematics 수학 / physics 물리학

mathematics mathematics

physics physics

Plenty (충분한)의 뜻이 있는 것 : –ful, –ous

careful 주의 깊은 / useful 유용한

careful careful

useful useful

famous 유명한 / perilous 위태로운

famous famous

perilous perilous

Ability (가능성)의 뜻이 있는 것 : −able, −ible

eat**able** 먹을 수 있는 / lov**able** 사랑스러운

eatable eatable

lovable lovable

cred**ible** 믿을 수 있는 / impress**ible** 느끼기 쉬운

impressible impressible

credible credible

Like (~와 같은,~다운)의 뜻이 있는 것 : −like

man**like** 남자다운 / god**like** 신과 같은

manlike manlike

godlike godlike

Direction (방향)의 뜻이 있는 것 : −ern, −wards

west**ern** 서쪽의 / east**ern** 동쪽의

western western

eastern eastern

down**wards** 아래쪽으로 / for**wards** 전방에

downwards downwards

forwards forwards

Part 2

품사편

제 **1** 장

명사

보통명사

그는 자기 책상에 앉아 있었다.

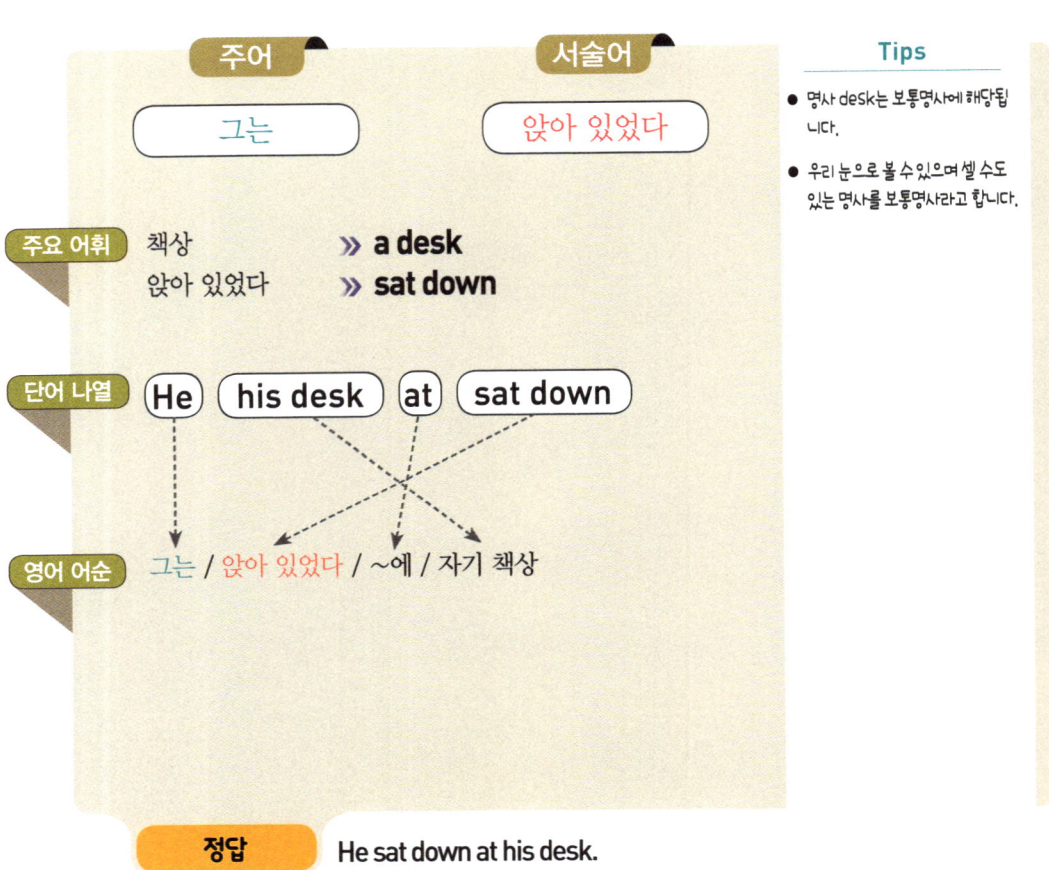

주어 그는

서술어 앉아 있었다

주요 어휘
책상 » **a desk**
앉아 있었다 » **sat down**

단어 나열 He / his desk / at / sat down

영어 어순 그는 / 앉아 있었다 / ~에 / 자기 책상

정답 He sat down at his desk.

필기체로 영작하기

He sat down at his desk.

He sat down at his desk.

He sat down at his desk.

002 그 TV는 작은 탁자 위에 놓여 있었다.

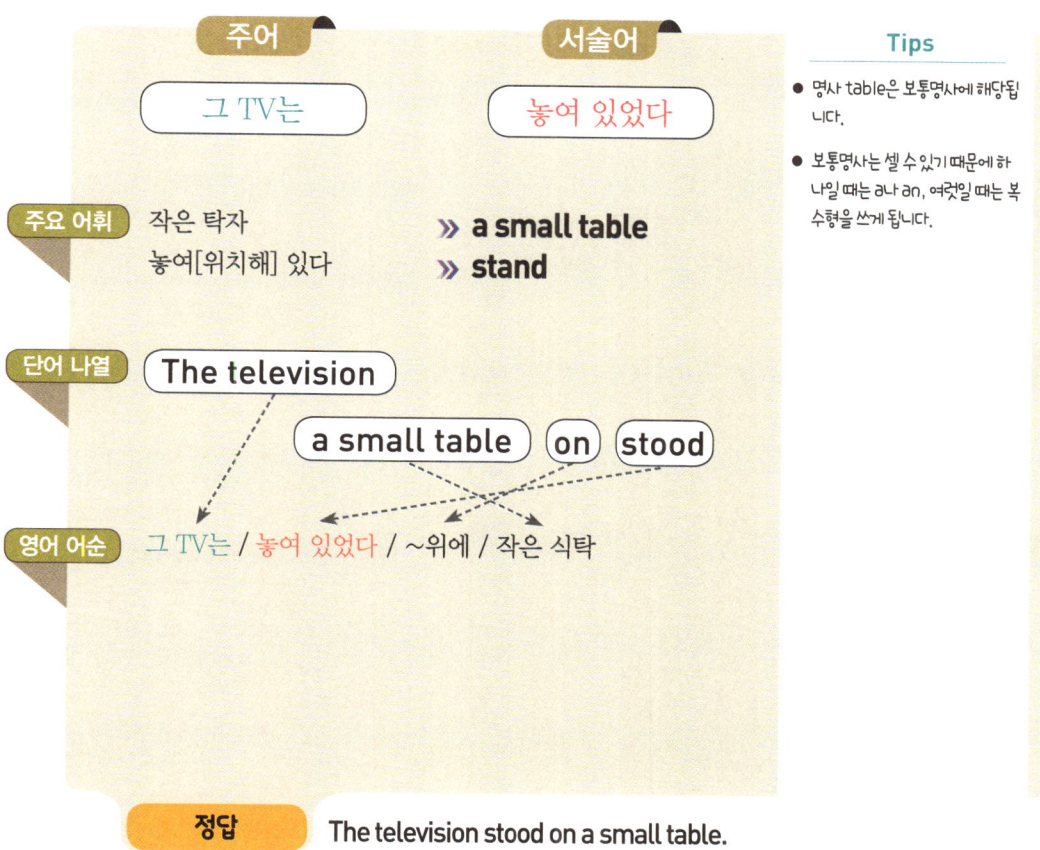

주어

그 TV는

서술어

놓여 있었다

Tips

● 명사 table은 보통명사에 해당됩니다.

● 보통명사는 셀 수 있기 때문에 하나일 때는 a나 an, 여럿일 때는 복수형을 쓰게 됩니다.

주요 어휘

작은 탁자　　　　》 **a small table**
놓여[위치해] 있다　》 **stand**

단어 나열

The television

a small table　on　stood

영어 어순

그 TV는 / 놓여 있었다 / ~위에 / 작은 식탁

정답　The television stood on a small table.

필기체로 영작하기

The television stood on a small table.

The television stood on a small table.

The television stood on a small table.

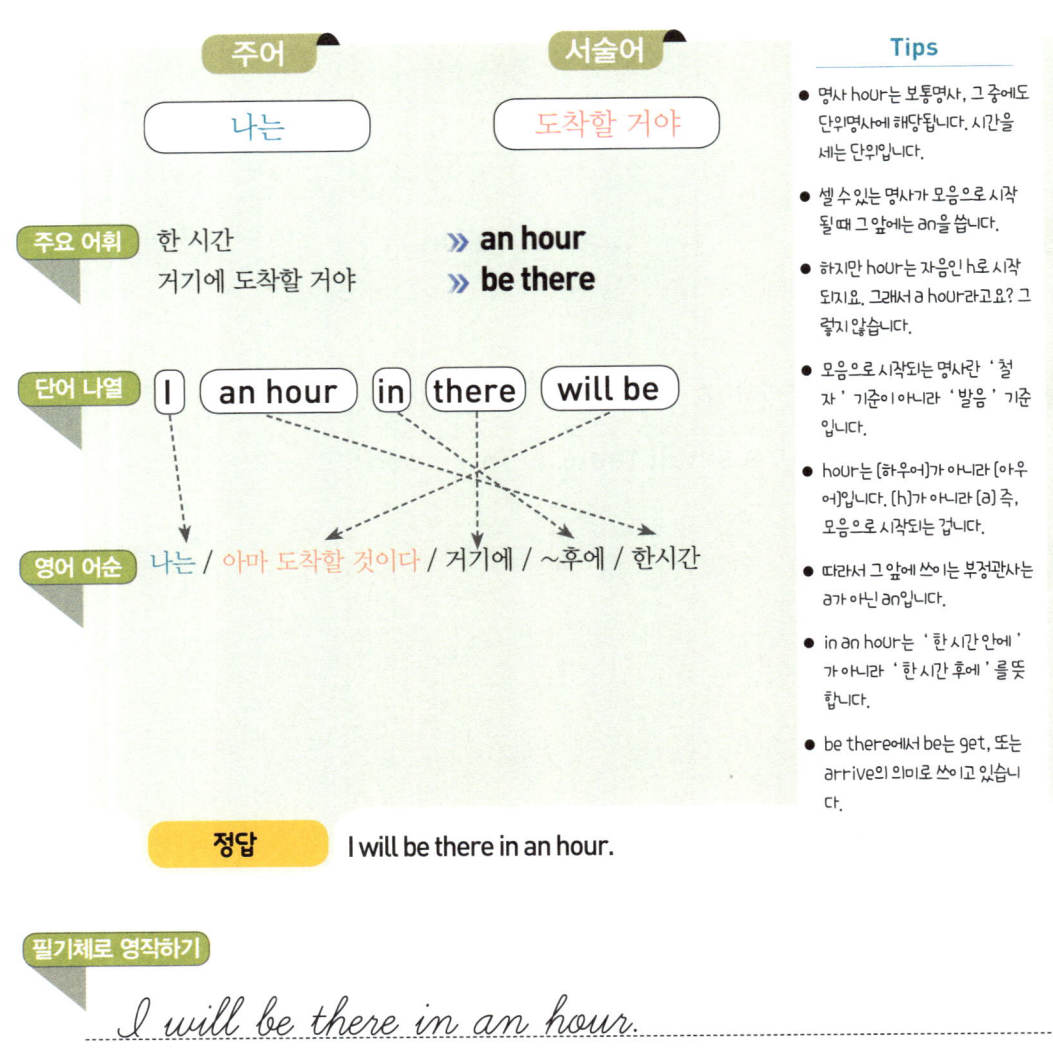

003 보통명사

나는 한 시간 후에 거기에 도착할 거야.

주어

나는

서술어

도착할 거야

주요 어휘
한 시간 » **an hour**
거기에 도착할 거야 » **be there**

단어 나열 I · an hour · in · there · will be

영어 어순 나는 / 아마 도착할 것이다 / 거기에 / ~후에 / 한시간

Tips

- 명사 hour는 보통명사, 그 중에도 단위명사에 해당됩니다. 시간을 세는 단위입니다.

- 셀 수 있는 명사가 모음으로 시작될 때 그 앞에는 an을 씁니다.

- 하지만 hour는 자음인 h로 시작되지요. 그래서 a hour라고요? 그렇지 않습니다.

- 모음으로 시작되는 명사란 '철자' 기준이 아니라 '발음' 기준입니다.

- hour는 [하우어]가 아니라 [아우어]입니다. [h]가 아니라 [a] 즉, 모음으로 시작되는 겁니다.

- 따라서 그 앞에 쓰이는 부정관사는 a가 아닌 an입니다.

- in an hour는 '한 시간 안에'가 아니라 '한 시간 후에'를 뜻합니다.

- be there에서 be는 get, 또는 arrive의 의미로 쓰이고 있습니다.

정답 I will be there in an hour.

필기체로 영작하기

I will be there in an hour.

I will be there in an hour.

I will be there in an hour.

004 나는 커피 한 잔 마셔야 할 필요가 있다.

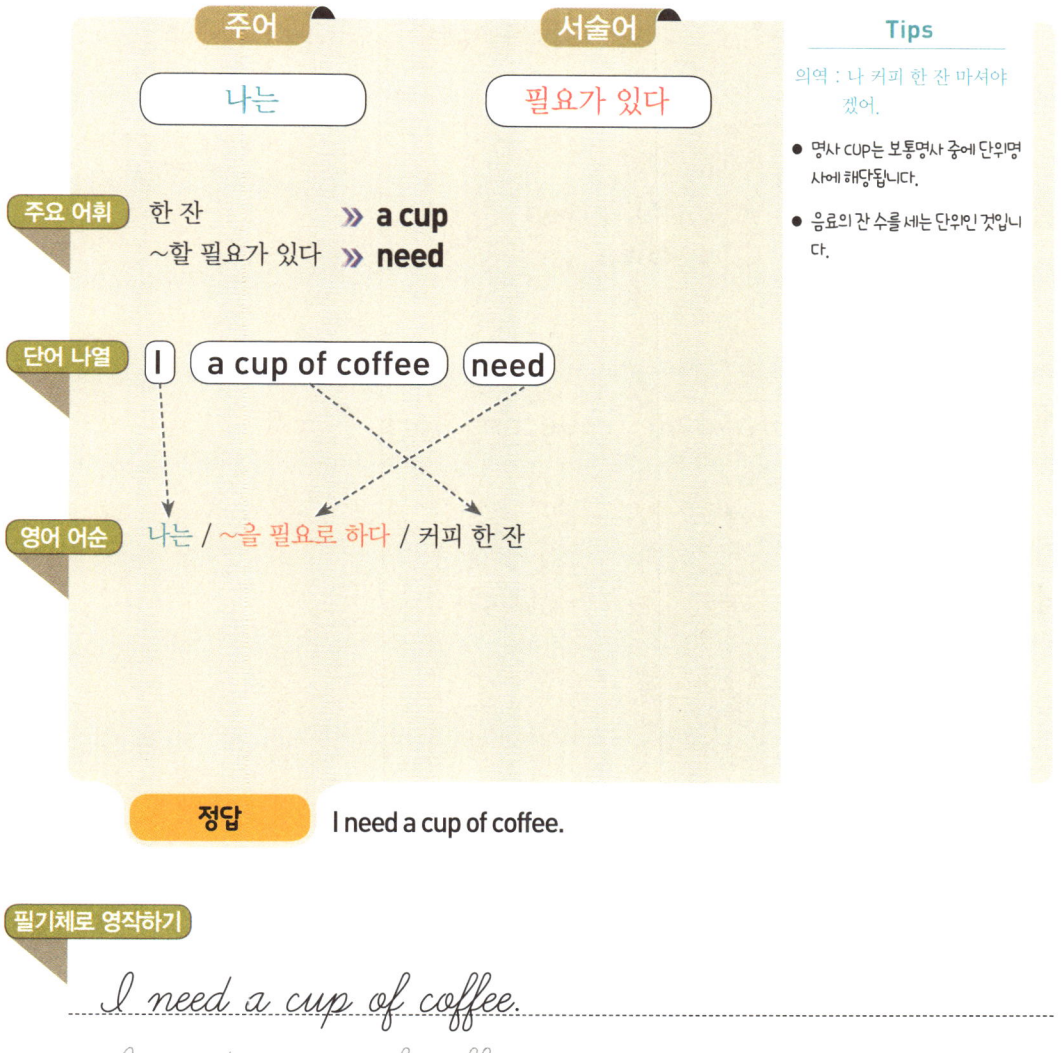

주어	서술어
나는	필요가 있다

주요 어휘
한 잔　　　　　≫ **a cup**
~할 필요가 있다 ≫ **need**

단어 나열　I　a cup of coffee　need

영어 어순　나는 / ~을 필요로 하다 / 커피 한 잔

정답　I need a cup of coffee.

필기체로 영작하기

I need a cup of coffee.
I need a cup of coffee.
I need a cup of coffee.

005 우리는 지금 정보를 수집하는 중입니다.

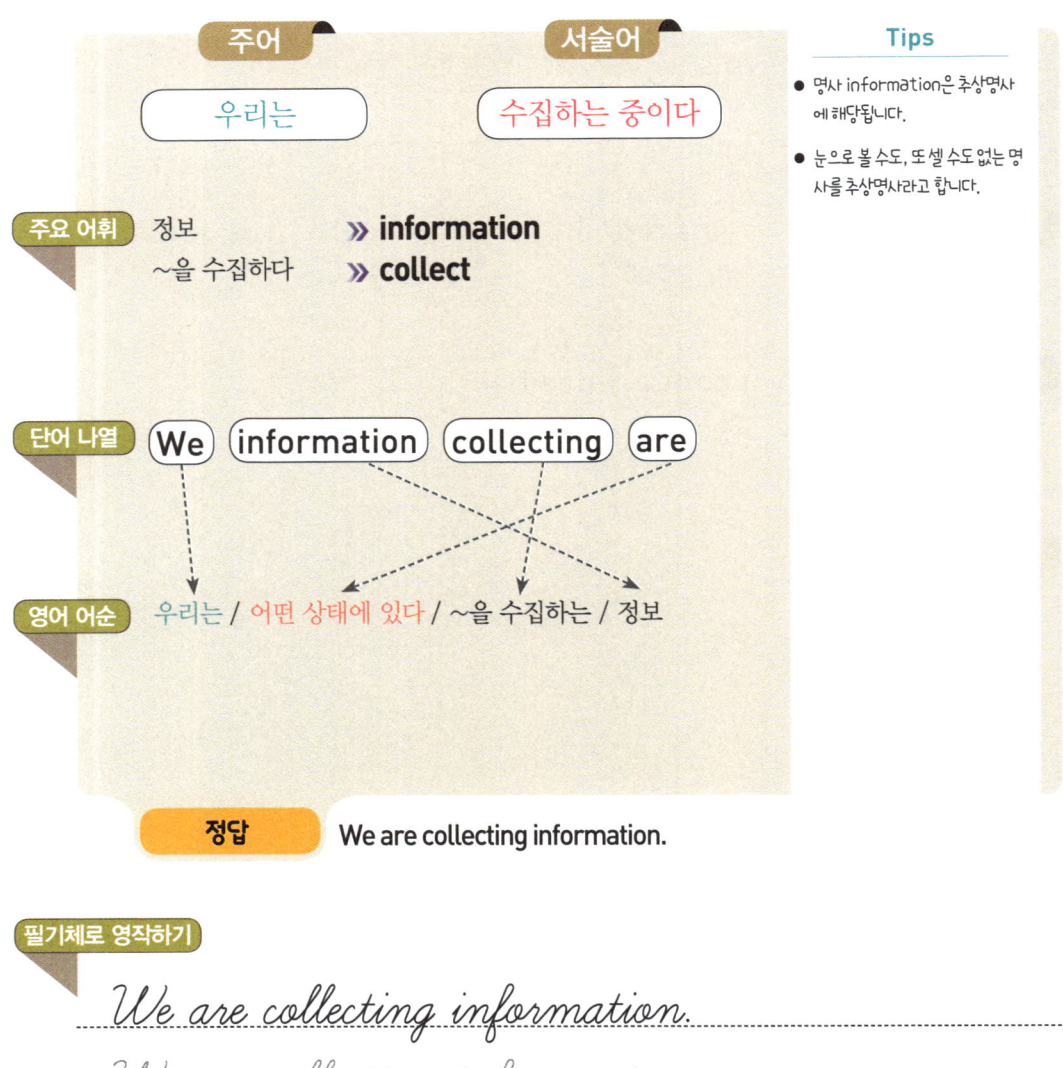

주어	서술어
우리는	수집하는 중이다

Tips
- 명사 information은 추상명사에 해당됩니다.
- 눈으로 볼 수도, 또 셀 수도 없는 명사를 추상명사라고 합니다.

주요 어휘
정보 »information
~을 수집하다 »collect

단어 나열 We information collecting are

영어 어순 우리는 / 어떤 상태에 있다 / ~을 수집하는 / 정보

정답 We are collecting information.

필기체로 영작하기

We are collecting information.
We are collecting information.
We are collecting information.

006 나는 감사와 죄책감의 결합물을 느꼈다.

주어 나는

서술어 느꼈다

주요 어휘
감사 » **gratitude**
죄책감 » **guilt**
결합물 » **a combination**

단어 나열
I (gratitude) (and) (guilt) (of)
(a combination) (felt)

영어 어순
나는 / ~을 느꼈다 / 결합물 / ~의 / 감사 / 그리고 / 죄책감

Tips

의역 : 감사와 죄책감이 동시에 들었다.

● 명사 combination은 추상명사이면서 동시에 보통명사입니다. '조합'은 추상명사이고 '조합물'의 뜻을 가질 때 셀 수 있는 보통명사가 되는 것입니다.

● gratitude와 guilt는 셀 수 없는 추상명사에 해당됩니다.

정답 I felt a combination of gratitude and guilt.

필기체로 영작하기

I felt a combination of gratitude and guilt.
I felt a combination of gratitude and guilt.
I felt a combination of gratitude and guilt.

31

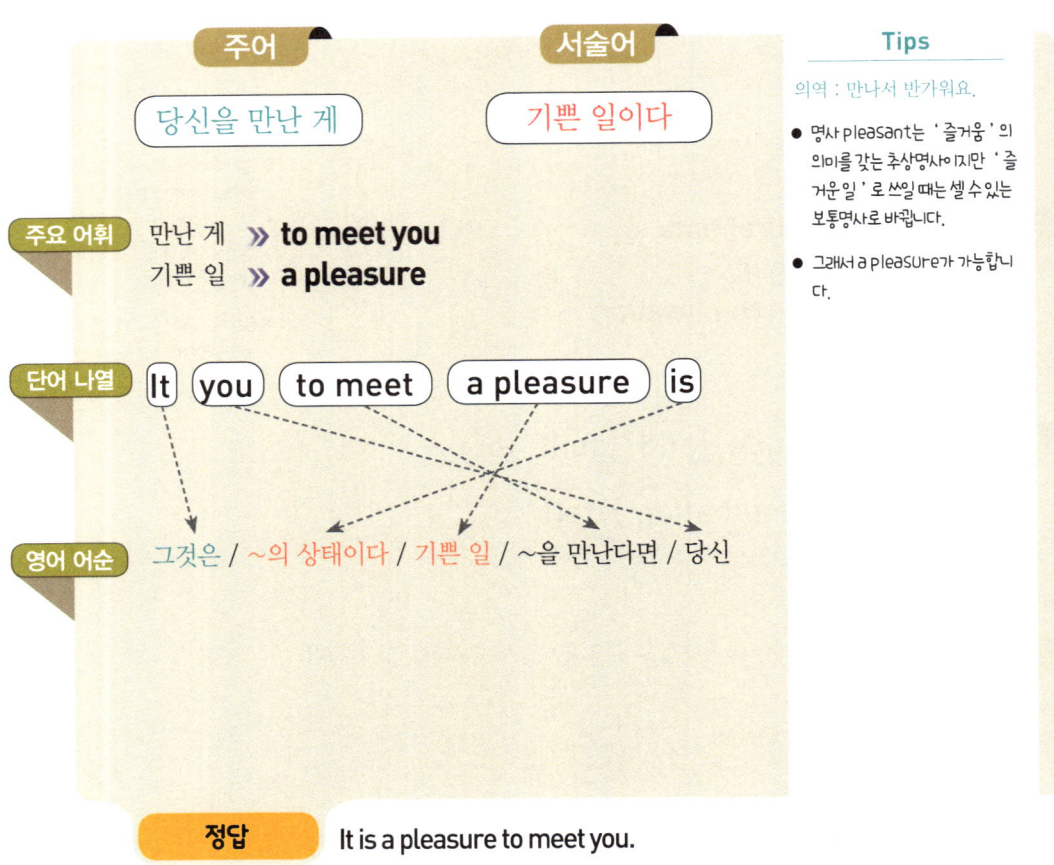

007 추상명사

당신을 만난 게 정말 기쁜 일입니다.

주어

당신을 만난 게

서술어

기쁜 일이다

주요 어휘

만난 게 》 **to meet you**
기쁜 일 》 **a pleasure**

단어 나열

It you to meet a pleasure is

영어 어순

그것은 / ~의 상태이다 / 기쁜 일 / ~을 만난다면 / 당신

Tips

의역 : 만나서 반가워요.

● 명사 pleasant는 '즐거움'의 의미를 갖는 추상명사이지만 '즐거운 일'로 쓰일 때는 셀 수 있는 보통명사로 바뀝니다.

● 그래서 a pleasure가 가능합니다.

정답 It is a pleasure to meet you.

필기체로 영작하기

It is a pleasure to meet you.

It is a pleasure to meet you.

It is a pleasure to meet you.

008 나는 약간의 돈을 내 은행계좌에 넣었다.

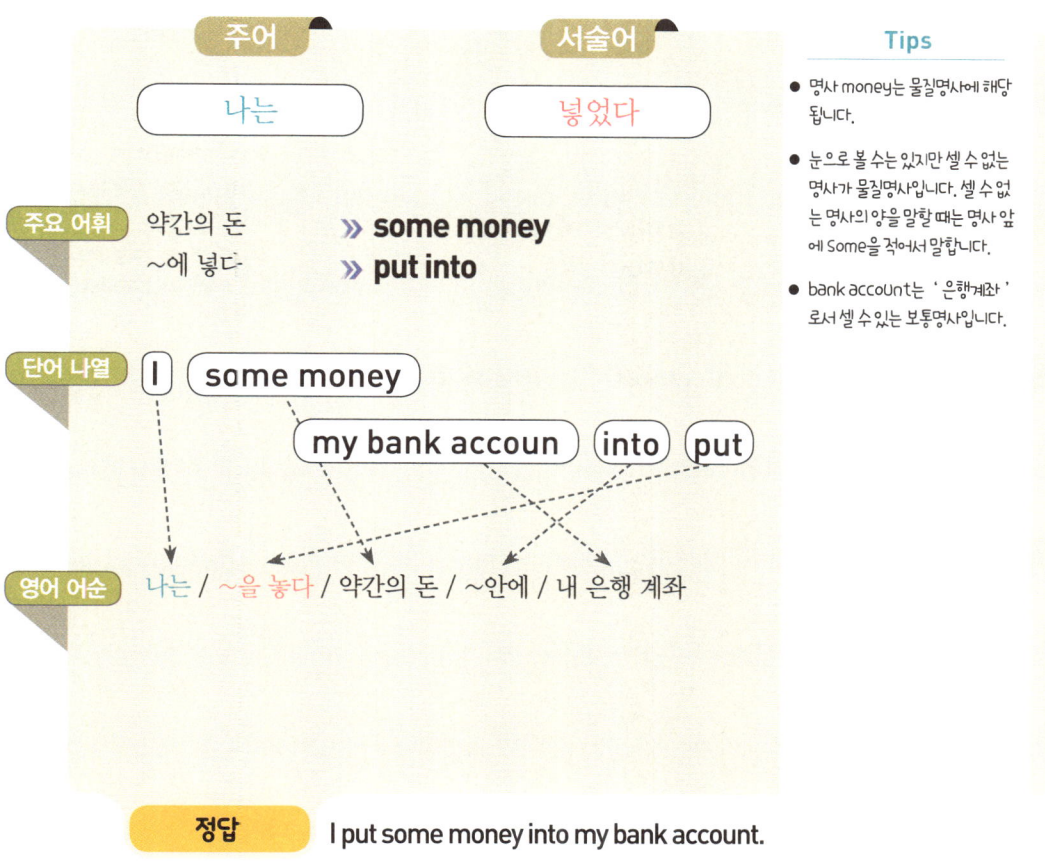

주어
나는

서술어
넣었다

Tips

● 명사 money는 물질명사에 해당됩니다.

● 눈으로 볼 수는 있지만 셀 수 없는 명사가 물질명사입니다. 셀 수 없는 명사의 양을 말할 때는 명사 앞에 some을 적어서 말합니다.

● bank account는 '은행계좌'로서 셀 수 있는 보통명사입니다.

주요 어휘
약간의 돈 　　》 **some money**
~에 넣다 　　》 **put into**

단어 나열
I 　 some money
my bank accoun 　 into 　 put

영어 어순
나는 / ~을 놓다 / 약간의 돈 / ~안에 / 내 은행 계좌

정답 I put some money into my bank account.

필기체로 영작하기

I put some money into my bank account.

I put some money into my bank account.

I put some money into my bank account.

저는 물 한 잔을 원합니다.

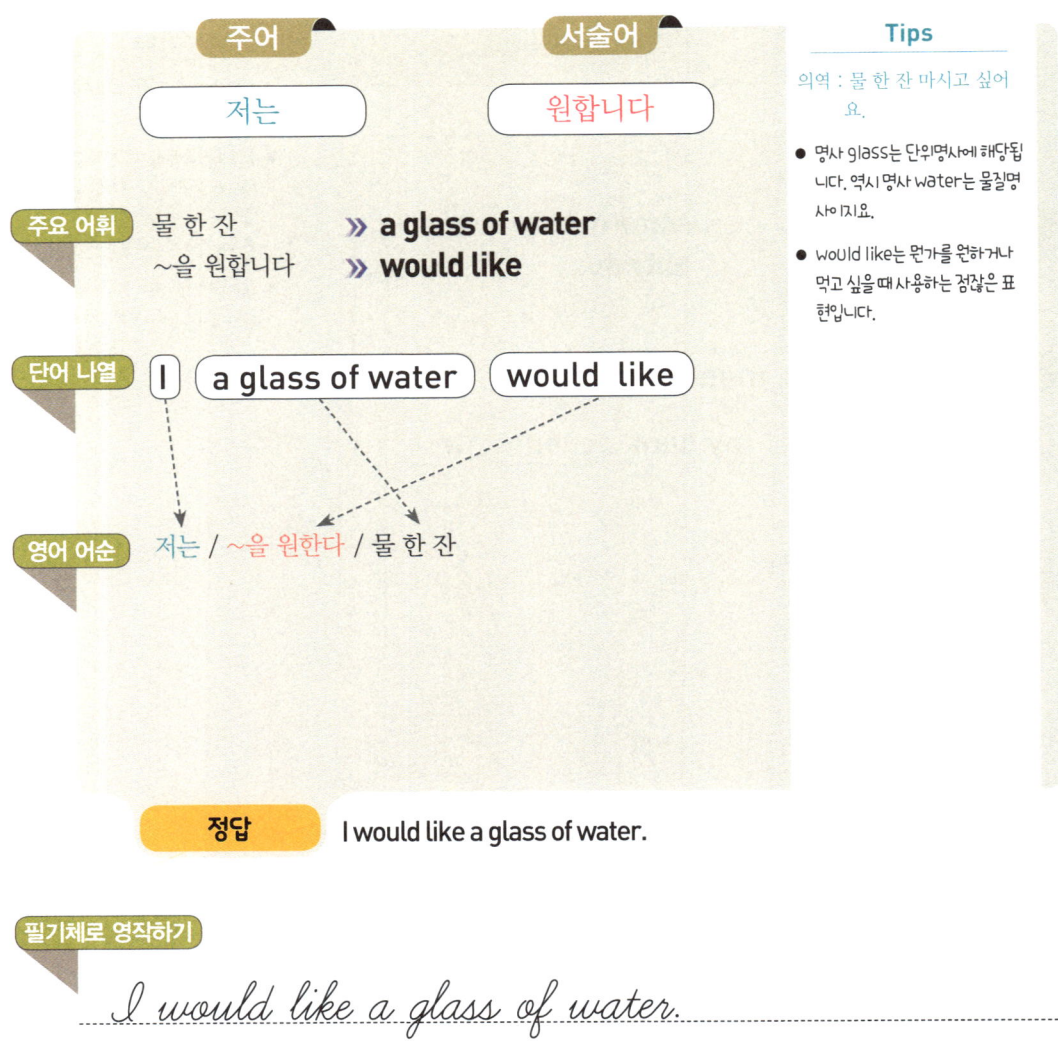

주어 　저는

서술어 　원합니다

Tips

의역 : 물 한 잔 마시고 싶어
　　　요.

● 명사 glass는 단위명사에 해당됩
니다. 역시 명사 water는 물질명
사이지요.

● would like는 먼가를 원하거나
먹고 싶을 때 사용하는 점잖은 표
현입니다.

주요 어휘 　물 한 잔 　　》 **a glass of water**
　　　　　~을 원합니다 　》 **would like**

단어 나열 　I 　a glass of water 　would like

영어 어순 　저는 / ~을 원한다 / 물 한 잔

정답 　　　I would like a glass of water.

필기체로 영작하기

I would like a glass of water.
I would like a glass of water.
I would like a glass of water.

010 그의 가족은 매우 독실하다.

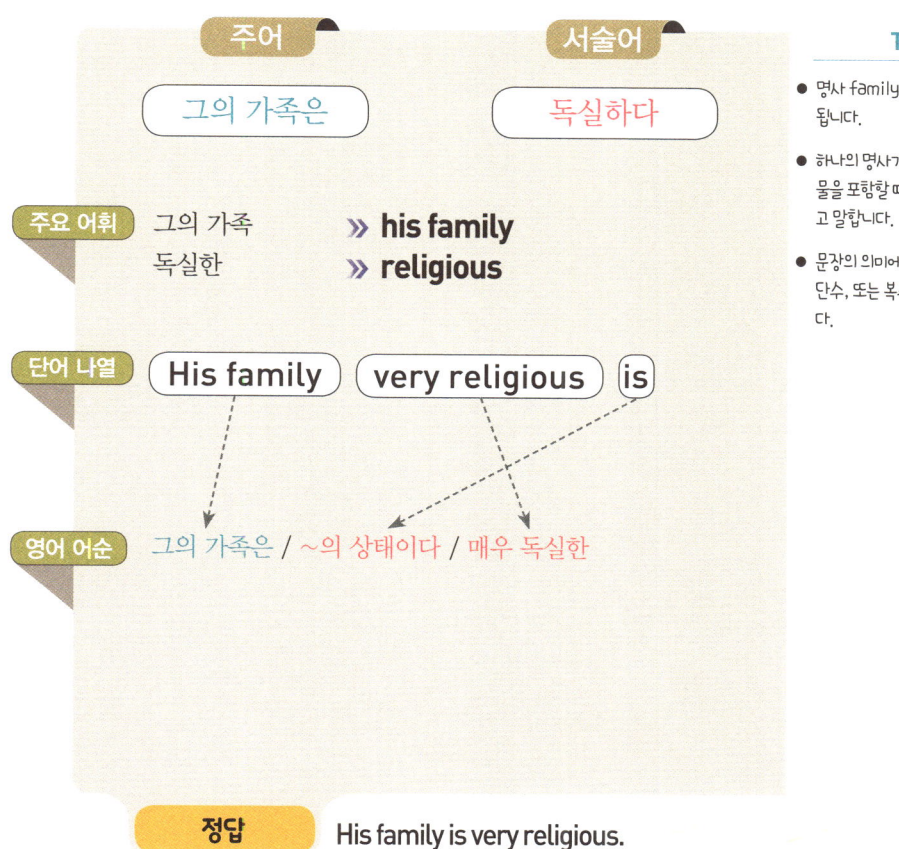

주어 그의 가족은

서술어 독실하다

Tips

- 명사 family는 집합명사에 해당됩니다.
- 하나의 명사가 여러 사람이나 사물을 포함할 때 그것을 집합명사라고 말합니다.
- 문장의 의미에 따라서 family를 단수, 또는 복수로 받을 수 있습니다.

주요 어휘

그의 가족 » his family
독실한 » religious

단어 나열

His family   very religious   is

영어 어순

그의 가족은 / ~의 상태이다 / 매우 독실한

정답 His family is very religious.

필기체로 영작하기

His family is very religious.

His family is very religious.

His family is very religious.

Part **2**

품사편

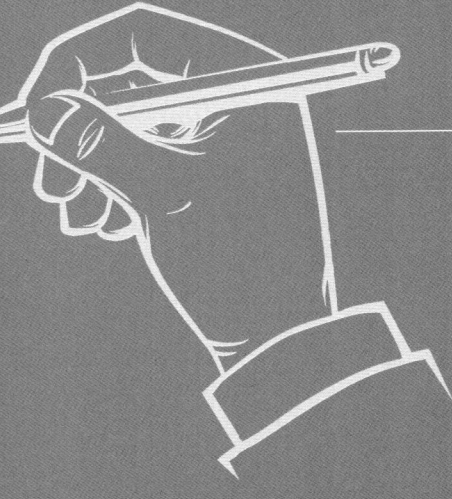

제2장
관사

011 부정관사

저 벤치 위에 어떤 남자가 있다.

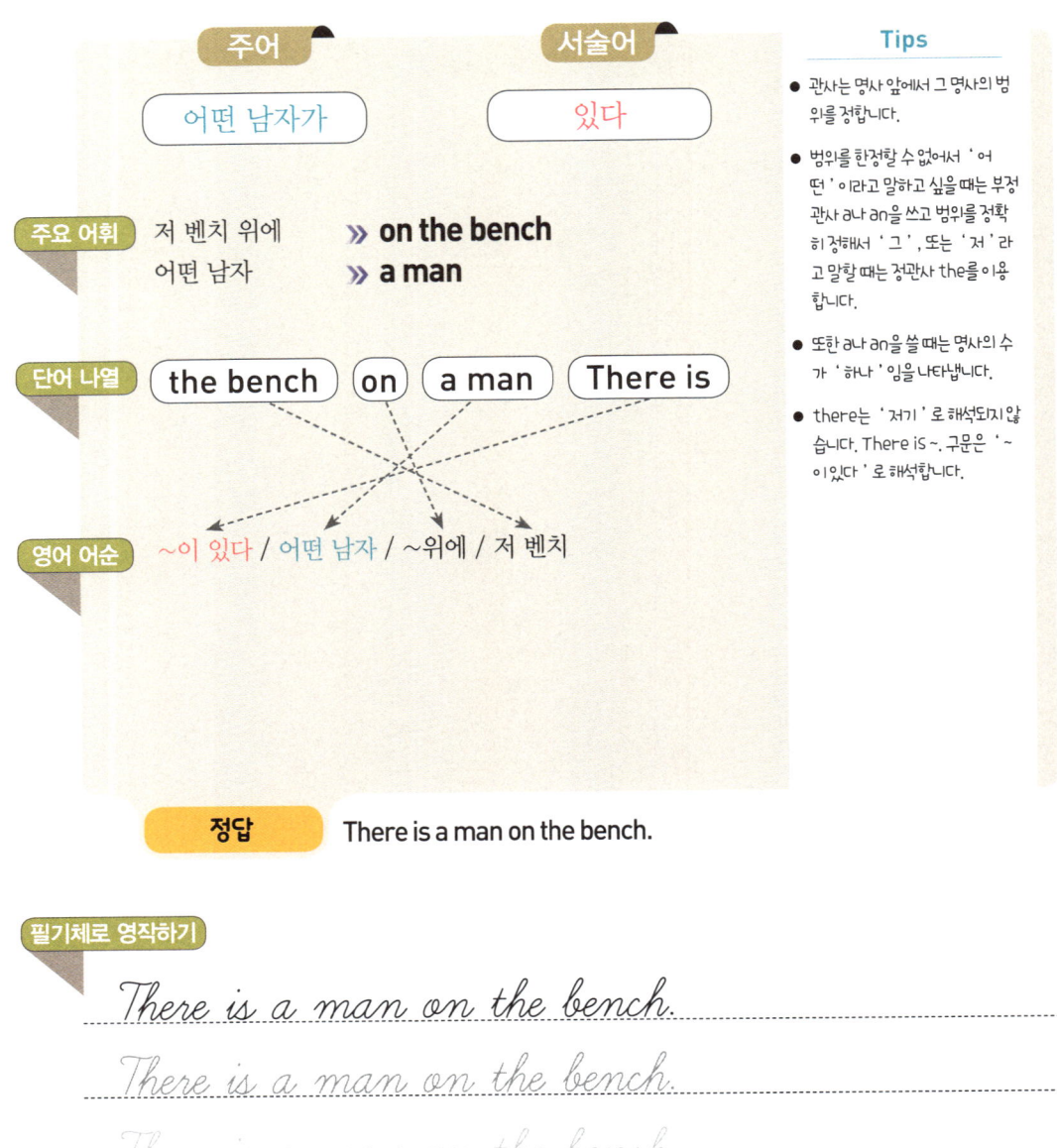

주어	서술어
어떤 남자가	있다

주요 어휘

저 벤치 위에 » **on the bench**
어떤 남자 » **a man**

단어 나열

the bench · on · a man · There is

영어 어순

~이 있다 / 어떤 남자 / ~위에 / 저 벤치

Tips

- 관사는 명사 앞에서 그 명사의 범위를 정합니다.

- 범위를 한정할 수 없어서 '어떤'이라고 말하고 싶을 때는 부정관사 a나 an을 쓰고 범위를 정확히 정해서 '그', 또는 '저'라고 말할 때는 정관사 the를 이용합니다.

- 또한 a나 an을 쓸 때는 명사의 수가 '하나'임을 나타냅니다.

- there는 '저기'로 해석되지 않습니다. There is ~. 구문은 '~이 있다'로 해석합니다.

정답 There is a man on the bench.

필기체로 영작하기

There is a man on the bench.

There is a man on the bench.

There is a man on the bench.

부정관사

그것은 (하나의) 아주 즐거운 경험이었다.

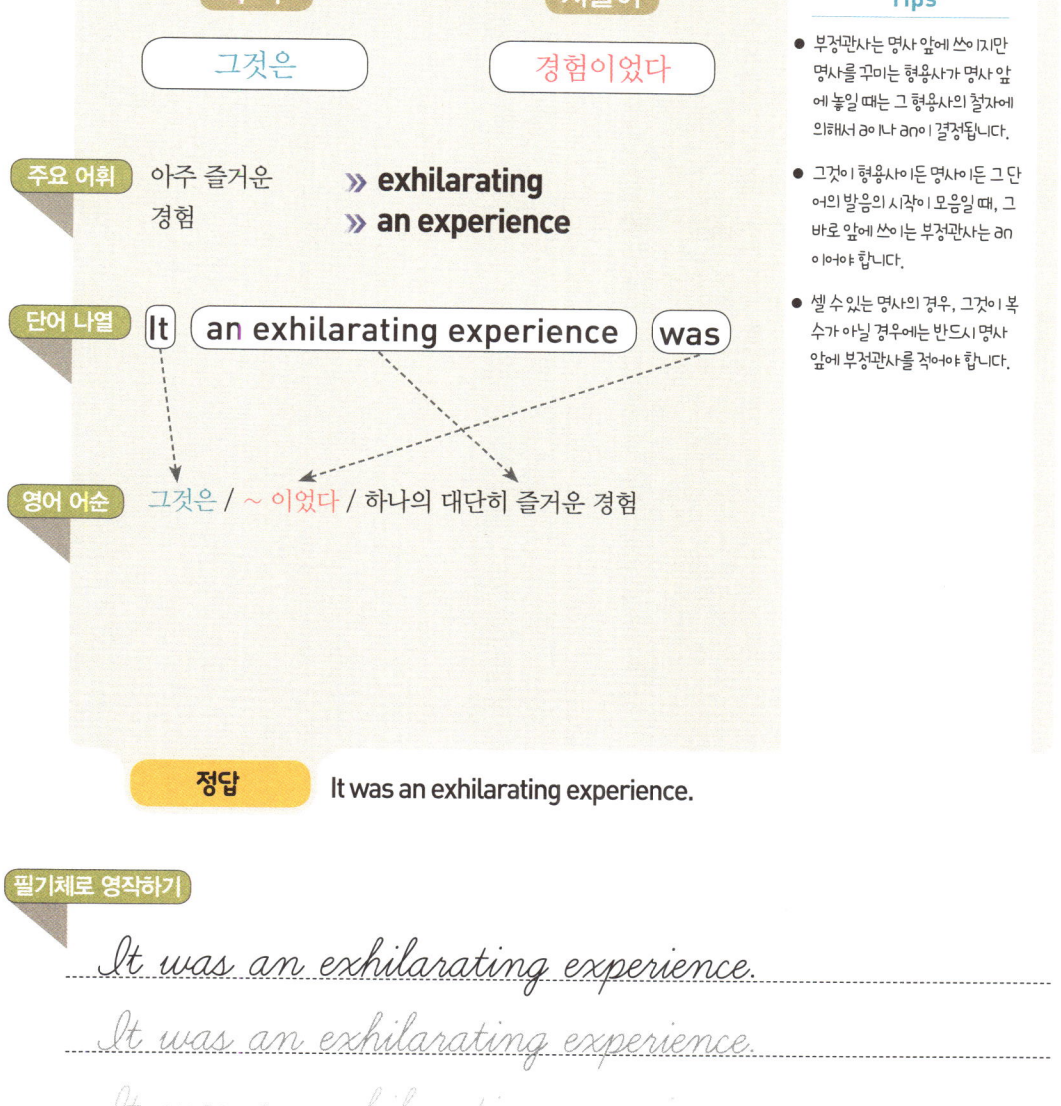

주어

그것은

서술어

경험이었다

Tips

- 부정관사는 명사 앞에 쓰이지만 명사를 꾸미는 형용사가 명사 앞에 놓일 때는 그 형용사의 철자에 의해서 a이나 an이 결정됩니다.

- 그것이 형용사이든 명사이든 그 단어의 발음의 시작이 모음일 때, 그 바로 앞에 쓰이는 부정관사는 an이어야 합니다.

- 셀 수 있는 명사의 경우, 그것이 복수가 아닐 경우에는 반드시 명사 앞에 부정관사를 적어야 합니다.

주요 어휘

아주 즐거운 　》 **exhilarating**
경험 　》 **an experience**

단어 나열

It　an exhilarating experience　was

영어 어순

그것은 / ~ 이었다 / 하나의 대단히 즐거운 경험

정답　It was an exhilarating experience.

필기체로 영작하기

It was an exhilarating experience.

It was an exhilarating experience.

It was an exhilarating experience.

013 부정관사

그것은 단지 (하나의) 제안일 뿐이야.

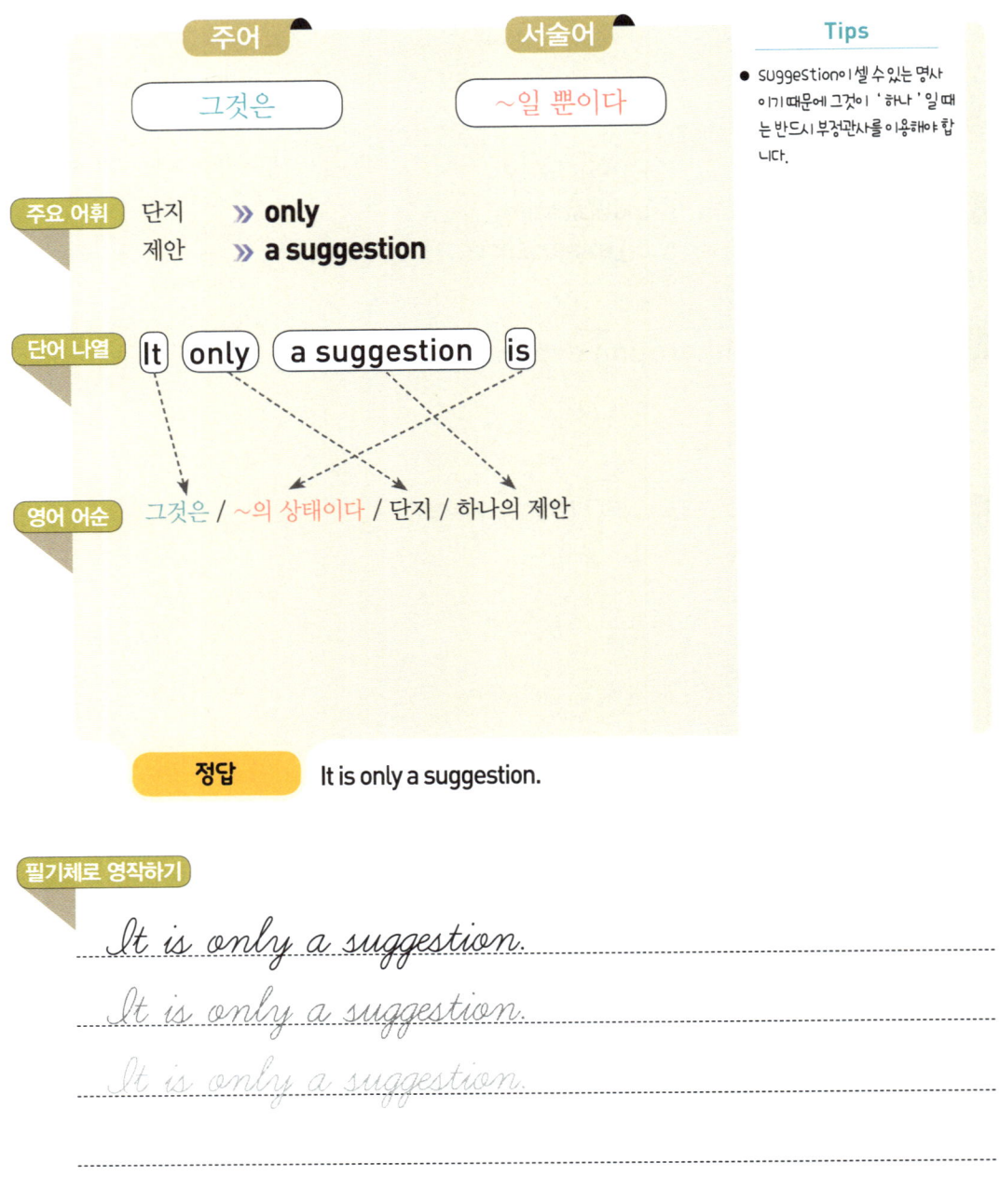

주어

그것은

서술어

~일 뿐이다

Tips

● suggestion이 셀 수 있는 명사 이기 때문에 그것이 '하나'일 때 는 반드시 부정관사를 이용해야 합 니다.

주요 어휘
단지 » **only**
제안 » **a suggestion**

단어 나열 It (only) (a suggestion) (is)

영어 어순 그것은 / ~의 상태이다 / 단지 / 하나의 제안

정답 It is only a suggestion.

필기체로 영작하기

It is only a suggestion.

It is only a suggestion.

It is only a suggestion.

014 하루에 아스피린 반 알로 시작해.

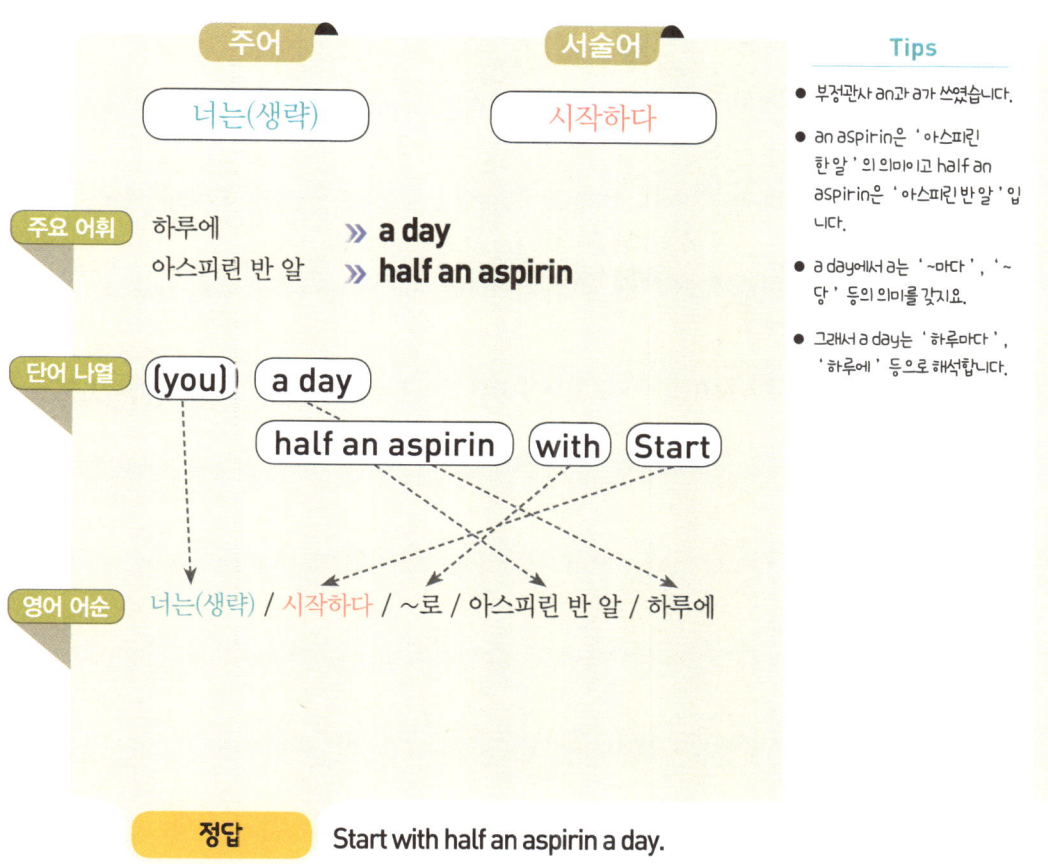

주어

너는(생략)

서술어

시작하다

Tips

- 부정관사 an과 a가 쓰였습니다.

- an aspirin은 '아스피린 한 알'의 의미이고 half an aspirin은 '아스피린 반 알'입니다.

- a day에서 a는 '~마다', '~당' 등의 의미를 갖지요.

- 그래서 a day는 '하루마다', '하루에' 등으로 해석합니다.

주요 어휘

하루에 » **a day**

아스피린 반 알 » **half an aspirin**

단어 나열

(you) a day

half an aspirin with Start

영어 어순

너는(생략) / 시작하다 / ~로 / 아스피린 반 알 / 하루에

정답 Start with half an aspirin a day.

필기체로 영작하기

Start with half an aspirin a day.

Start with half an aspirin a day.

Start with half an aspirin a day.

나는 샌드위치 (하나) 먹고 싶어.

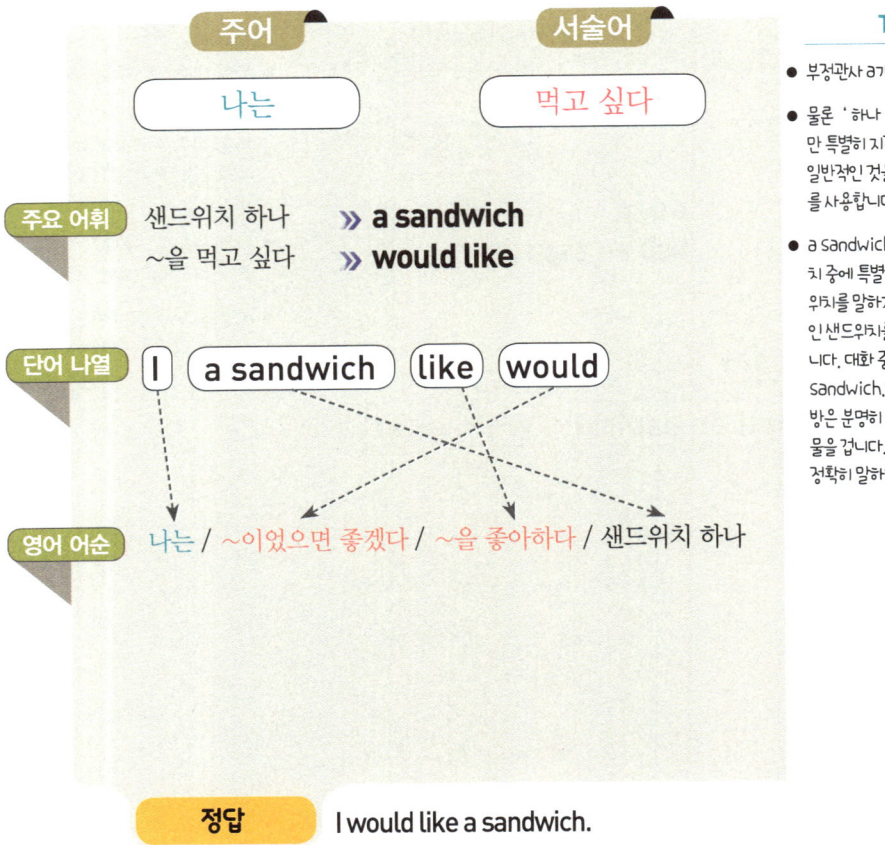

주어 나는

서술어 먹고 싶다

주요 어휘
샌드위치 하나 »» **a sandwich**
~을 먹고 싶다 »» **would like**

단어 나열 I | a sandwich | like | would

영어 어순 나는 / ~이었으면 좋겠다 / ~을 좋아하다 / 샌드위치 하나

Tips
- 부정관사 a가 쓰였습니다.
- 물론 '하나'의 의미를 담고 있지만 특별히 지정한 뭔가가 아니라 일반적인 것을 말할 때 부정관사를 사용합니다.
- a sandwich의 경우는 샌드위치 중에 특별히 정해서 어떤 샌드위치를 말하지 않고 그냥 일반적인 샌드위치를 말하고 있다는 겁니다. 대화 중에 I would like a sandwich.라고 말했다면 상대방은 분명히 Which one?이라고 물을 겁니다. 어떤 샌드위치인데 정확히 말하라는 뜻입니다.

정답 I would like a sandwich.

필기체로 영작하기

I would like a sandwich.

I would like a sandwich.

I would like a sandwich.

016 부정관사

나는 셰익스피어 같은 사람이 되고 싶어.

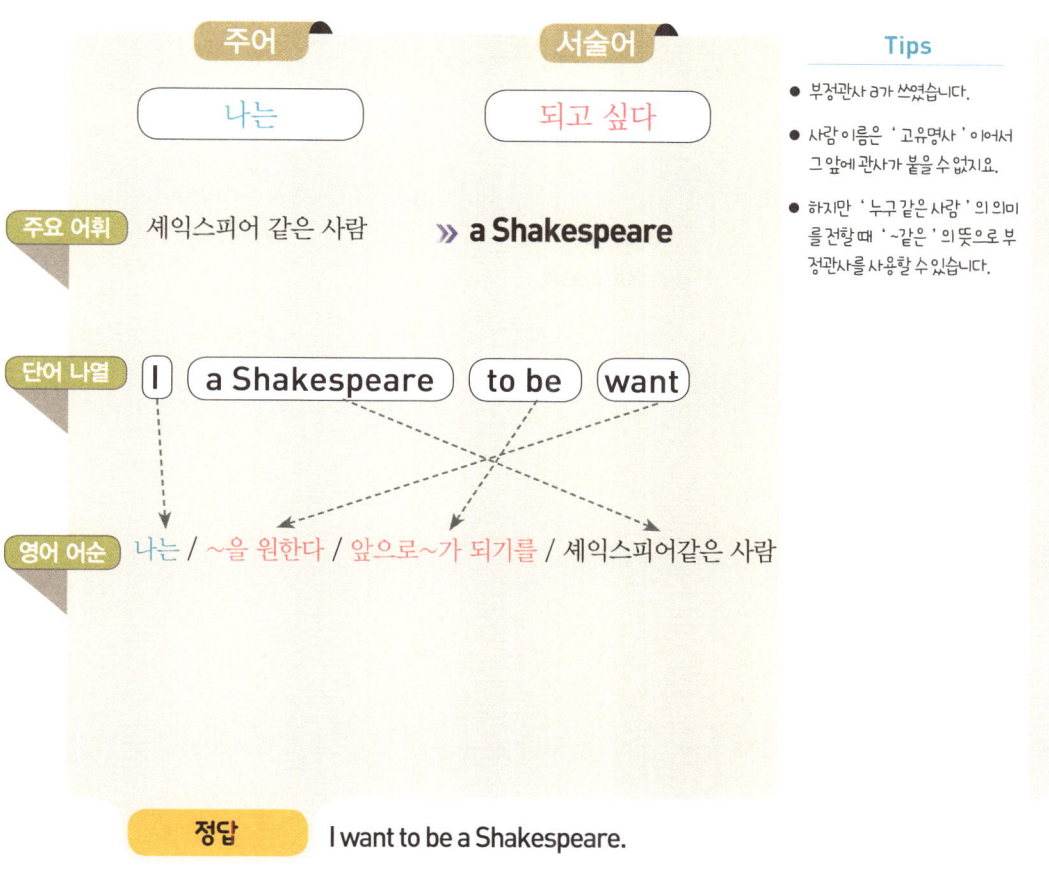

주어
나는

서술어
되고 싶다

Tips
- 부정관사 a가 쓰였습니다.
- 사람 이름은 '고유명사'이어서 그 앞에 관사가 붙을 수 없지요.
- 하지만 '누구 같은 사람'의 의미를 전할 때 '~같은'의 뜻으로 부정관사를 사용할 수 있습니다.

주요 어휘   셰익스피어 같은 사람   » **a Shakespeare**

단어 나열   I   a Shakespeare   to be   want

영어 어순   나는 / ~을 원한다 / 앞으로 ~가 되기를 / 셰익스피어같은 사람

정답   I want to be a Shakespeare.

필기체로 영작하기

I want to be a Shakespeare.
I want to be a Shakespeare.
I want to be a Shakespeare.

017 그 책은 다 팔리고 없습니다.

주어	서술어
그 책은	다 팔렸다

Tips
- 정관사 the가 쓰였습니다.
- 뭔가를 딱 지정해서 '바로 그것'의 의미를 전할 때 정관사 the를 씁니다.
- be sold는 '팔리다'이고 out은 '처음부터 끝까지'의 뜻입니다.
- 그래서 be sold out이 '다 팔리다', '매진되다' 등의 의미로 사용됩니다.

주요 어휘

그 책 » **the book**
다 팔리다 » **be sold out**

단어 나열

The book sold out is

영어 어순

그 책은 / ~의 상태이다 / 다 팔린

정답 The book is sold out.

필기체로 영작하기

The book is sold out.

The book is sold out.

The book is sold out.

018 당신은 과테말라의 수도를 아시나요?

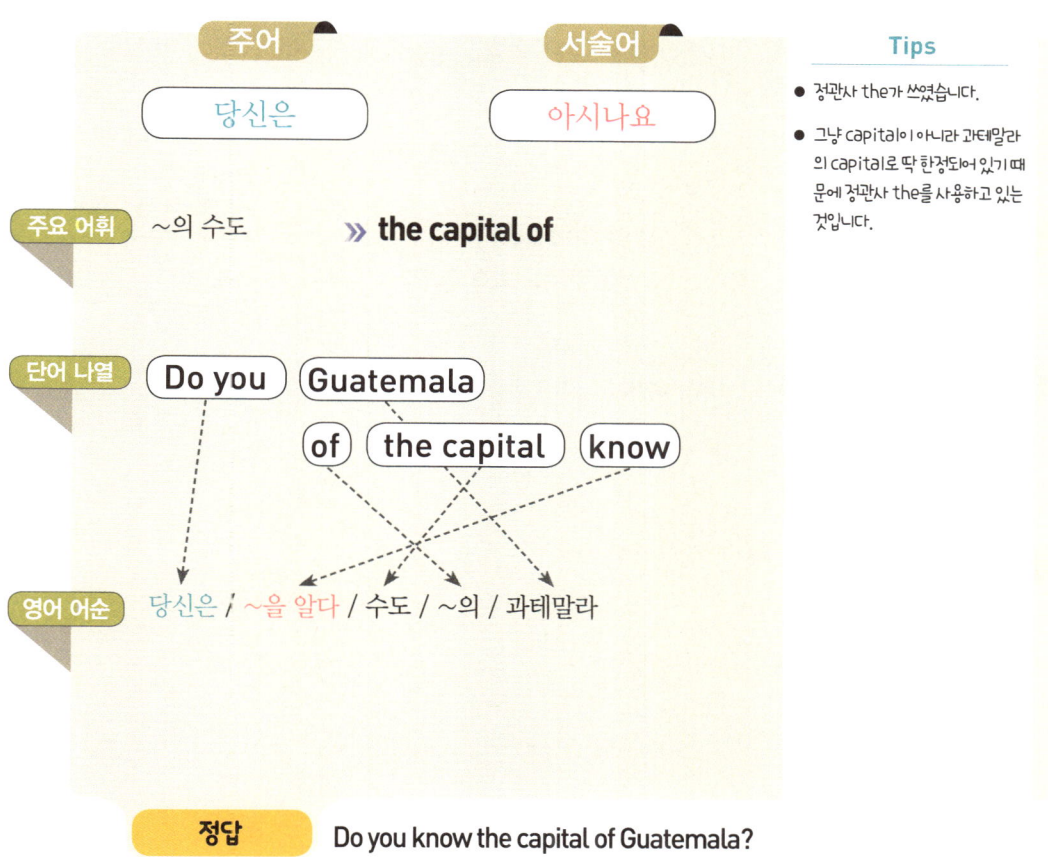

주어 　당신은

서술어 　아시나요

Tips
- 정관사 the가 쓰였습니다.
- 그냥 capital이 아니라 과테말라의 capital로 딱 한정되어 있기 때문에 정관사 the를 사용하고 있는 것입니다.

주요 어휘 ~의 수도 　》 **the capital of**

단어 나열 Do you Guatemala of the capital know

영어 어순 당신은 / ~을 알다 / 수도 / ~의 / 과테말라

정답 Do you know the capital of Guatemala?

필기체로 영작하기

Do you know the capital of Guatemala?
Do you know the capital of Guatemala?
Do you know the capital of Guatemala?

019 정관사

햇빛이 내 눈으로 들어가고 있다.

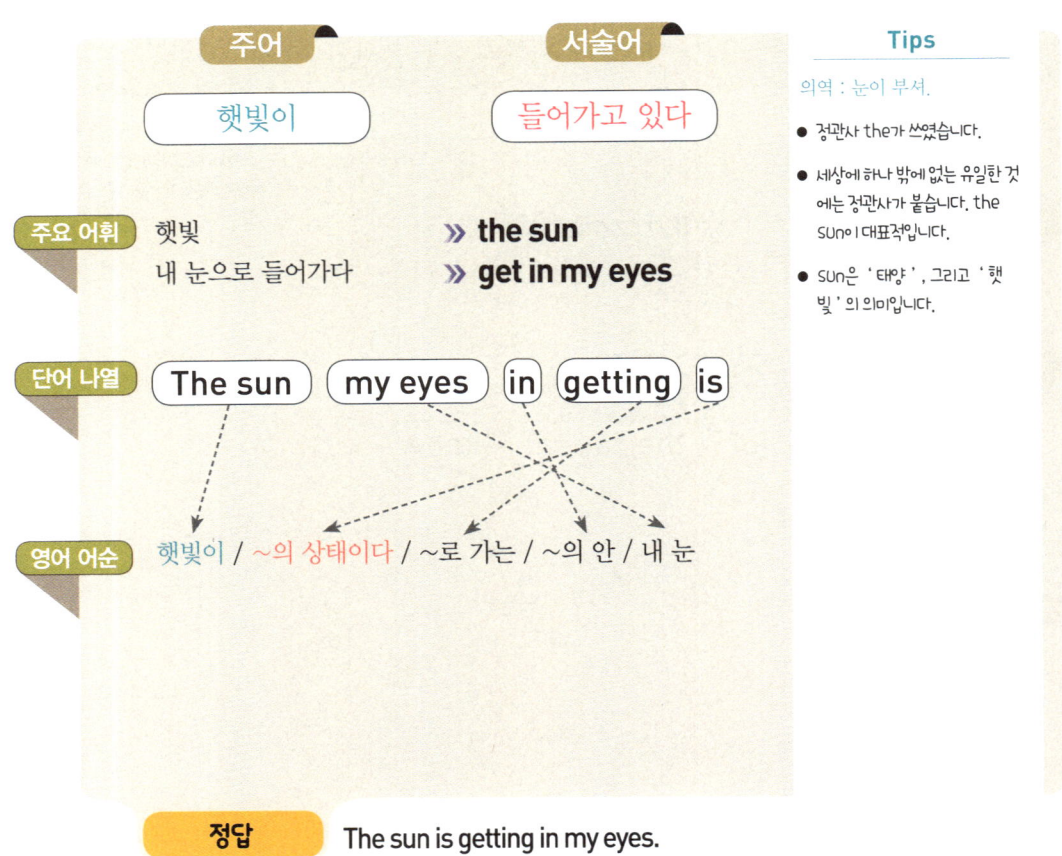

주어
햇빛이

서술어
들어가고 있다

주요 어휘
햇빛
내 눈으로 들어가다

» **the sun**
» **get in my eyes**

Tips

의역 : 눈이 부셔.

● 정관사 the가 쓰였습니다.

● 세상에 하나 밖에 없는 유일한 것에는 정관사가 붙습니다. the sun이 대표적입니다.

● sun은 '태양', 그리고 '햇빛'의 의미입니다.

단어 나열
The sun   my eyes   in   getting   is

영어 어순
햇빛이 / ~의 상태이다 / ~로 가는 / ~의 안 / 내 눈

정답   The sun is getting in my eyes.

필기체로 영작하기

The sun is getting in my eyes.
The sun is getting in my eyes.
The sun is getting in my eyes.

020 그가 내 손을 잡았다.

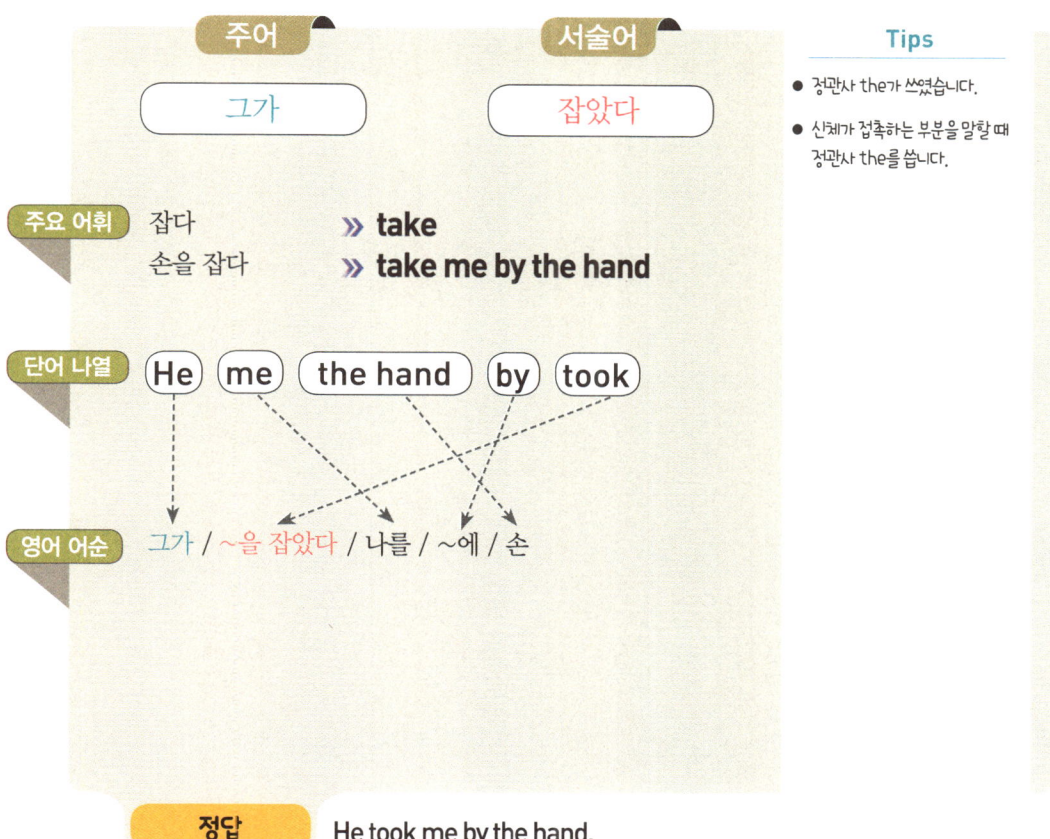

주어 그가

서술어 잡았다

Tips
- 정관사 the가 쓰였습니다.
- 신체가 접촉하는 부분을 말할 때 정관사 the를 씁니다.

주요 어휘
잡다 » **take**
손을 잡다 » **take me by the hand**

단어 나열
He　me　the hand　by　took

영어 어순
그가 / ~을 잡았다 / 나를 / ~에 / 손

정답　He took me by the hand.

필기체로 영작하기

He took me by the hand.

He took me by the hand.

He took me by the hand.

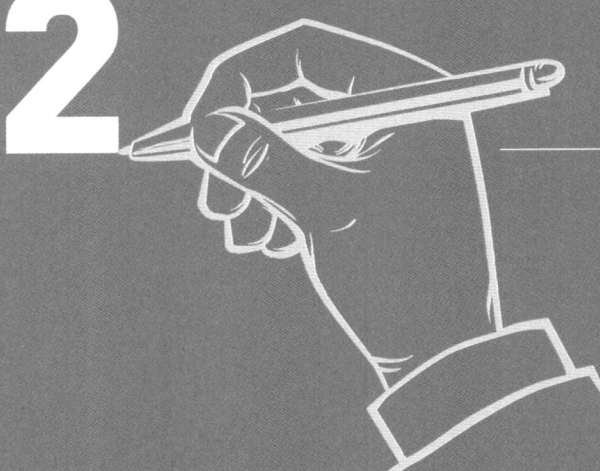

Part 2

품사편

제 **3** 장
대명사

021 나는 내 아내를 데리고 저녁을 먹으로 나갔다.

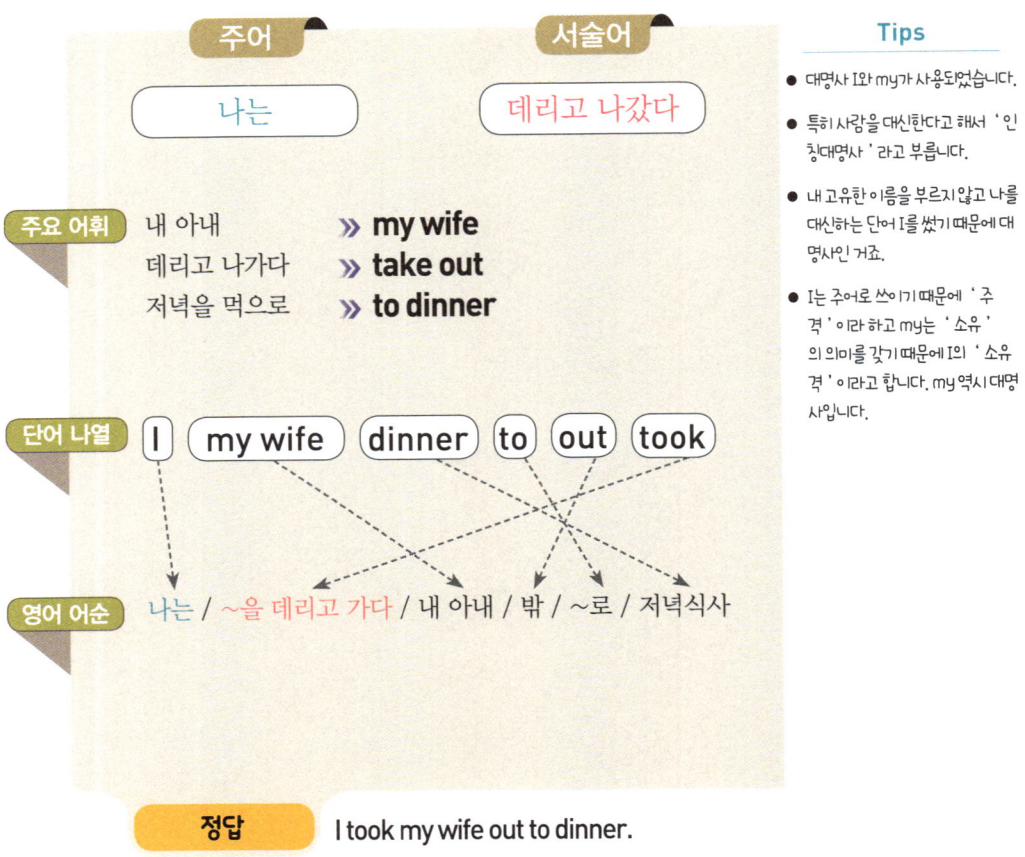

주어 나는

서술어 데리고 나갔다

주요 어휘
내 아내 »» **my wife**
데리고 나가다 »» **take out**
저녁을 먹으로 »» **to dinner**

단어 나열 I my wife dinner to out took

영어 어순 나는 / ~을 데리고 가다 / 내 아내 / 밖 / ~로 / 저녁식사

Tips

- 대명사 I와 my가 사용되었습니다.
- 특히 사람을 대신한다고 해서 '인 칭대명사'라고 부릅니다.
- 내 고유한 이름을 부르지 않고 나를 대신하는 단어 I를 썼기 때문에 대 명사인 거죠.
- I는 주어로 쓰이기 때문에 '주 격'이라 하고 my는 '소유' 의 의미를 갖기 때문에 I의 '소유 격'이라고 합니다. my 역시 대명 사입니다.

정답 I took my wife out to dinner.

필기체로 영작하기

I took my wife out to dinner.

I took my wife out to dinner.

I took my wife out to dinner.

022 네가 내게 그녀가 너의 가장 친한 친구라고 말했잖아.

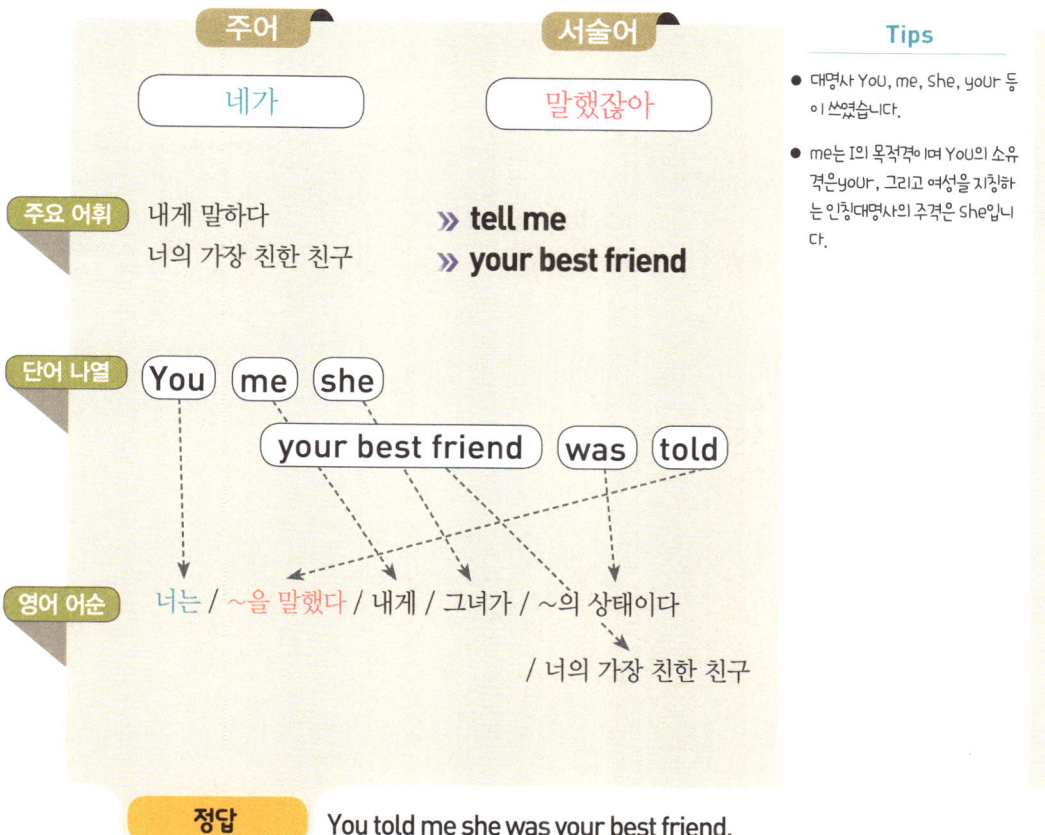

주어
네가

서술어
말했잖아

Tips
- 대명사 You, me, she, your 등이 쓰였습니다.
- me는 I의 목적격이며 You의 소유격은 your, 그리고 여성을 지칭하는 인칭대명사의 주격은 she입니다.

주요 어휘
내게 말하다 » tell me
너의 가장 친한 친구 » your best friend

단어 나열
You me she
your best friend was told

영어 어순
너는 / ~을 말했다 / 내게 / 그녀가 / ~의 상태이다
/ 너의 가장 친한 친구

정답 You told me she was your best friend.

필기체로 영작하기

You told me she was your best friend.
You told me she was your best friend.
You told me she was your best friend.

023 너는 그것을 너 자신에게만 간직하고 있어야 된다.

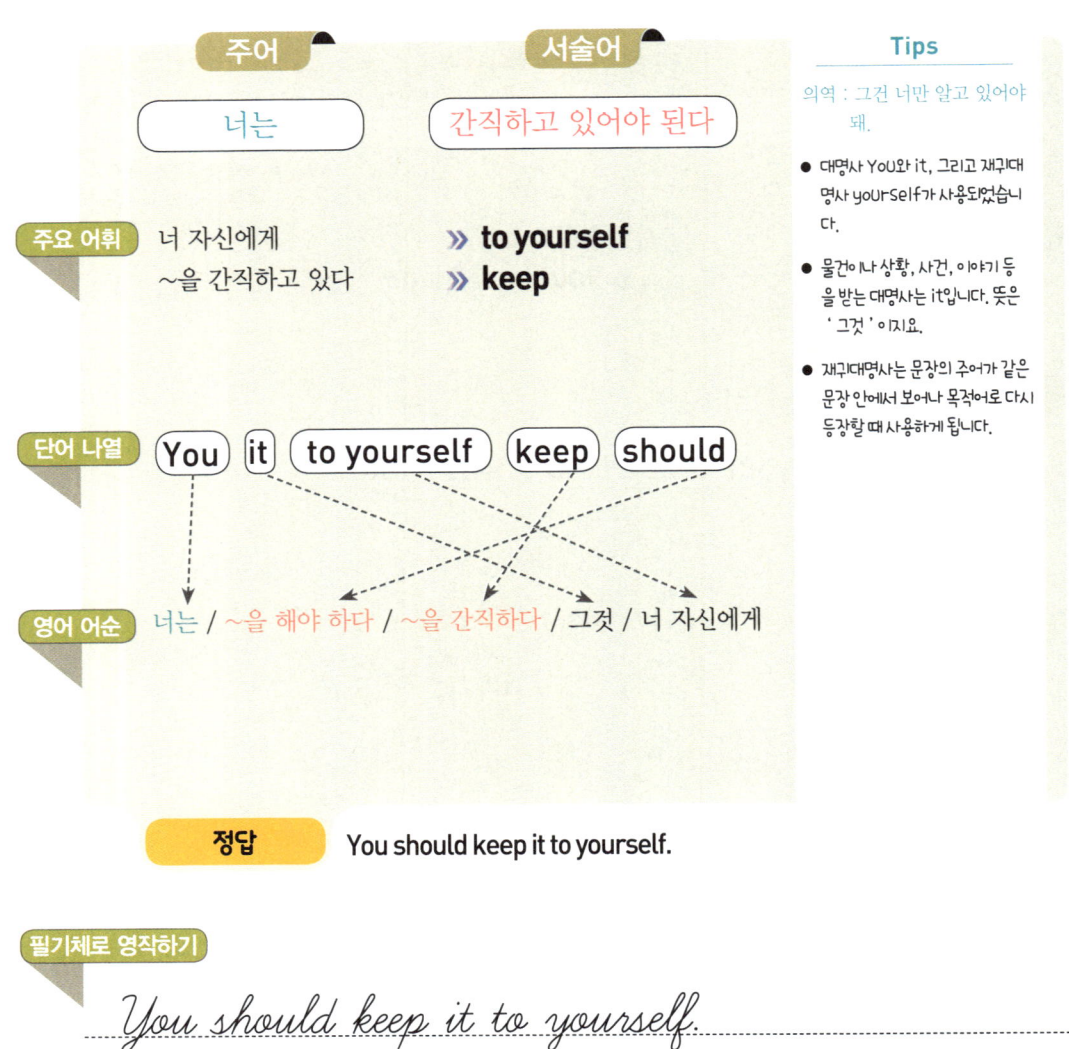

주어

너는

서술어

간직하고 있어야 된다

Tips

의역 : 그건 너만 알고 있어야
돼.

● 대명사 You와 it, 그리고 재귀대
명사 yourself가 사용되었습니
다.

● 물건이나 상황, 사건, 이야기 등
을 받는 대명사는 it입니다. 뜻은
'그것'이지요.

● 재귀대명사는 문장의 주어가 같은
문장 안에서 보어나 목적어로 다시
등장할 때 사용하게 됩니다.

주요 어휘
너 자신에게 » **to yourself**
~을 간직하고 있다 » **keep**

단어 나열
You it to yourself keep should

영어 어순
너는 / ~을 해야 하다 / ~을 간직하다 / 그것 / 너 자신에게

정답 You should keep it to yourself.

필기체로 영작하기

You should keep it to yourself.

You should keep it to yourself.

You should keep it to yourself.

024 나는 내 자신의 감정을 억누를 수 있는 능력이 겨우 있다.

주어 ● **서술어** ●

나는

능력이 겨우 있다

Tips

의역 : 난 지금 간신히 내 감
정을 억누르고 있다.

● 인칭대명사 I와 재귀대명사
myself가 사용되었습니다.

● be barely able to는 '가까스
로 ~을 할 수 있다'는 의미입니다.

주요 어휘

내 자신 » **myself**
감정을 억누르다 » **contain**
능력이 겨우 있는 » **barely able**

단어 나열

I myself to contain able

barely am

영어 어순

나는 / ~의 상태이다 / 겨우 / 능력이 있는

/ 감정을 억누를 / 내 자신

정답 I am barely able to contain myself.

I am barely able to contain myself.

I am barely able to contain myself.

I am barely able to contain myself.

025 날씨는 밖에 비가 온다.

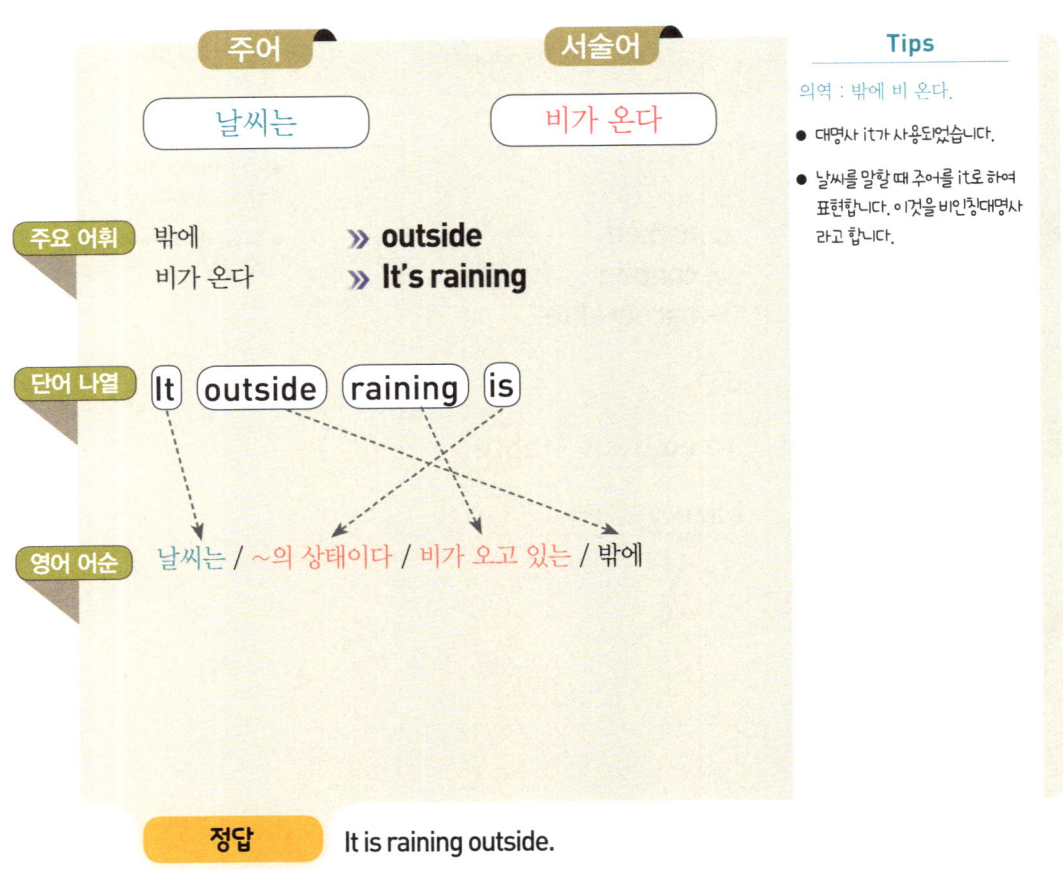

주어 날씨는

서술어 비가 온다

Tips

의역 : 밖에 비 온다.

● 대명사 it가 사용되었습니다.

● 날씨를 말할 때 주어를 it로 하여 표현합니다. 이것을 비인칭대명사 라고 합니다.

주요 어휘
밖에 ≫ outside
비가 온다 ≫ It's raining

단어 나열
It outside raining is

영어 어순
날씨는 / ~의 상태이다 / 비가 오고 있는 / 밖에

정답 It is raining outside.

필기체로 영작하기

It is raining outside.

It is raining outside.

It is raining outside.

026 이것은 막다른 길이다.

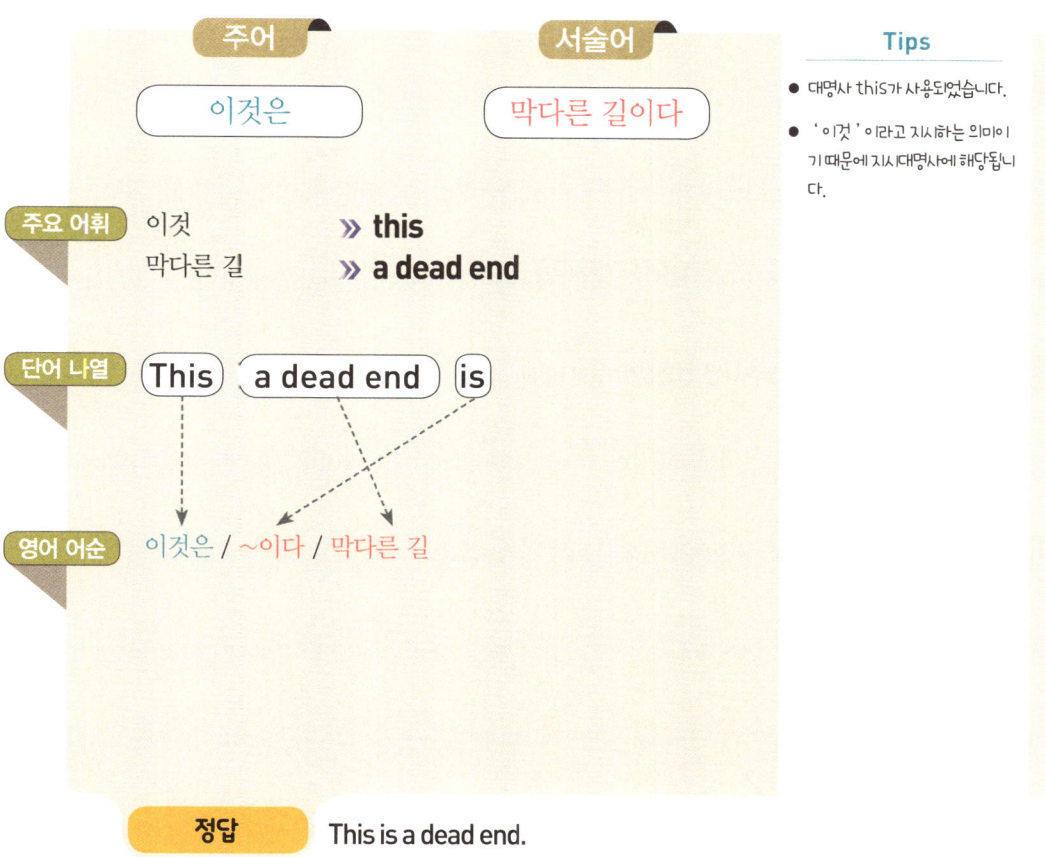

주어

이것은

서술어

막다른 길이다

Tips

- 대명사 this가 사용되었습니다.
- '이것'이라고 지시하는 의미이기 때문에 지시대명사에 해당됩니다.

주요 어휘

이것　　　　　 » **this**
막다른 길　　　 » **a dead end**

단어 나열

This　a dead end　is

영어 어순

이것은 / ~이다 / 막다른 길

정답　　　This is a dead end.

This is a dead end.
This is a dead end.
This is a dead end.

027 그것이 논리적이고 타당한 묘사다.

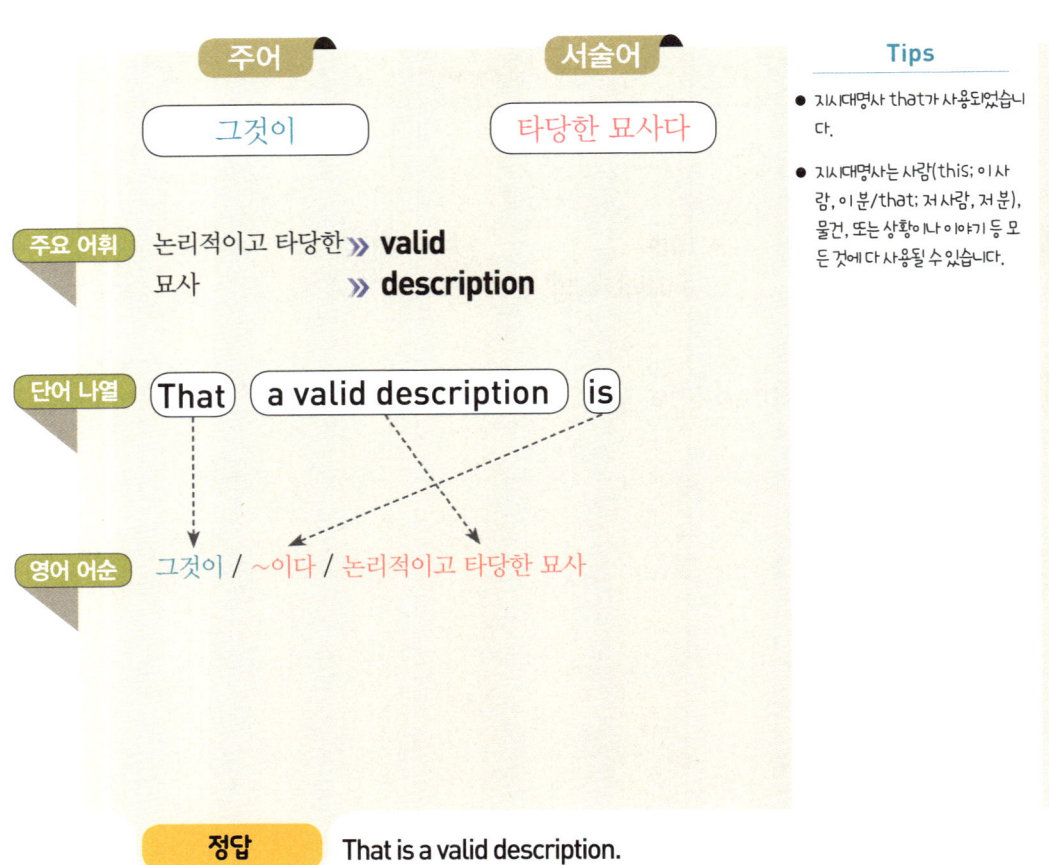

주어

그것이

서술어

타당한 묘사다

주요 어휘 │ 논리적이고 타당한 ≫ **valid**
묘사 ≫ **description**

단어 나열 │ (That) (a valid description) (is)

영어 어순 │ 그것이 / ~이다 / 논리적이고 타당한 묘사

정답 │ That is a valid description.

필기체로 영작하기

That is a valid description.

That is a valid description.

That is a valid description.

028 누가 그런 짓을 했어?

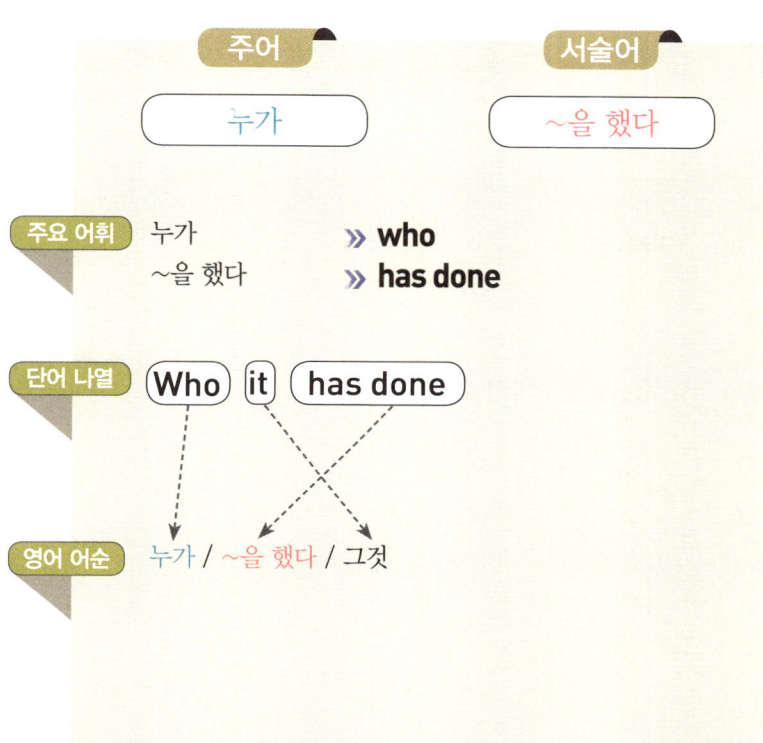

주어 누가

서술어 ~을 했다

Tips
- 대명사 who가 쓰였습니다.
- 주어로서 의문문을 이끄는 이 대명사를 의문대명사라고 말합니다.
- has done에는 현재완료가 쓰였습니다. 이것은 과거에 있었던 '사실'을 말할 때 사용합니다. 과거시제는 과거의 시점이 정확하지만 현재완료는 정확한 시점을 말하지 않고 그저 과거에 그런 일이 있었다는 것, 그리고 그 결과가 지금도 유효하다는 것을 의미합니다.

주요 어휘
누가 » who
~을 했다 » has done

단어 나열 Who it has done

영어 어순 누가 / ~을 했다 / 그것

정답 Who has done it?

필기체로 영작하기

Who has done it?

Who has done it?

Who has done it?

그 누구도 나를 알지 못한다.

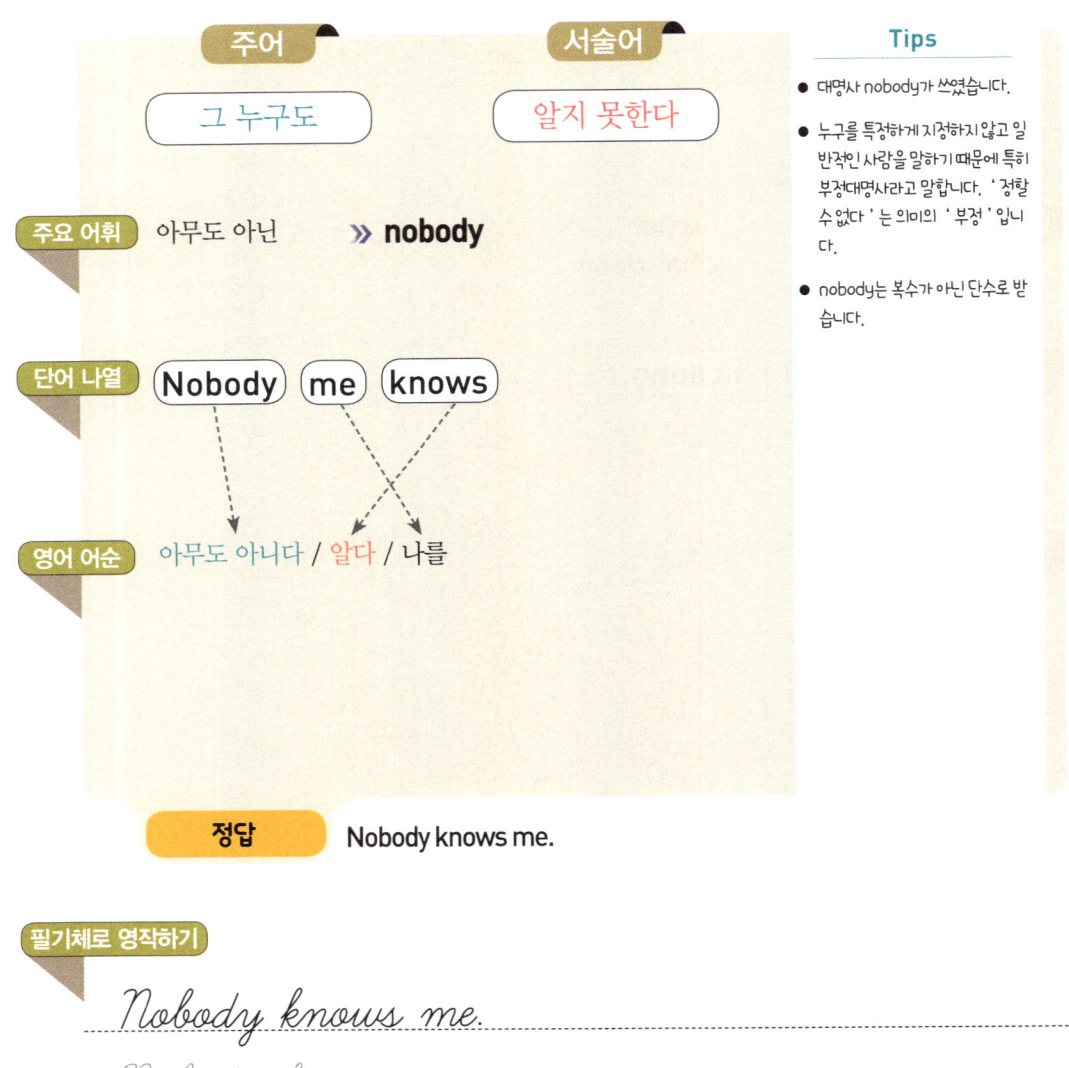

주어	서술어
그 누구도	알지 못한다

주요 어휘 아무도 아닌 » **nobody**

단어 나열 Nobody me knows

영어 어순 아무도 아니다 / 알다 / 나를

정답 Nobody knows me.

필기체로 영작하기

Nobody knows me.

Nobody knows me.

Nobody knows me.

030 그들 각자는 감사의 뜻을 표했다.

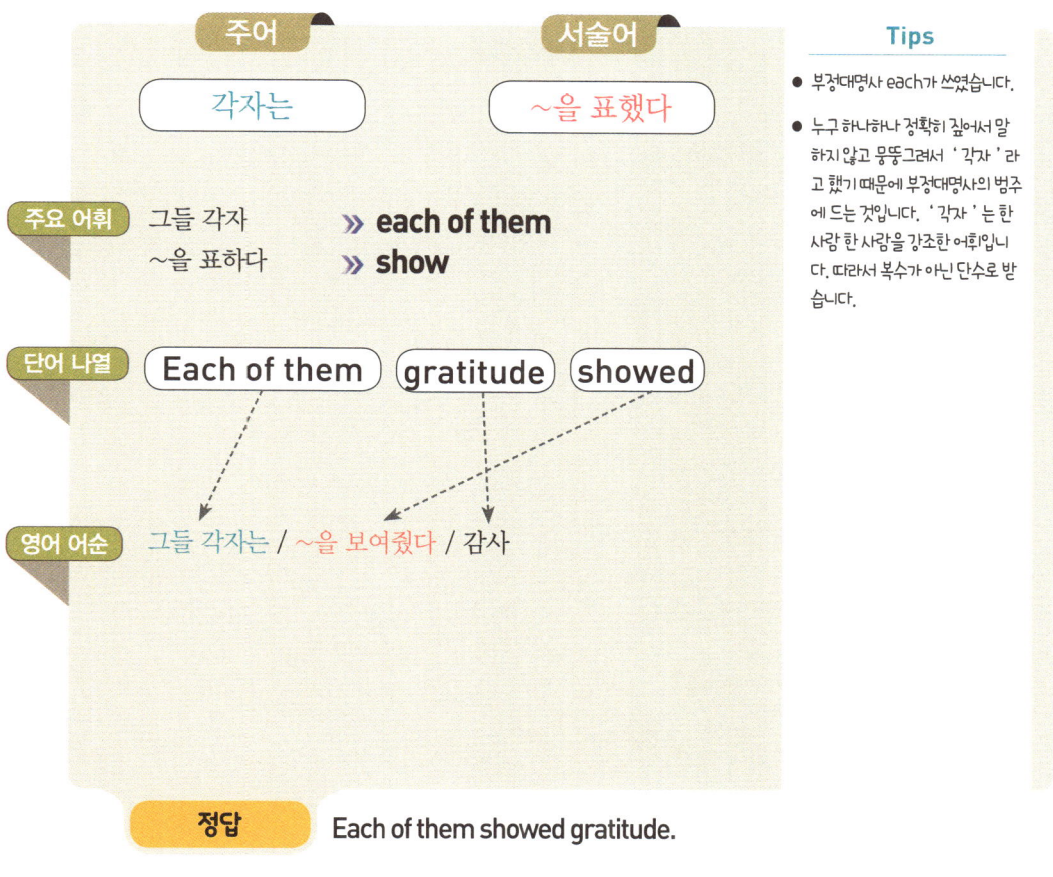

주어

각자는

서술어

~을 표했다

Tips
- 부정대명사 each가 쓰였습니다.
- 누구 하나하나 정확히 짚어서 말하지 않고 뭉뚱그려서 '각자'라고 했기 때문에 부정대명사의 범주에 드는 것입니다. '각자'는 한 사람 한 사람을 강조한 어휘입니다. 따라서 복수가 아닌 단수로 받습니다.

주요 어휘
그들 각자 ≫ **each of them**
~을 표하다 ≫ **show**

단어 나열
Each of them   gratitude   showed

영어 어순
그들 각자는 / ~을 보여줬다 / 감사

정답   Each of them showed gratitude.

필기체로 영작하기

Each of them showed gratitude.

Each of them showed gratitude.

Each of them showed gratitude.

Part **2**

품사편

제 **4** 장
관계대명사

031 그녀는 금발의 소녀였는데, 그녀는 자기 나이 또래로 보였다.

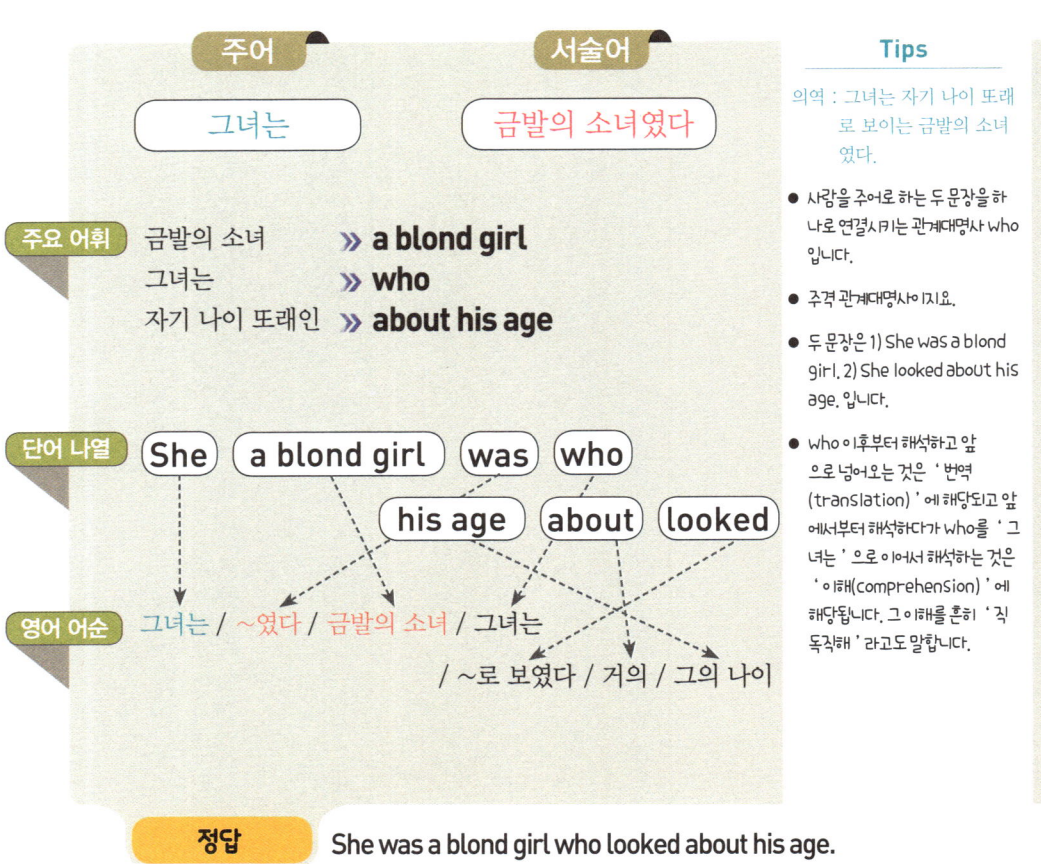

주어 그녀는

서술어 금발의 소녀였다

주요 어휘
금발의 소녀 » **a blond girl**
그녀는 » **who**
자기 나이 또래인 » **about his age**

단어 나열 She / a blond girl / was / who / his age / about / looked

영어 어순 그녀는 / ~였다 / 금발의 소녀 / 그녀는 / ~로 보였다 / 거의 / 그의 나이

Tips

의역 : 그녀는 자기 나이 또래로 보이는 금발의 소녀였다.

● 사람을 주어로 하는 두 문장을 하나로 연결시키는 관계대명사 who 입니다.

● 주격 관계대명사이지요.

● 두 문장은 1) She was a blond girl. 2) She looked about his age. 입니다.

● who 이후부터 해석하고 앞으로 넘어오는 것은 '번역(translation)'에 해당되고 앞에서부터 해석하다가 who를 '그녀는'으로 이어서 해석하는 것은 '이해(comprehension)'에 해당됩니다. 그 이해를 흔히 '직독직해'라고도 말합니다.

정답 She was a blond girl who looked about his age.

필기체로 영작하기

She was a blond girl who looked about his age.
She was a blond girl who looked about his age.
She was a blond girl who looked about his age.

032 그 소년, 그는 내 옆에 앉아 있었는데, 그 소년이 사라졌다.

주어	서술어
그 소년이	사라졌다

주요 어휘

내 옆에 앉아 있었다 　》 **had sat next to me**
사라졌다 　》 **disappeared**

Tips

의역 : 내 옆에 앉아 있던 소
년이 사라졌다.

● 관계대명사 who가 쓰였습니다.

● 두 문장을 잇는 관계대명사의 위치
가 일정하지는 않습니다.

● 한 문장이 다른 문장의 어느 위치
에 들어가야 의미가 자연스럽게
연결되는지 잘 파악해야 합니다.

단어 나열

The boy　who　next to me
　　　　　　had sat　disappeared

영어 어순

그 소년은 / 그는 / 앉아 있었다 / 내 옆에 / 사라졌다

정답　　The boy who had sat next to me disappeared.

필기체로 영작하기

The boy who had sat next to me disappeared.

The boy who had sat next to me disappeared.

The boy who had sat next to me disappeared.

033 나는 그것을 바니에게 넘겨줬고, 그는 그것을 로라에게 보여줬다.

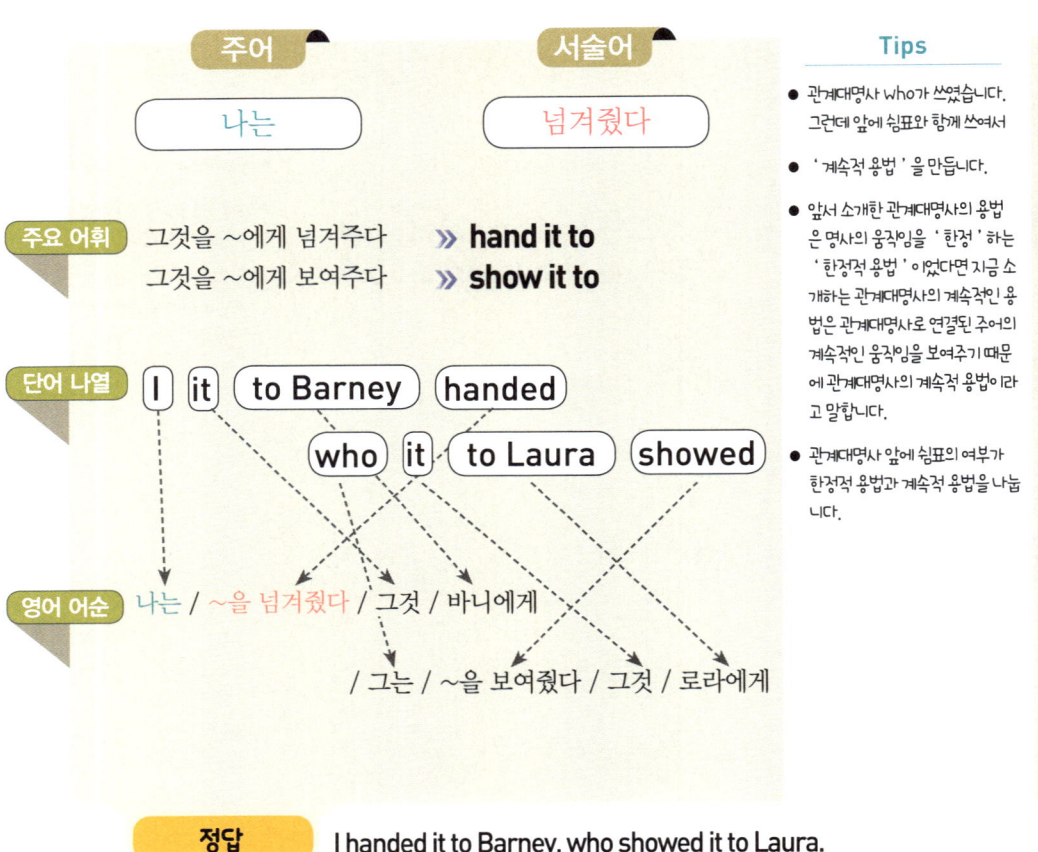

주어 — 나는

서술어 — 넘겨줬다

Tips

- 관계대명사 who가 쓰였습니다. 그런데 앞에 쉼표와 함께 쓰여서
- '계속적 용법'을 만듭니다.
- 앞서 소개한 관계대명사의 용법은 명사의 움직임을 '한정'하는 '한정적 용법'이었다면 지금 소개하는 관계대명사의 계속적인 용법은 관계대명사로 연결된 주어의 계속적인 움직임을 보여주기 때문에 관계대명사의 계속적 용법이라고 말합니다.
- 관계대명사 앞에 쉼표의 여부가 한정적 용법과 계속적 용법을 나눕니다.

주요 어휘
그것을 ~에게 넘겨주다 ≫ **hand it to**
그것을 ~에게 보여주다 ≫ **show it to**

단어 나열
I it to Barney handed
who it to Laura showed

영어 어순
나는 / ~을 넘겨줬다 / 그것 / 바니에게

/ 그는 / ~을 보여줬다 / 그것 / 로라에게

정답 I handed it to Barney, who showed it to Laura.

필기체로 영작하기

I handed it to Barney, who showed it to Laura.

I handed it to Barney, who showed it to Laura.

I handed it to Barney, who showed it to Laura.

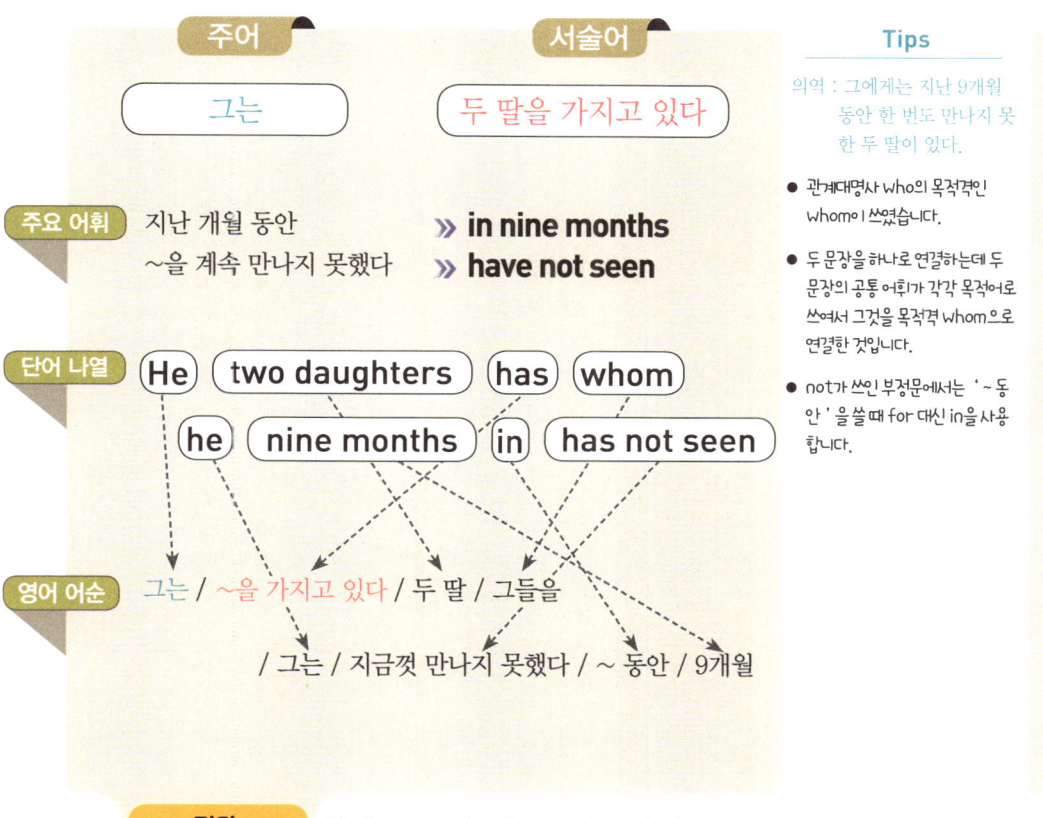

034 who 그는 두 딸을 가지고 있는데 그들을 그는 지난 9개월 동안 만나지 못했다.

주어

그는

서술어

두 딸을 가지고 있다

Tips

의역 : 그에게는 지난 9개월 동안 한 번도 만나지 못한 두 딸이 있다.

● 관계대명사 who의 목적격인 whom이 쓰였습니다.

● 두 문장을 하나로 연결하는데 두 문장의 공통 어휘가 각각 목적어로 쓰여서 그것을 목적격 whom으로 연결한 것입니다.

● not가 쓰인 부정문에서는 '~ 동안'을 쓸 때 for 대신 in을 사용합니다.

주요 어휘

지난 개월 동안 » **in nine months**
~을 계속 만나지 못했다 » **have not seen**

단어 나열

He two daughters has whom
he nine months in has not seen

영어 어순

그는 / ~을 가지고 있다 / 두 딸 / 그들을

/ 그는 / 지금껏 만나지 못했다 / ~ 동안 / 9개월

정답 He has two daughters whom he has not seen in nine months.

필기체로 영작하기

He has two daughters whom he has not seen in nine months.

He has two daughters whom he has not seen in nine months.

He has two daughters whom he has not seen in nine months.

035 그들은 소년들을 체포하는데 그들의 누이들이 외국 라디오 방송을 듣는 것이다.

주어

그들은

서술어

체포한다

주요 어휘

그들의 누이들이 » **whose sisters**
~을 귀 기울여 듣다 » **listen to**
체포하다 » **arrest**

단어 나열

They　boys　arrest　whose sisters
foreign radio stations　to　listen

영어 어순

그들은 / ~을 체포한다 / 소년들 / 그들의 누이들이

/ 귀 기울여 듣다 / ~에 / 외국 라디오 방송들

Tips

의역 : 그들은 자기 누이들이
외국 라디오방송을 귀
기울여 듣는 소년들을
체포한다.

● 관계대명사 소유격인 whose가
쓰였습니다.

● 1) They arrest boys.
2) Their sisters listen to
foreign radio stations.

● 이 두 개의 문장을 합칠 때 2)번의
their가 '소년들의'에 해당됨
으로 그 자리에 소유격 whose를
넣어서 boys 바로 뒤에 붙인 것입
니다.

정답　They arrest boys whose sisters listen to foreign radio stations.

필기체로 영작하기

They arrest boys whose sisters listen to foreign radio stations.

They arrest boys whose sisters listen to foreign radio stations.

They arrest boys whose sisters listen to foreign radio stations.

036 누가 내 스마트폰 봤어? 그거 테이블 위에 있었는데.

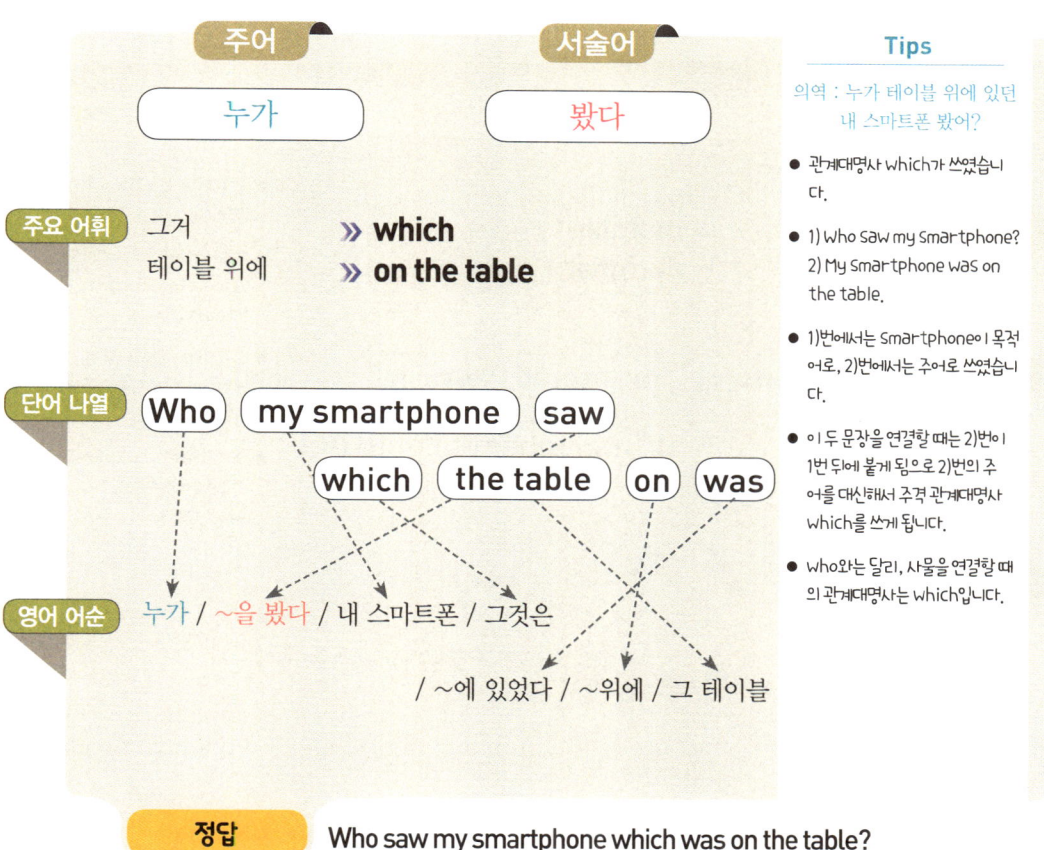

주어	서술어
누가	봤다

Tips

의역 : 누가 테이블 위에 있던
내 스마트폰 봤어?

- 관계대명사 which가 쓰였습니다.

- 1) Who saw my smartphone?
  2) My smartphone was on the table.

- 1)번에서는 smartphone이 목적어로, 2)번에서는 주어로 쓰였습니다.

- 이 두 문장을 연결할 때는 2)번이 1번 뒤에 붙게 됨으로 2)번의 주어를 대신해서 주격 관계대명사 which를 쓰게 됩니다.

- who와는 달리, 사물을 연결할 때의 관계대명사는 which입니다.

주요 어휘

그거 » **which**
테이블 위에 » **on the table**

단어 나열

Who my smartphone saw
which the table on was

영어 어순

누가 / ~을 봤다 / 내 스마트폰 / 그것은

/ ~에 있었다 / ~위에 / 그 테이블

정답 Who saw my smartphone which was on the table?

필기체로 영작하기

Who saw my smartphone which was on the table?

Who saw my smartphone which was on the table?

Who saw my smartphone which was on the table?

67

which

037 그는 숫자들을 중얼거렸는데 그것들을 나는 해독할 수 없었다.

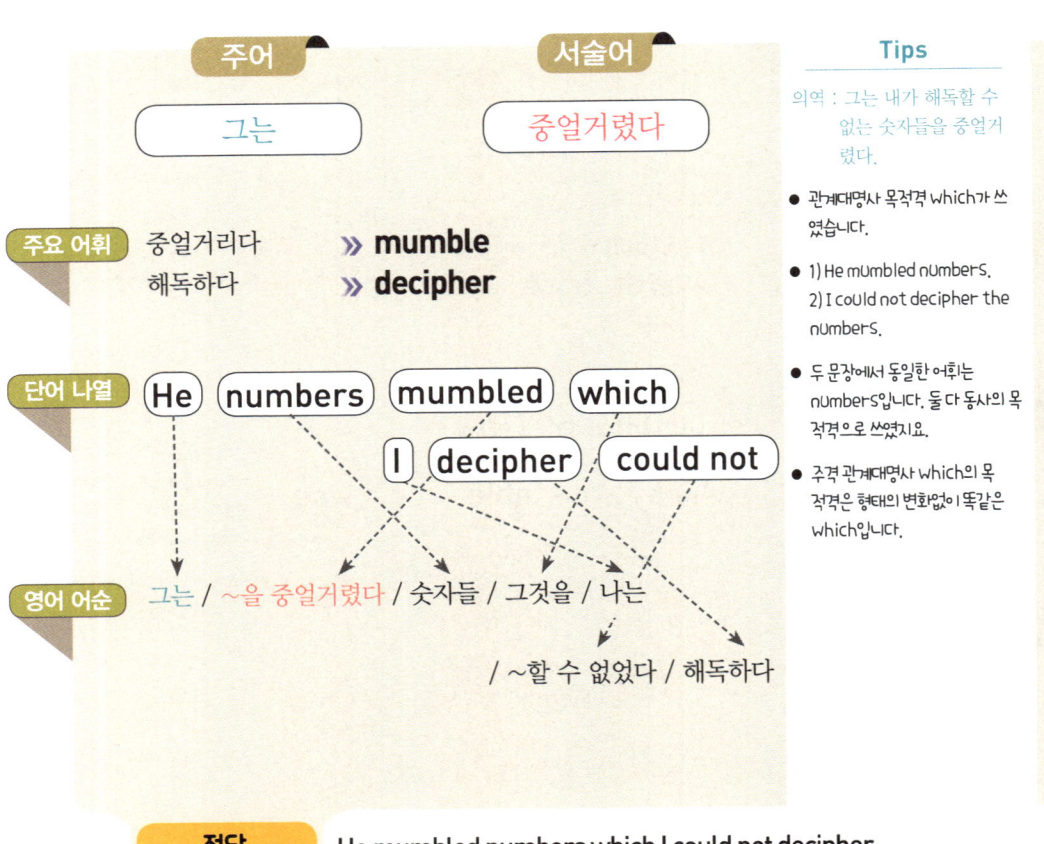

주어	서술어
그는	중얼거렸다

주요 어휘
중얼거리다 » **mumble**
해독하다 » **decipher**

단어 나열
He numbers mumbled which
I decipher could not

영어 어순
그는 / ~을 중얼거렸다 / 숫자들 / 그것을 / 나는
/ ~할 수 없었다 / 해독하다

Tips

의역 : 그는 내가 해독할 수
없는 숫자들을 중얼거
렸다.

● 관계대명사 목적격 which가 쓰
였습니다.

● 1) He mumbled numbers.
2) I could not decipher the
numbers.

● 두 문장에서 동일한 어휘는
numbers입니다. 둘 다 동사의 목
적격으로 쓰였지요.

● 주격 관계대명사 which의 목
적격은 형태의 변화없이 똑같은
which입니다.

정답 He mumbled numbers which I could not decipher.

필기체로 영작하기

He mumbled numbers which I could not decipher.
He mumbled numbers which I could not decipher.
He mumbled numbers which I could not decipher.

038 which

그녀는 그 방안으로 다시 이끌려 가는데 그 방안에서 그녀는 잠에서 깨어났었다.

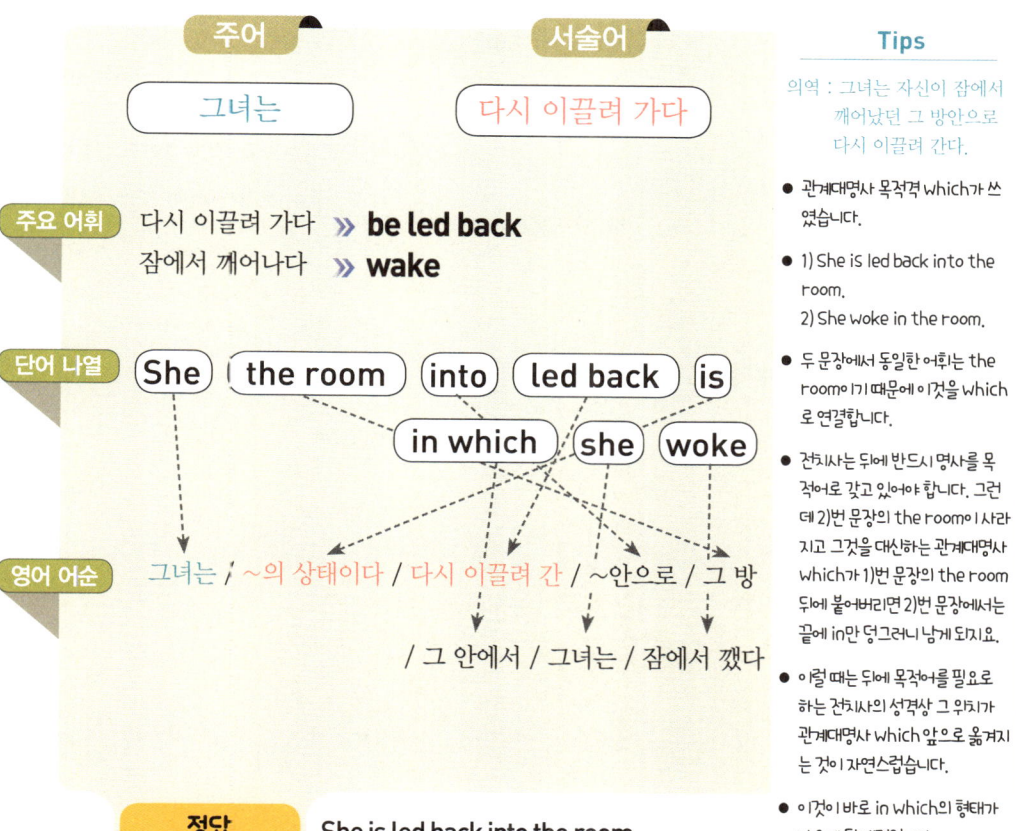

주어

그녀는

서술어

다시 이끌려 가다

Tips

의역 : 그녀는 자신이 잠에서
깨어났던 그 방안으로
다시 이끌려 간다.

- 관계대명사 목적격 which가 쓰였습니다.
- 1) She is led back into the room.
  2) She woke in the room.
- 두 문장에서 동일한 어휘는 the room이기 때문에 이것을 which로 연결합니다.
- 전치사는 뒤에 반드시 명사를 목적어로 갖고 있어야 합니다. 그런데 2)번 문장의 the room이 사라지고 그것을 대신하는 관계대명사 which가 1)번 문장의 the room 뒤에 붙어버리면 2)번 문장에서는 끝에 in만 덩그러니 남게 되지요.
- 이럴 때는 뒤에 목적어를 필요로 하는 전치사의 성격상 그 위치가 관계대명사 which 앞으로 옮겨지는 것이 자연스럽습니다.
- 이것이 바로 in which의 형태가 나오게 된 배경입니다.

주요 어휘

다시 이끌려 가다 » **be led back**
잠에서 깨어나다 » **wake**

단어 나열

She | the room | into | led back | is
in which | she | woke

영어 어순

그녀는 / ~의 상태이다 / 다시 이끌려 간 / ~안으로 / 그 방

/ 그 안에서 / 그녀는 / 잠에서 깼다

정답

She is led back into the room
in which she woke.

필기체로 영작하기

She is led back into the room in which she woke.

She is led back into the room in which she woke.

She is led back into the room in which she woke.

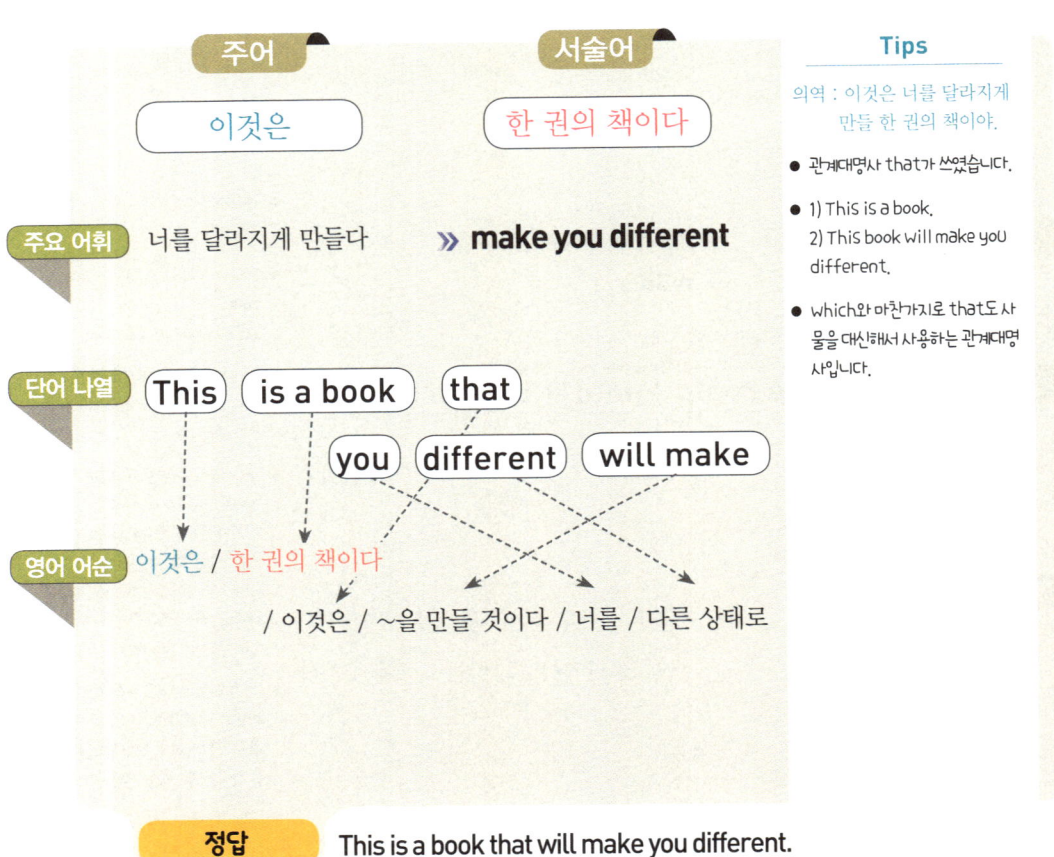

039 that

이것은 한 권의 책인데 이것이 아마 너를 달라지게 만들 거야.

주어 이것은

서술어 한 권의 책이다

주요 어휘 너를 달라지게 만들다 ≫ **make you different**

단어 나열 This / is a book / that / you / different / will make

영어 어순 이것은 / 한 권의 책이다 / 이것은 / ~을 만들 것이다 / 너를 / 다른 상태로

Tips

의역 : 이것은 너를 달라지게
만들 한 권의 책이야.

● 관계대명사 that가 쓰였습니다.

● 1) This is a book.
2) This book will make you
different.

● which와 마찬가지로 that도 사
물을 대신해서 사용하는 관계대명
사입니다.

정답 This is a book that will make you different.

필기체로 영작하기

This is a book that will make you different.

This is a book that will make you different.

This is a book that will make you different.

70

040 that

나는 그 친구들에 감명을 받았는데 그들을 그가 갖고 있었다.

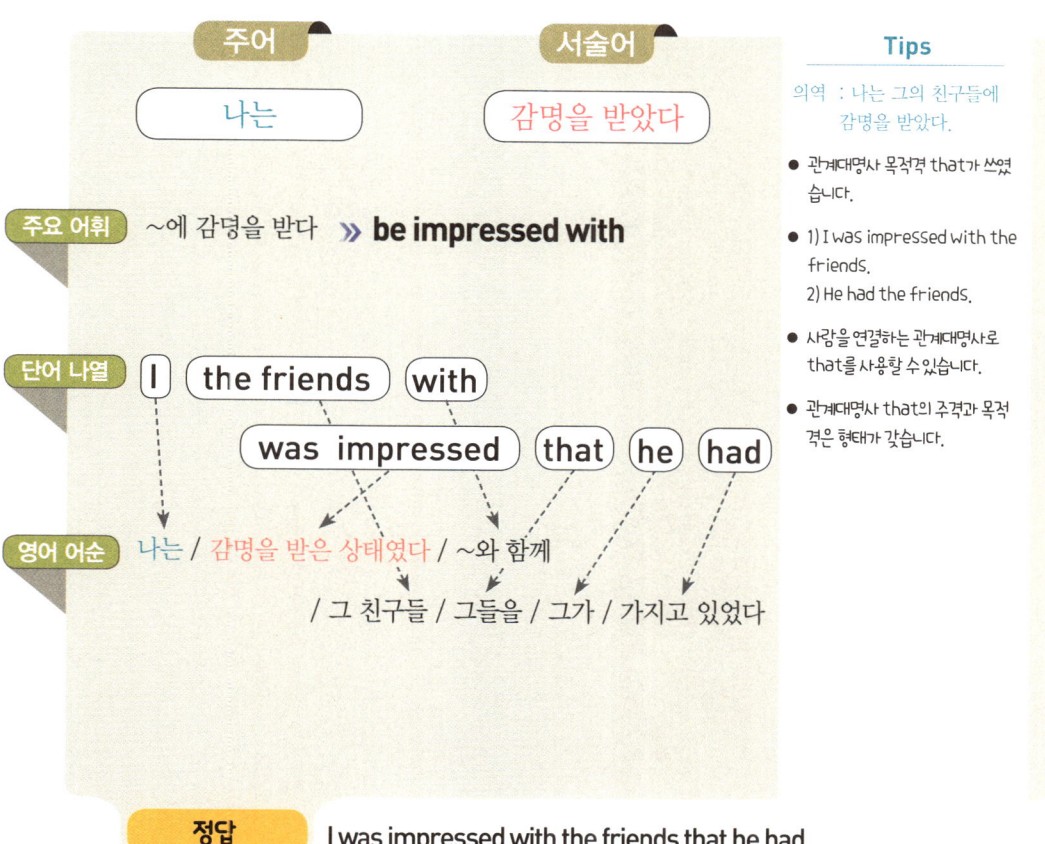

주어

나는

서술어

감명을 받았다

Tips

의역 : 나는 그의 친구들에 감명을 받았다.

● 관계대명사 목적격 that가 쓰였습니다.

● 1) I was impressed with the friends.
2) He had the friends.

● 사람을 연결하는 관계대명사로 that를 사용할 수 있습니다.

● 관계대명사 that의 주격과 목적격은 형태가 같습니다.

주요 어휘   ~에 감명을 받다 ≫ **be impressed with**

단어 나열   I (the friends) (with)

(was impressed) (that) (he) (had)

영어 어순   나는 / 감명을 받은 상태였다 / ~와 함께

/ 그 친구들 / 그들을 / 그가 / 가지고 있었다

정답   I was impressed with the friends that he had.

필기체로 영작하기

I was impressed with the friends that he had.

I was impressed with the friends that he had.

I was impressed with the friends that he had.

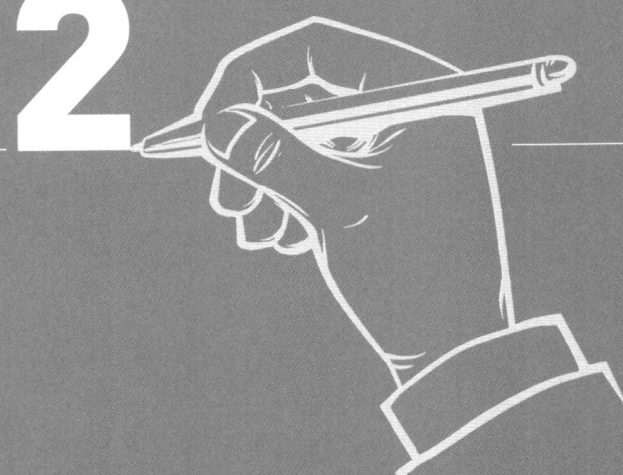

Part **2**

품사편

제 5 장
의문부사 / 관계부사

너는 나를 지금 어디로 데려가는 거야?

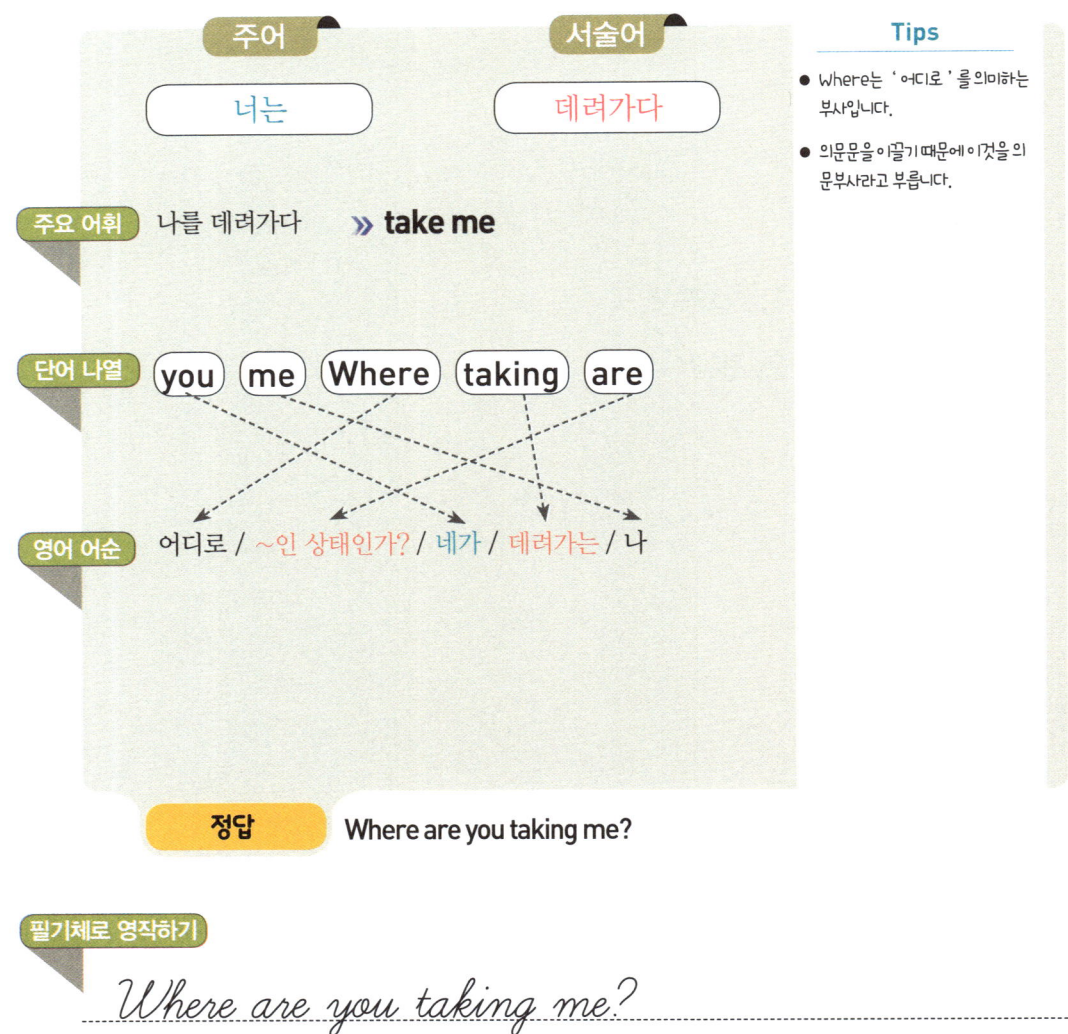

주어	서술어
너는	데려가다

Tips

- Where는 '어디로'를 의미하는 부사입니다.
- 의문문을 이끌기 때문에 이것을 의문부사라고 부릅니다.

주요 어휘 나를 데려가다 ≫ **take me**

단어 나열 you me Where taking are

영어 어순 어디로 / ~인 상태인가? / 네가 / 데려가는 / 나

정답 Where are you taking me?

필기체로 영작하기

Where are you taking me?

Where are you taking me?

Where are you taking me?

042 왜 내가 그렇게 일찍 와야 할 필요가 있는 거야?

주어	서술어
내가	~할 필요가 있다

주요 어휘 그렇게 일찍 오다 》 **come so early**

단어 나열 Why I so early to come need do

영어 어순 왜 / ~을 하는가? / 내가 / ~할 필요가 있다 / 앞으로 올 / 그렇게 일찍

정답 Why do I need to come so early?

필기체로 영작하기

Why do I need to come so early?

Why do I need to come so early?

Why do I need to come so early?

043 너는 언제 여기에 도착했어?

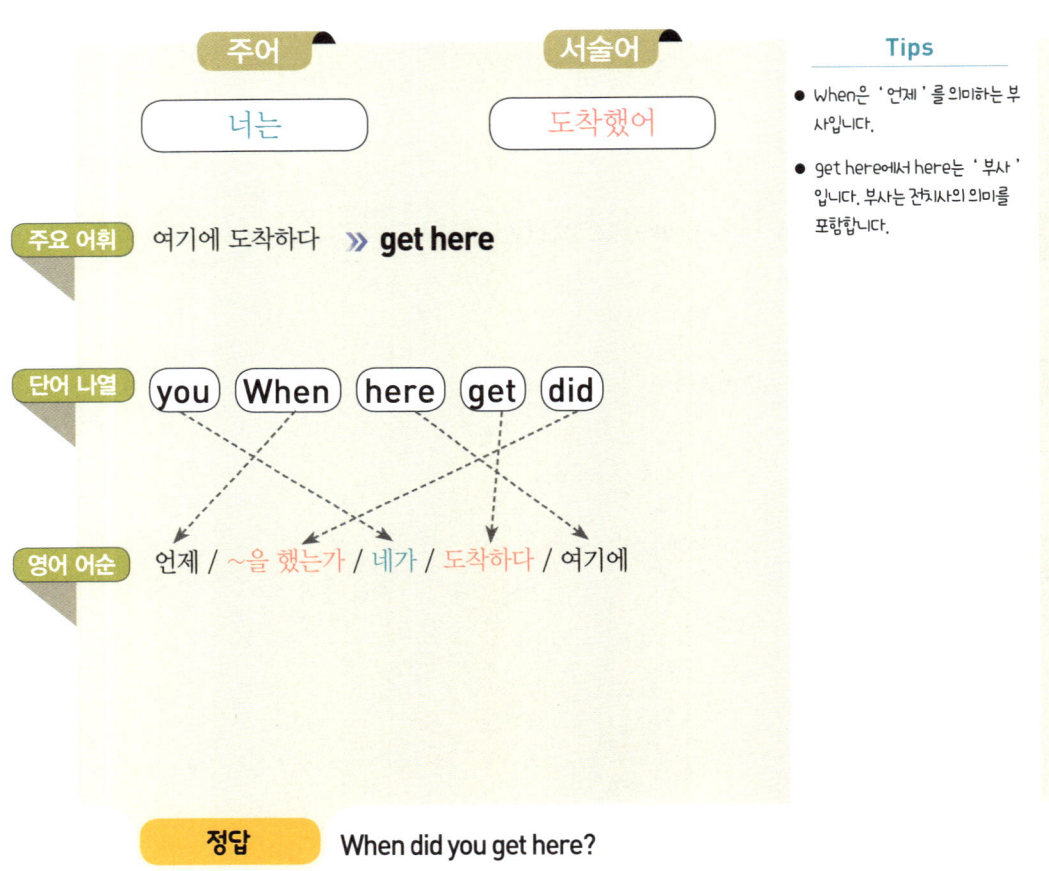

주어 너는

서술어 도착했어

Tips
- When은 '언제'를 의미하는 부사입니다.
- get here에서 here는 '부사' 입니다. 부사는 전치사의 의미를 포함합니다.

주요 어휘 여기에 도착하다 ≫ **get here**

단어 나열 (you) (When) (here) (get) (did)

영어 어순 언제 / ~을 했는가 / 네가 / 도착하다 / 여기에

정답 When did you get here?

필기체로 영작하기

When did you get here?
When did you get here?
When did you get here?

044 의문부사

그녀가 이것을 어떻게 할 수 있어?

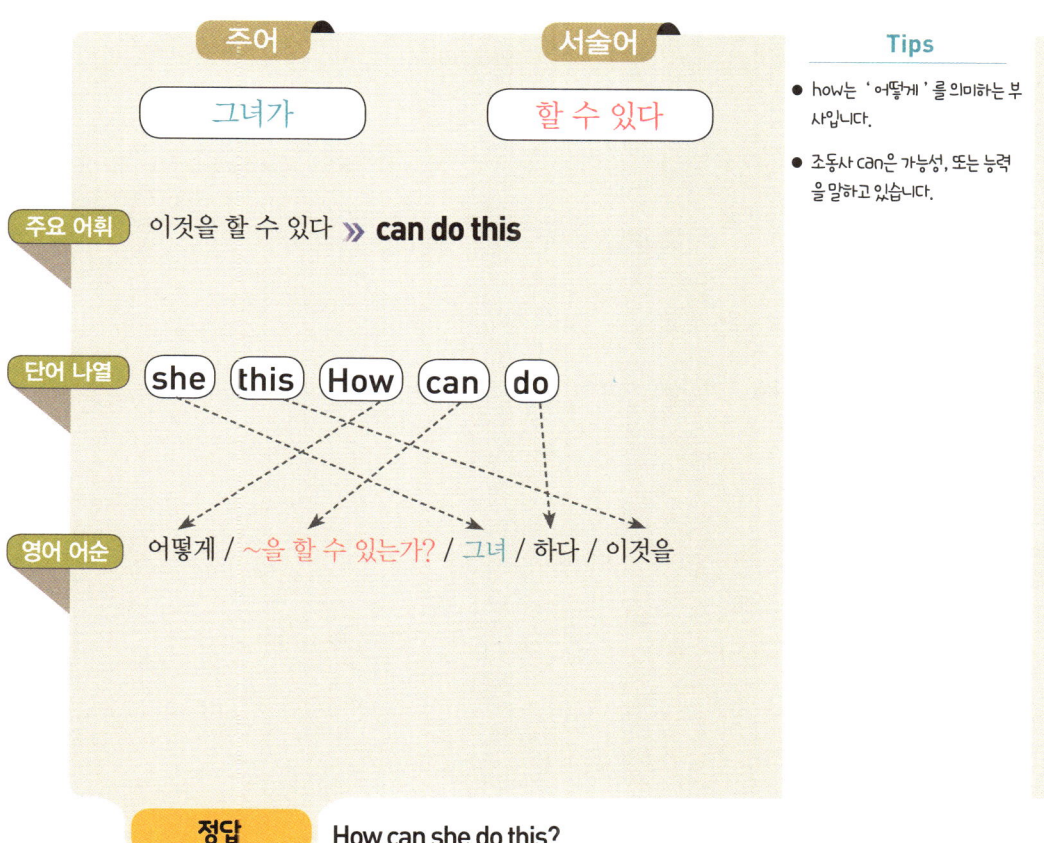

주어 그녀가

서술어 할 수 있다

Tips
- how는 '어떻게'를 의미하는 부사입니다.
- 조동사 can은 가능성, 또는 능력을 말하고 있습니다.

주요 어휘 이것을 할 수 있다 » **can do this**

단어 나열 she this How can do

영어 어순 어떻게 / ~을 할 수 있는가? / 그녀 / 하다 / 이것을

정답 How can she do this?

필기체로 영작하기

How can she do this?

How can she do this?

How can she do this?

045 얼마 동안 그 일이 시간 걸릴까요?

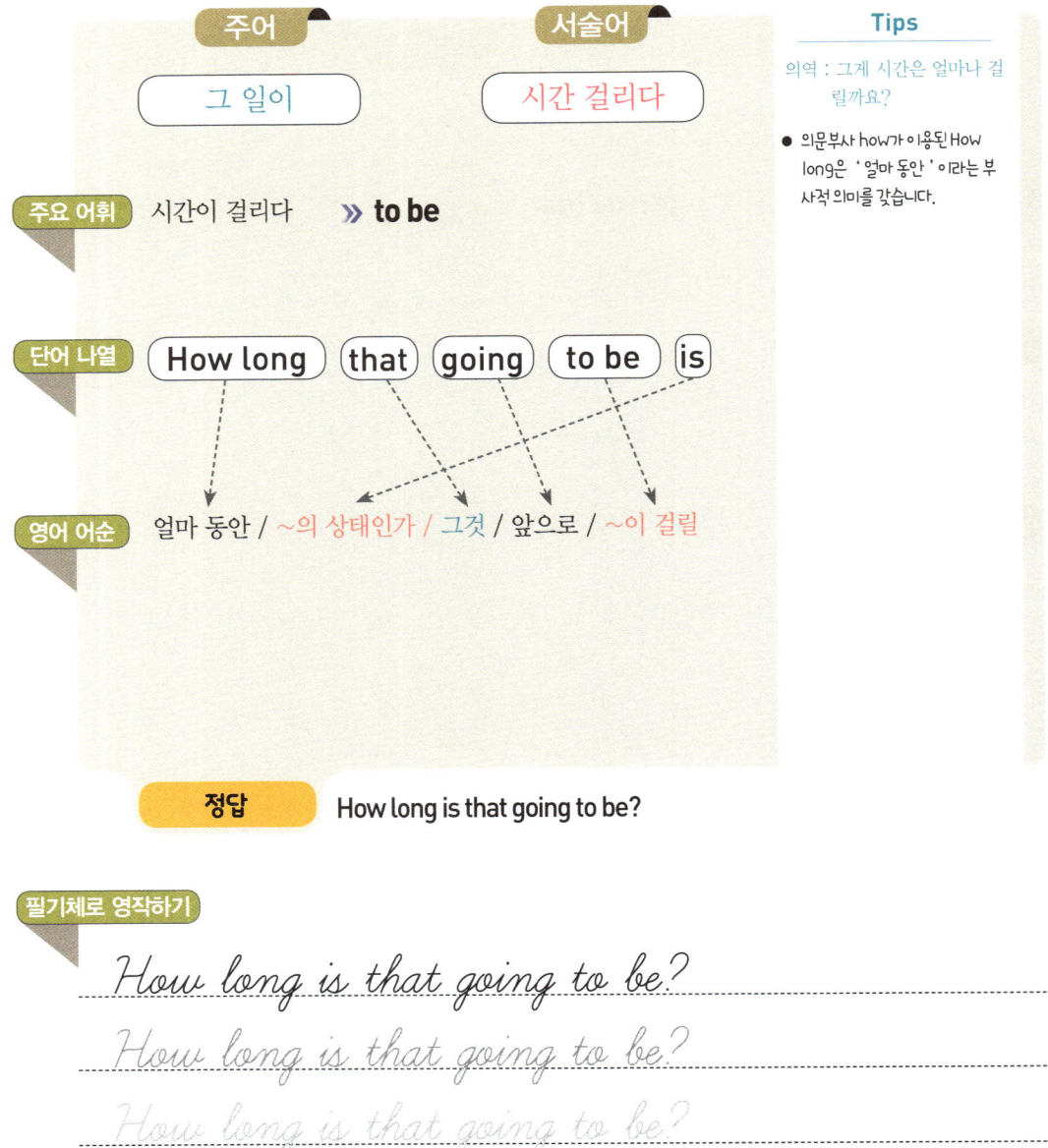

주어 그 일이

서술어 시간 걸리다

주요 어휘 시간이 걸리다 » to be

단어 나열 How long | that | going | to be | is

영어 어순 얼마 동안 / ~의 상태인가 / 그것 / 앞으로 / ~이 걸릴

정답 How long is that going to be?

Tips

의역 : 그게 시간은 얼마나 걸 릴까요?

● 의문부사 how가 이용된 How long은 '얼마 동안'이라는 부 사적 의미를 갖습니다.

필기체로 영작하기

How long is that going to be?

How long is that going to be?

How long is that going to be?

의문부사

046 그 일이 언제 있었는지 나한테 알려줘.

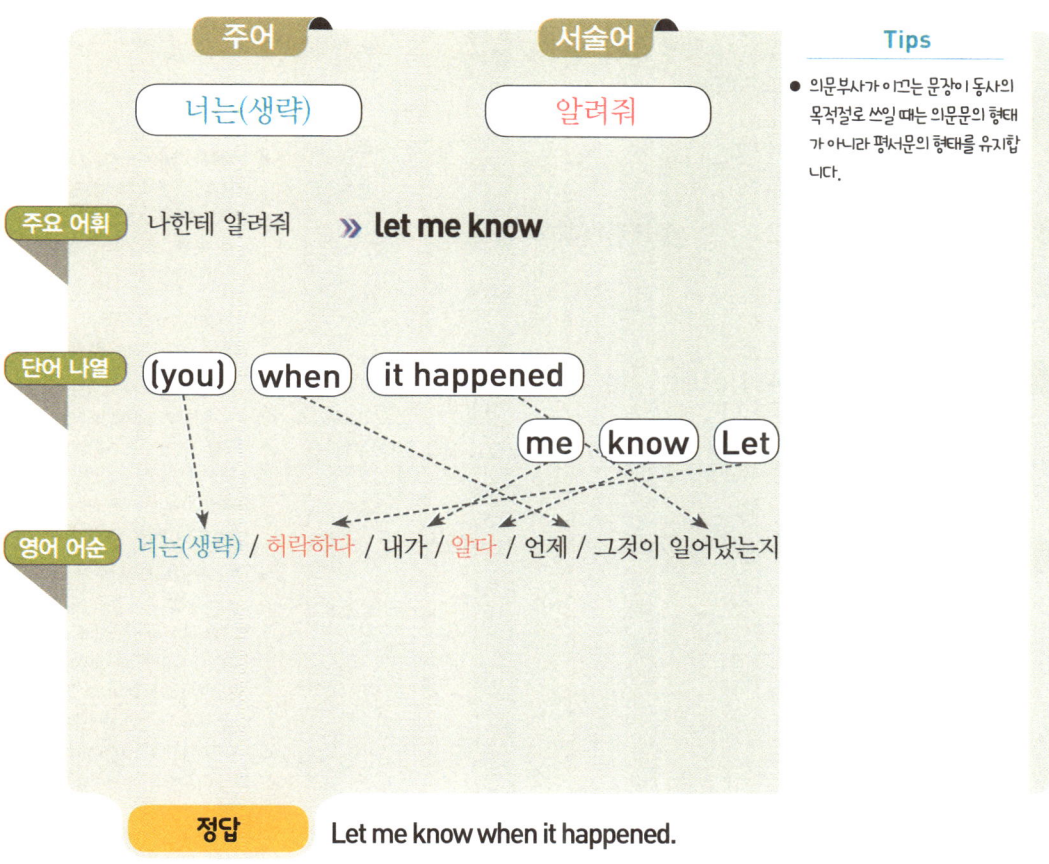

주어 · 서술어

너는(생략) · 알려줘

Tips
- 의문부사가 이끄는 문장이 동사의 목적절로 쓰일 때는 의문문의 형태가 아니라 평서문의 형태를 유지합니다.

주요 어휘 · 나한테 알려줘 ≫ **let me know**

단어 나열 · (you) when it happened me know Let

영어 어순 · 너는(생략) / 허락하다 / 내가 / 알다 / 언제 / 그것이 일어났는지

정답 · Let me know when it happened.

필기체로 영작하기

Let me know when it happened.

Let me know when it happened.

Let me know when it happened.

047 이게 그 호텔이야? 여기에서 네가 묵고 있는 거야?

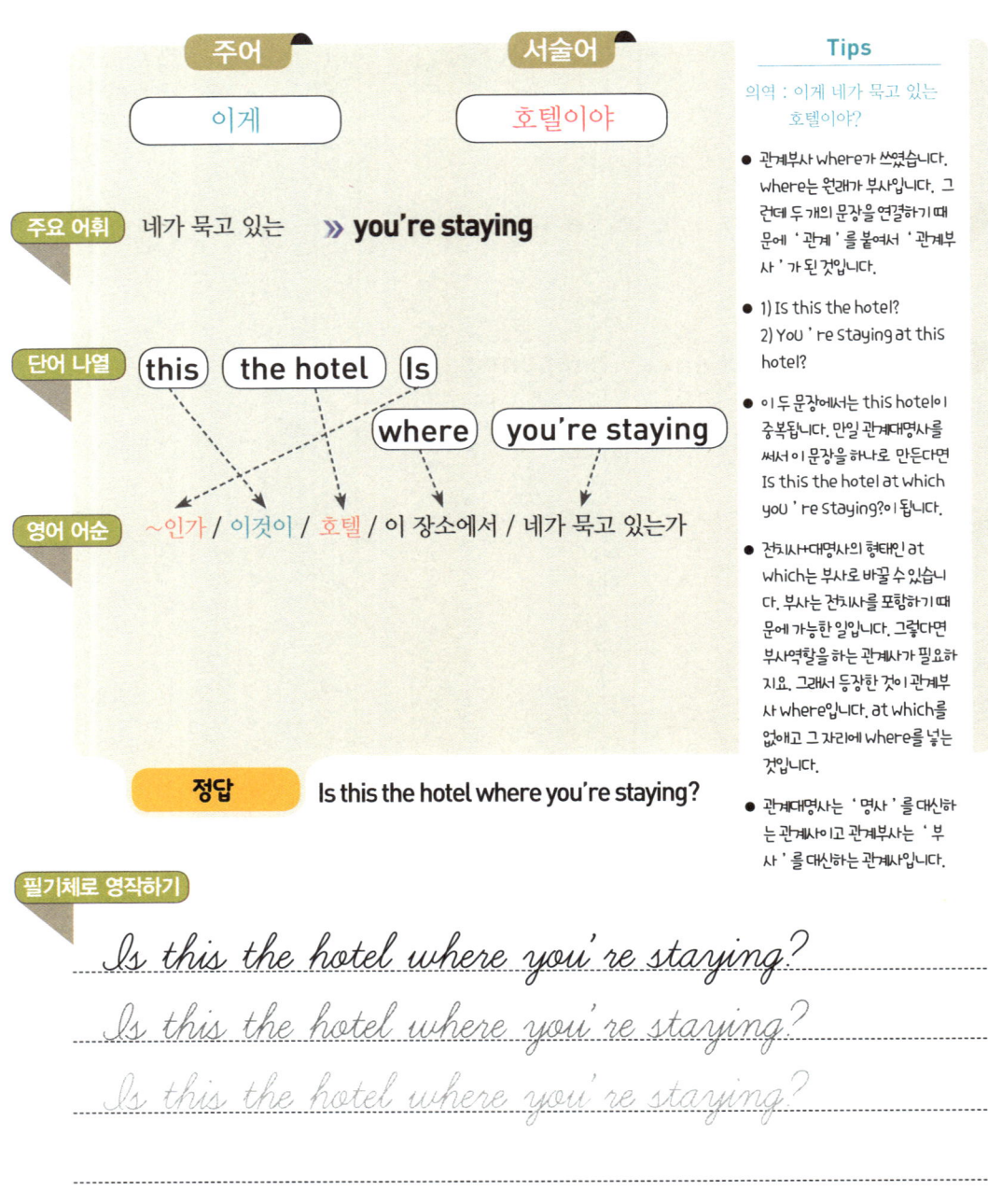

주어

이게

서술어

호텔이야

주요 어휘   네가 묵고 있는   » **you're staying**

단어 나열   this   the hotel   Is

where   you're staying

영어 어순   ~인가 / 이것이 / 호텔 / 이 장소에서 / 네가 묵고 있는가

정답   Is this the hotel where you're staying?

Tips

의역 : 이게 네가 묵고 있는
호텔이야?

● 관계부사 where가 쓰였습니다.
where는 원래가 부사입니다. 그
런데 두 개의 문장을 연결하기 때
문에 '관계'를 붙여서 '관계부
사'가 된 것입니다.

● 1) Is this the hotel?
2) You're staying at this
hotel?

● 이 두 문장에서는 this hotel이
중복됩니다. 만일 관계대명사를
써서 이 문장을 하나로 만든다면
Is this the hotel at which
you're staying?이 됩니다.

● 전치사+대명사의 형태인 at
which는 부사로 바꿀 수 있습니
다. 부사는 전치사를 포함하기 때
문에 가능한 일입니다. 그렇다면
부사역할을 하는 관계사가 필요하
지요. 그래서 등장한 것이 관계부
사 where입니다. at which를
없애고 그 자리에 where를 넣는
것입니다.

● 관계대명사는 '명사'를 대신하
는 관계사이고 관계부사는 '부
사'를 대신하는 관계사입니다.

필기체로 영작하기

Is this the hotel where you're staying?

Is this the hotel where you're staying?

Is this the hotel where you're staying?

048 나는 어젯밤에 네 전화를 봤어. 그 때 너는 샤워를 하고 있었지.

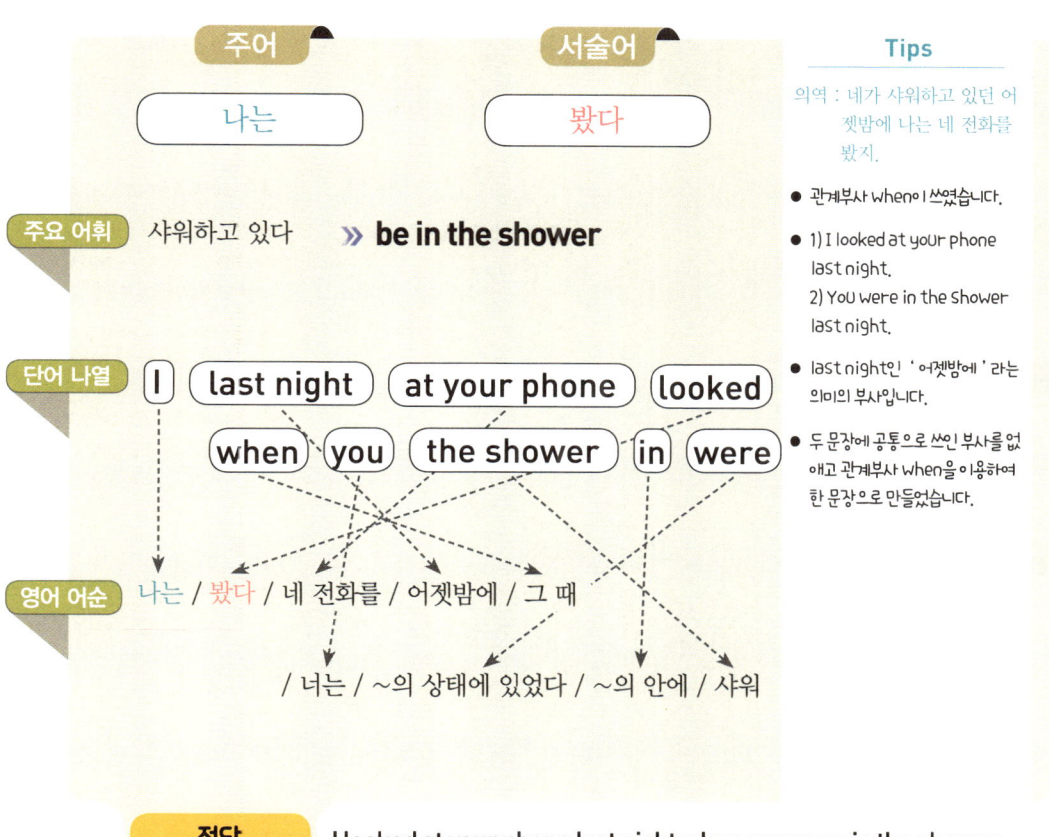

주어 나는

서술어 봤다

주요 어휘 샤워하고 있다 » **be in the shower**

단어 나열
I · last night · at your phone · looked
when · you · the shower · in · were

영어 어순
나는 / 봤다 / 네 전화를 / 어젯밤에 / 그 때
/ 너는 / ~의 상태에 있었다 / ~의 안에 / 샤워

Tips

의역 : 네가 샤워하고 있던 어젯밤에 나는 네 전화를 봤지.

● 관계부사 when이 쓰였습니다.

● 1) I looked at your phone last night.
2) You were in the shower last night.

● last night인 '어젯밤에' 라는 의미의 부사입니다.

● 두 문장에 공통으로 쓰인 부사를 없애고 관계부사 when을 이용하여 한 문장으로 만들었습니다.

정답 I looked at your phone last night when you were in the shower.

I looked at your phone last night when you were in the shower.

I looked at your phone last night when you were in the shower.

I looked at your phone last night when you were in the shower.

049

나는 그 이유를 알아냈다. 왜 그가 나한테 거짓말을 했는지.

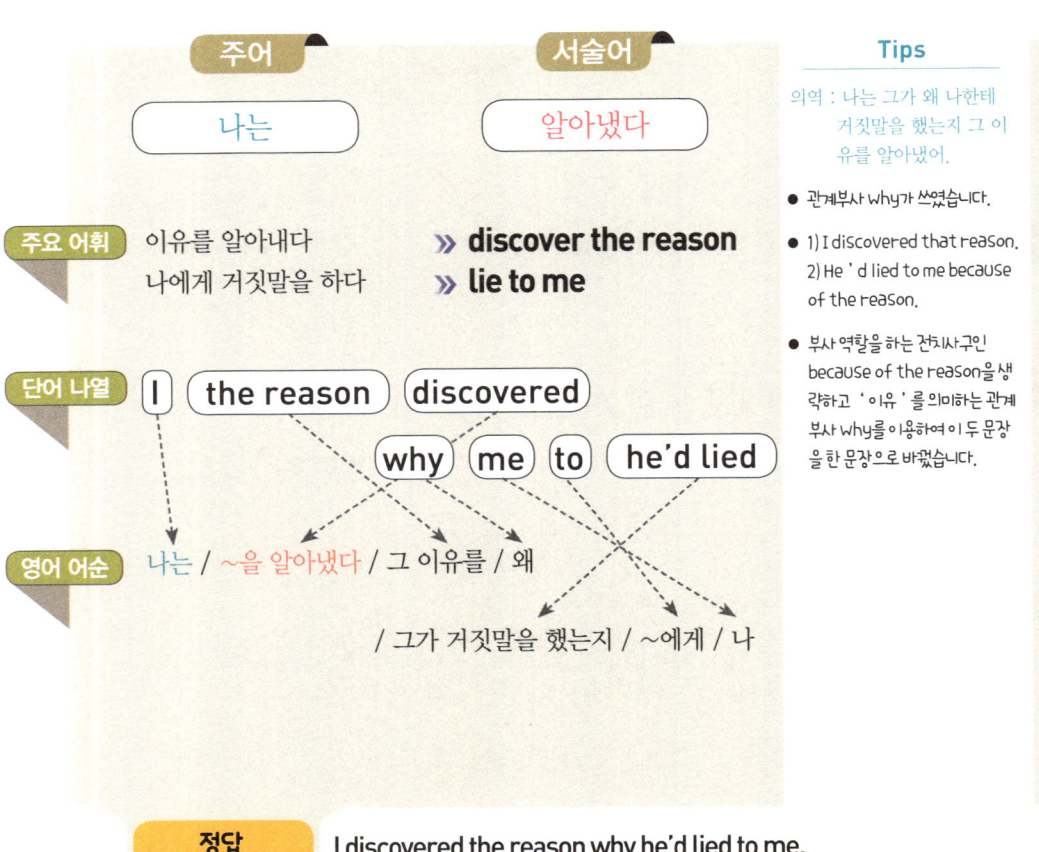

주어 — 나는

서술어 — 알아냈다

Tips

의역 : 나는 그가 왜 나한테 거짓말을 했는지 그 이유를 알아냈어.

● 관계부사 why가 쓰였습니다.

● 1) I discovered that reason.
2) He 'd lied to me because of the reason.

● 부사 역할을 하는 전치사구인 because of the reason을 생략하고 '이유'를 의미하는 관계부사 why를 이용하여 이 두 문장을 한 문장으로 바꿨습니다.

주요 어휘

이유를 알아내다 » **discover the reason**
나에게 거짓말을 하다 » **lie to me**

단어 나열

I   the reason   discovered   why   me   to   he'd lied

영어 어순

나는 / ~을 알아냈다 / 그 이유를 / 왜

/ 그가 거짓말을 했는지 / ~에게 / 나

정답   I discovered the reason why he'd lied to me.

필기체로 영작하기

I discovered the reason why he'd lied to me.

I discovered the reason why he'd lied to me.

I discovered the reason why he'd lied to me.

050 관계부사

이것이 방법이야. 이 방법으로 내가 그 이야기를 이해했지.

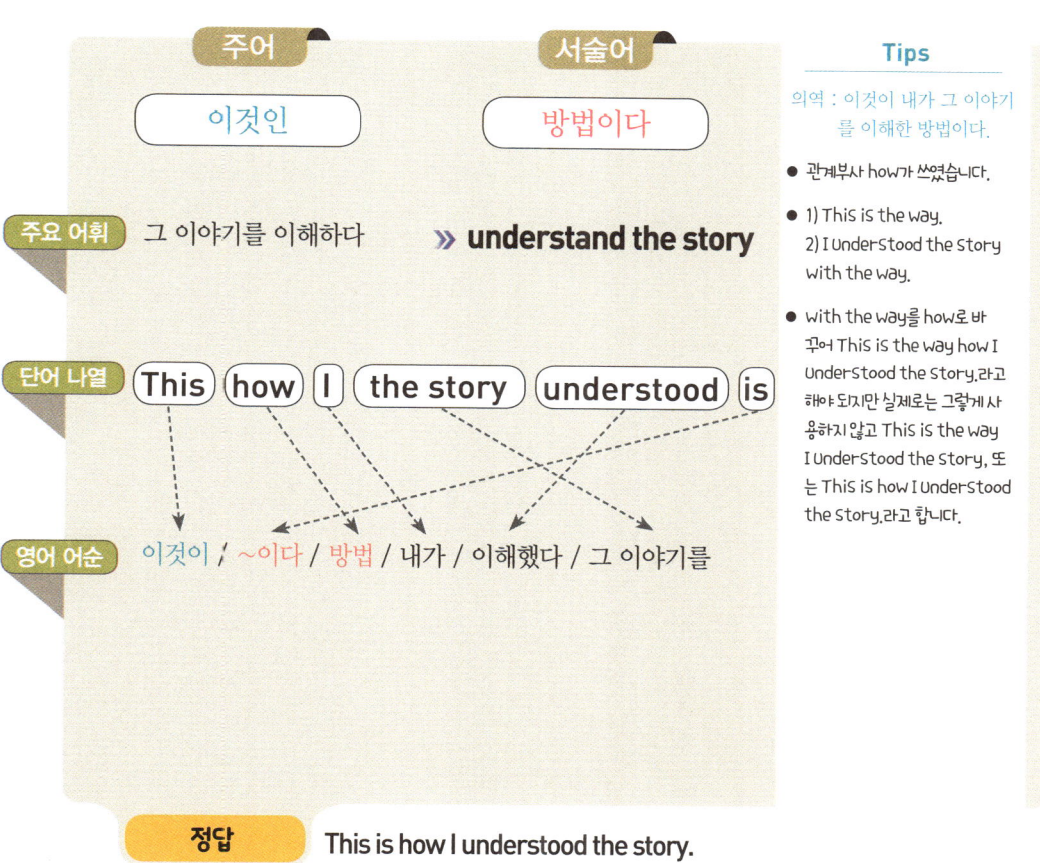

주어

이것인

서술어

방법이다

주요 어휘 그 이야기를 이해하다 » **understand the story**

단어 나열 (This) (how) (I) (the story) (understood) (is)

영어 어순 이것이 / ~이다 / 방법 / 내가 / 이해했다 / 그 이야기를

Tips

의역 : 이것이 내가 그 이야기를 이해한 방법이다.

● 관계부사 how가 쓰였습니다.

● 1) This is the way.
2) I understood the story with the way.

● with the way를 how로 바꾸어 This is the way how I understood the story.라고 해야 되지만 실제로는 그렇게 사용하지 않고 This is the way I understood the story, 또는 This is how I understood the story.라고 합니다.

정답 This is how I understood the story.

필기체로 영작하기

This is how I understood the story.

This is how I understood the story.

This is how I understood the story.

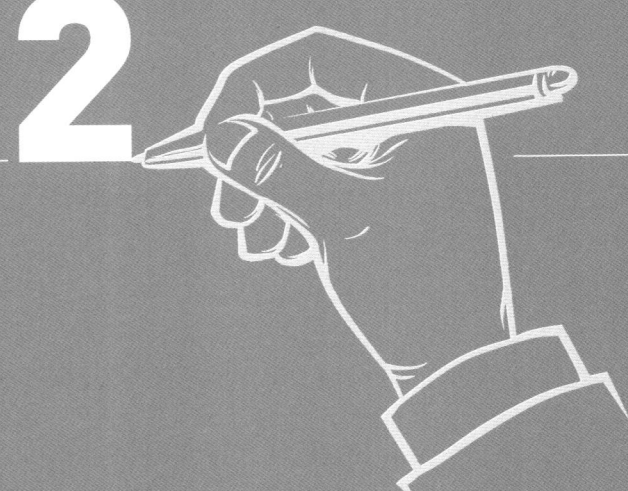

Part 2
품사편

제 **6** 장
형용사

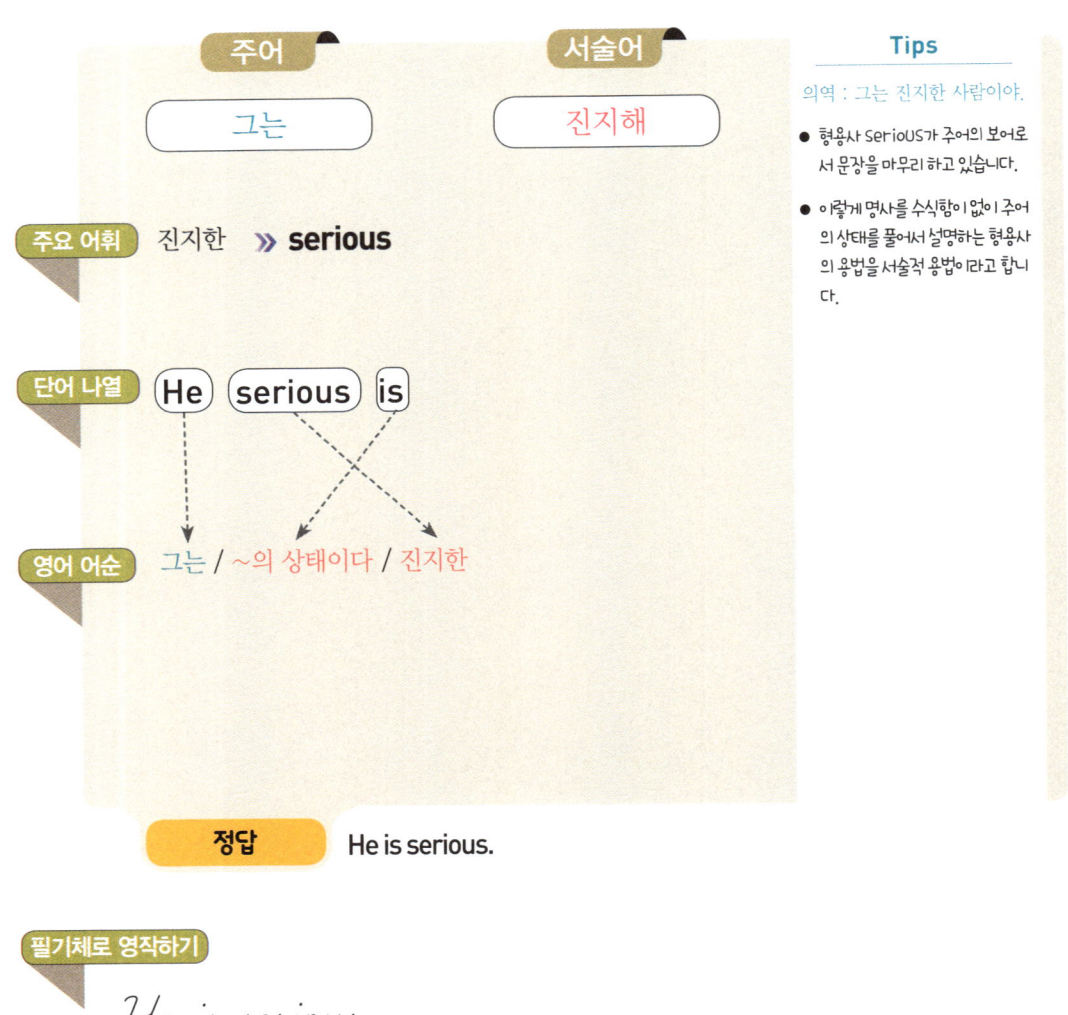

주어	서술어
그는	진지해

주요 어휘 진지한 » **serious**

단어 나열 He serious is

영어 어순 그는 / ~의 상태이다 / 진지한

Tips

의역 : 그는 진지한 사람이야.

● 형용사 serious가 주어의 보어로서 문장을 마무리 하고 있습니다.

● 이렇게 명사를 수식함이 없이 주어의 상태를 풀어서 설명하는 형용사의 용법을 서술적 용법이라고 합니다.

정답 He is serious.

필기체로 영작하기

He is serious.

He is serious.

He is serious.

052 서술적 용법
그건 정말 터무니없었어.

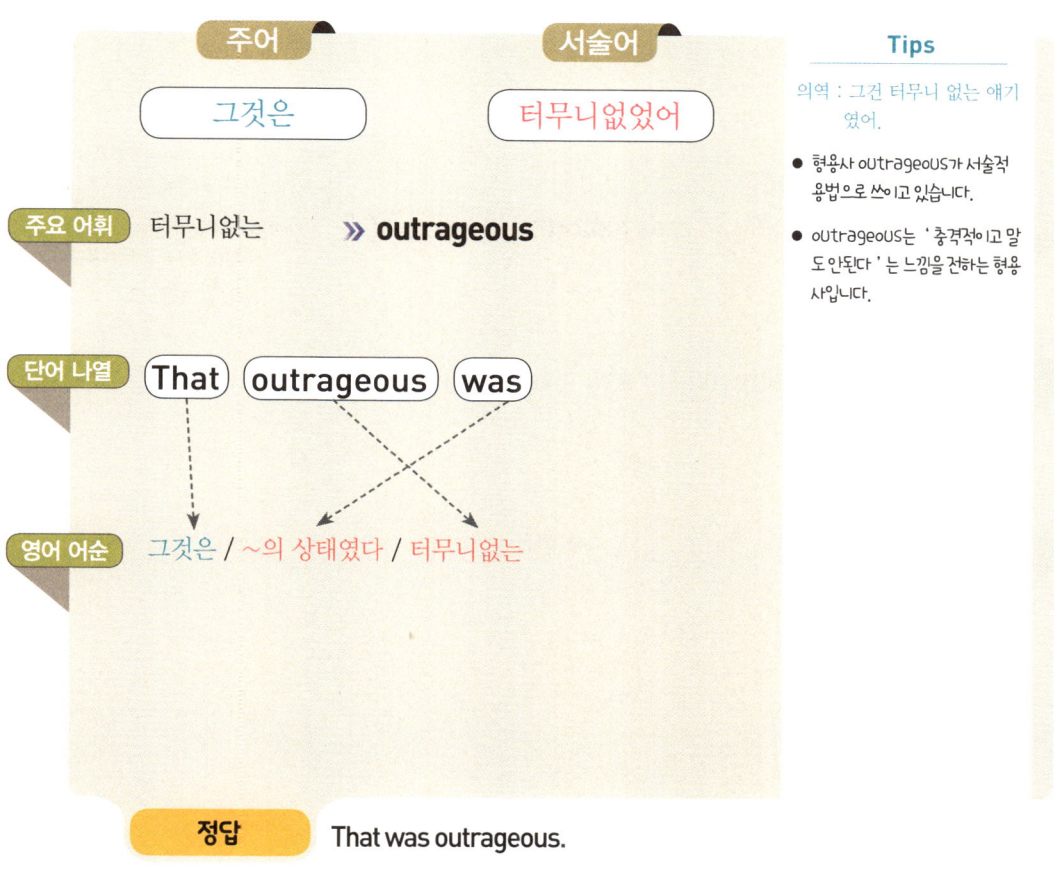

주어 | **서술어**

그것은 | 터무니없었어

주요 어휘 터무니없는 ≫ **outrageous**

단어 나열 That outrageous was

영어 어순 그것은 / ~의 상태였다 / 터무니없는

Tips

의역 : 그건 터무니 없는 얘기 였어.

- 형용사 outrageous가 서술적 용법으로 쓰이고 있습니다.

- outrageous는 '충격적이고 말 도 안된다'는 느낌을 전하는 형용 사입니다.

정답 That was outrageous.

필기체로 영작하기

That was outrageous.

That was outrageous.

That was outrageous.

053 나는 그녀에게 미쳤다.

주어	서술어
나는	미쳤다

Tips

의역 : 그녀에게 완전히 반했다.

● 형용사 crazy가 주어의 보어로서 서술적 용법으로 쓰였습니다.

● about her는 형용사 crazy를 수식하는 전치사구이면서 부사 역할을 하고 있습니다.

주요 어휘 ~에 완전히 미친 » **crazy about**

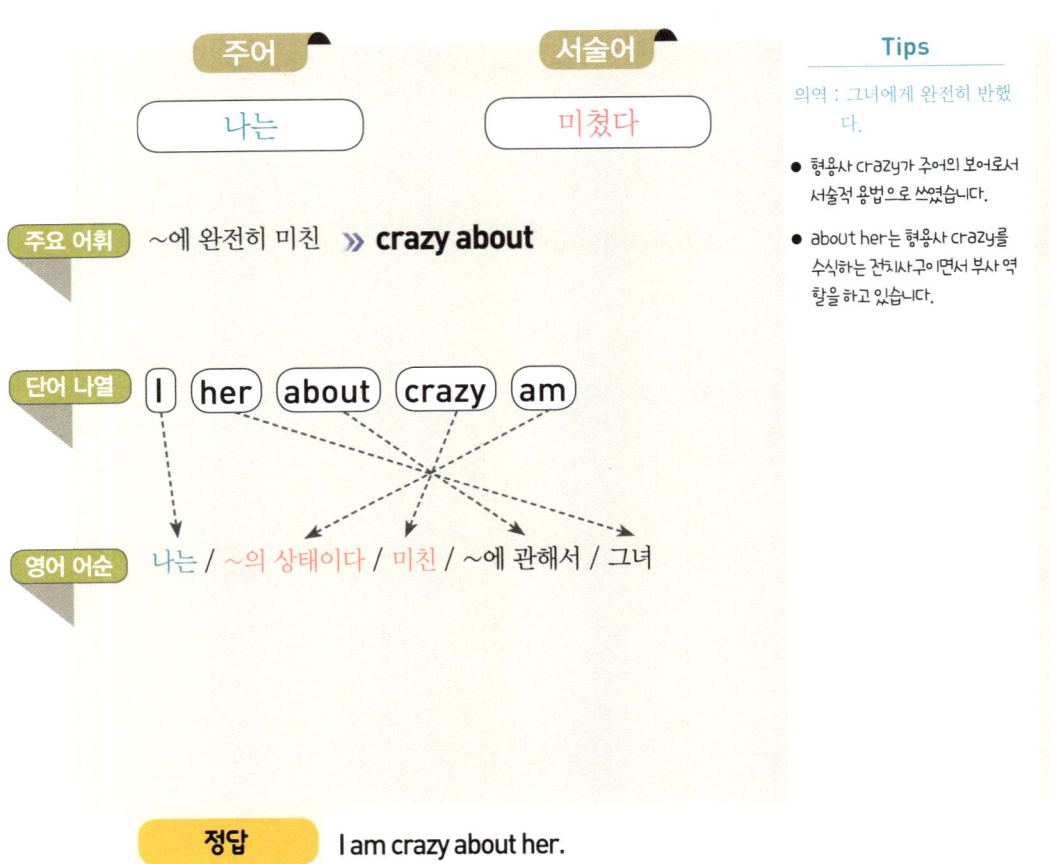

단어 나열 I her about crazy am

영어 어순 나는 / ~의 상태이다 / 미친 / ~에 관해서 / 그녀

정답 I am crazy about her.

필기체로 영작하기

I am crazy about her.

I am crazy about her.

I am crazy about her.

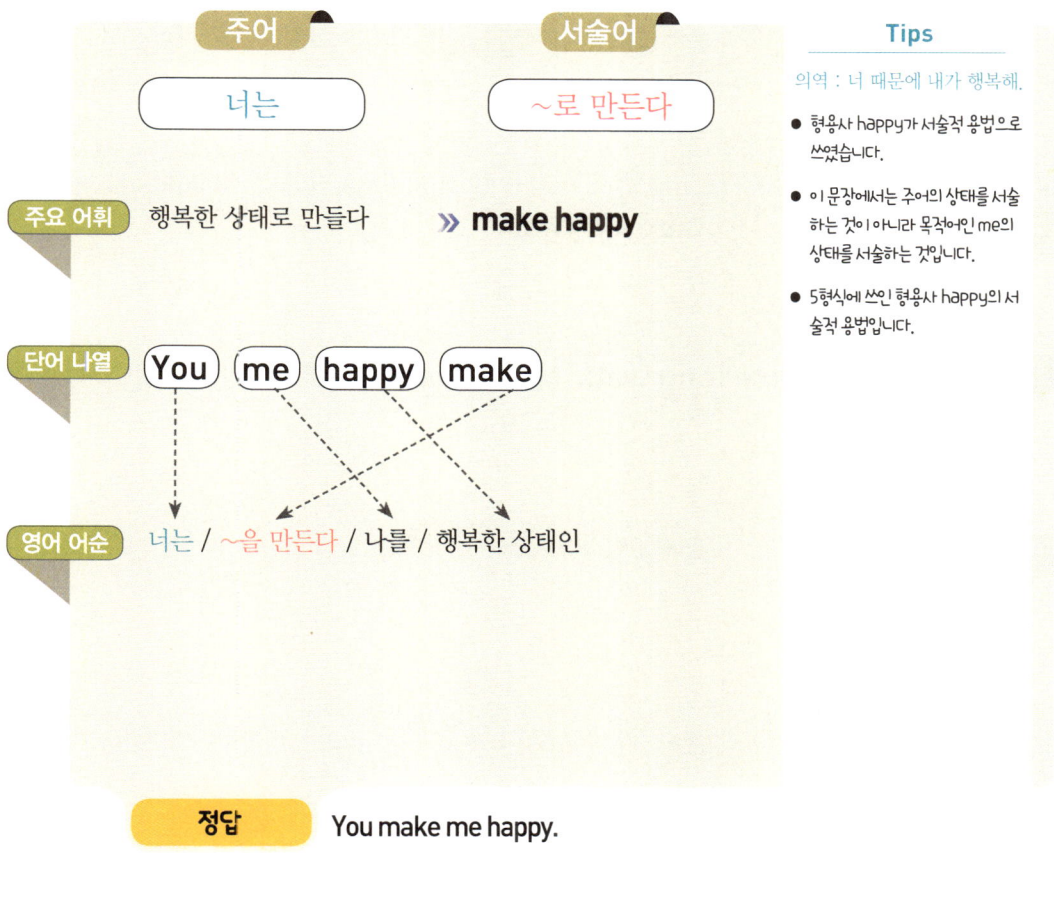

주어

너는

서술어

~로 만든다

주요 어휘 행복한 상태로 만들다 » **make happy**

단어 나열 You me happy make

영어 어순 너는 / ~을 만든다 / 나를 / 행복한 상태인

Tips

의역 : 너 때문에 내가 행복해.

● 형용사 happy가 서술적 용법으로 쓰였습니다.

● 이 문장에서는 주어의 상태를 서술하는 것이 아니라 목적어인 me의 상태를 서술하는 것입니다.

● 5형식에 쓰인 형용사 happy의 서술적 용법입니다.

정답 You make me happy.

필기체로 영작하기

You make me happy.

You make me happy.

You make me happy.

055 우리는 기분 좋은 긴 산책을 다녀왔다.

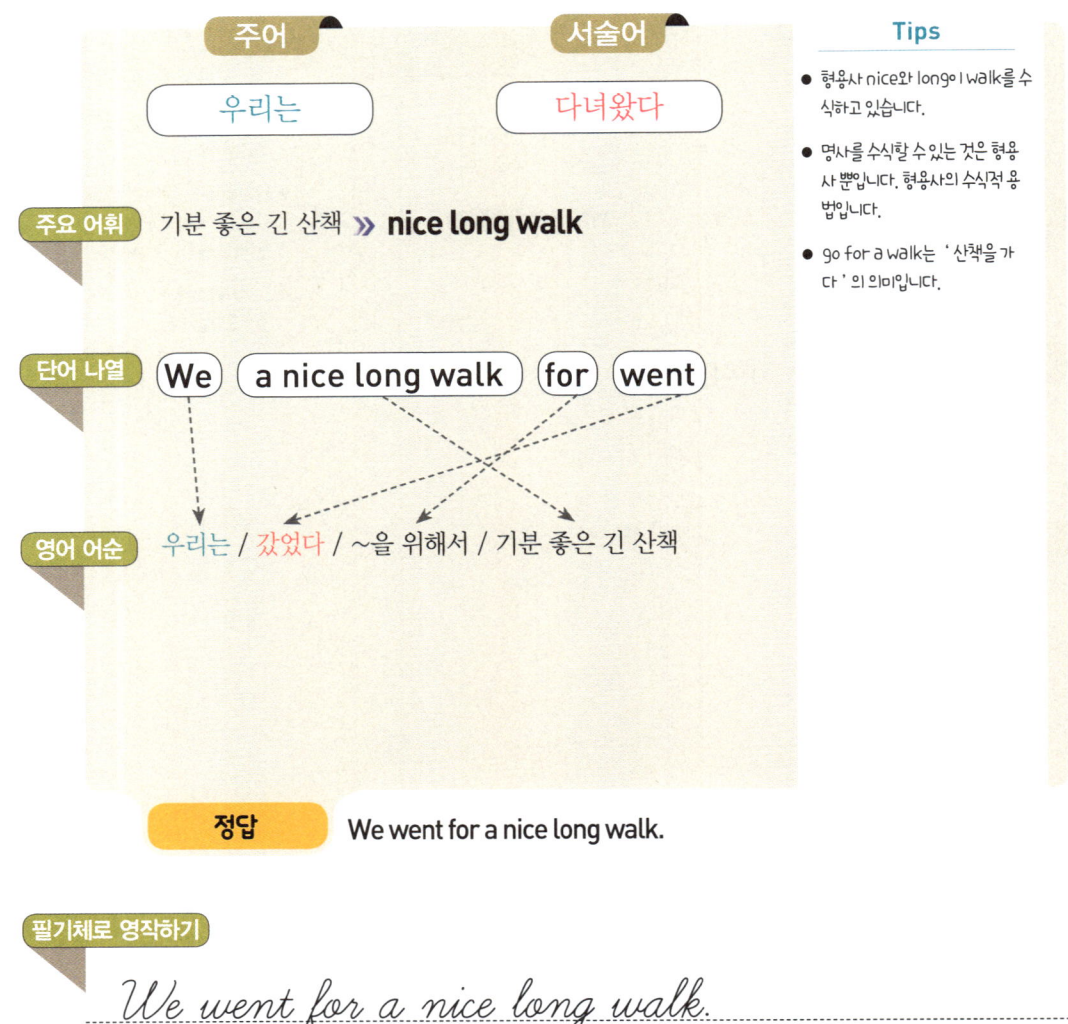

주어

우리는

서술어

다녀왔다

Tips

- 형용사 nice와 long이 walk를 수식하고 있습니다.
- 명사를 수식할 수 있는 것은 형용사 뿐입니다. 형용사의 수식적 용법입니다.
- go for a walk는 '산책을 가다'의 의미입니다.

주요 어휘 기분 좋은 긴 산책 » **nice long walk**

단어 나열 We ㅣ a nice long walk ㅣ for ㅣ went

영어 어순 우리는 / 갔었다 / ~을 위해서 / 기분 좋은 긴 산책

정답 We went for a nice long walk.

필기체로 영작하기

We went for a nice long walk.

We went for a nice long walk.

We went for a nice long walk.

수식적 용법

056 그것은 불행한 사실이야.

주어	서술어
그것은	불행한 사실이야

Tips

● 형용사 unfortunate가 fact를 수식하고 있습니다.

● 형용사의 수식적 용법입니다.

주요 어휘 불행한 사실 » **an unfortunate fact**

단어 나열 It ⟨ an unfortunate fact ⟩ is

영어 어순 그것은 / ~이다 / 불행한 사실

정답 It is an unfortunate fact.

필기체로 영작하기

It is an unfortunate fact.

It is an unfortunate fact.

It is an unfortunate fact.

057 형용사의 비교급

나는 너처럼 화 났어.

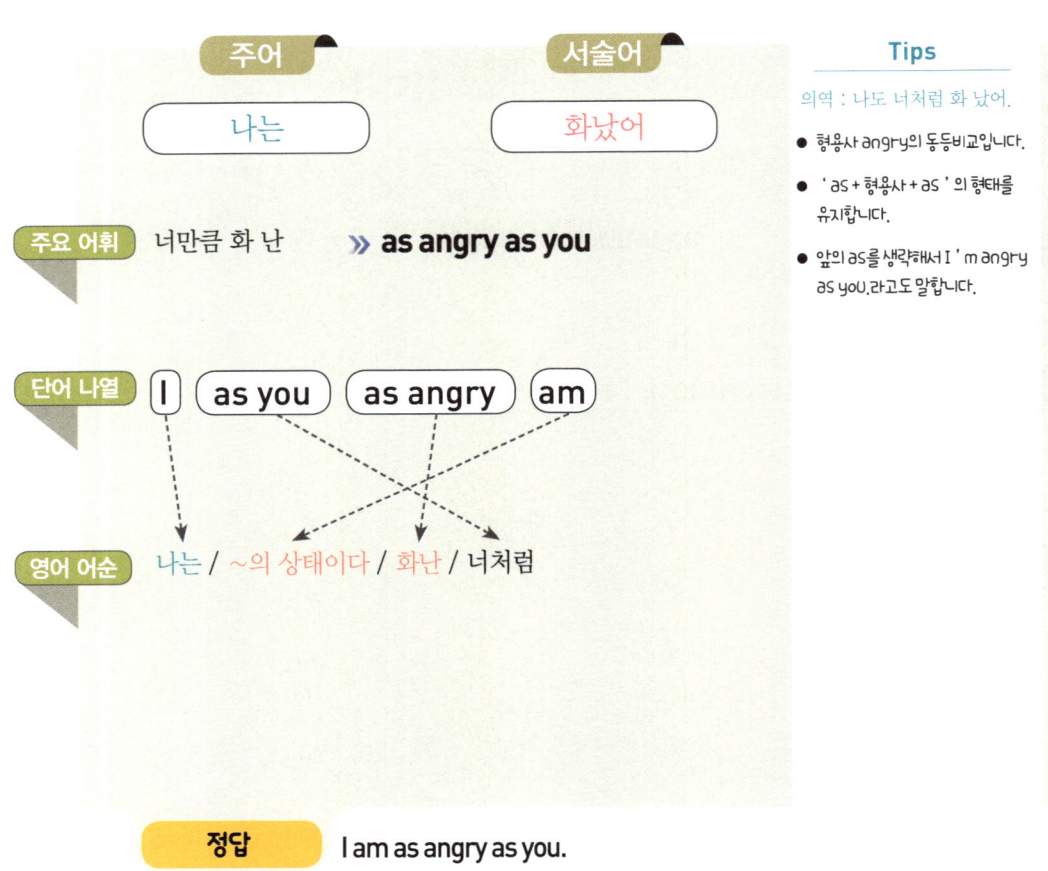

주어 — 나는

서술어 — 화났어

주요 어휘 — 너만큼 화 난 » **as angry as you**

단어 나열 — I / as you / as angry / am

영어 어순 — 나는 / ~의 상태이다 / 화난 / 너처럼

정답 — I am as angry as you.

필기체로 영작하기

I am as angry as you.

I am as angry as you.

I am as angry as you.

058 이것이 그것보다 더 크다.

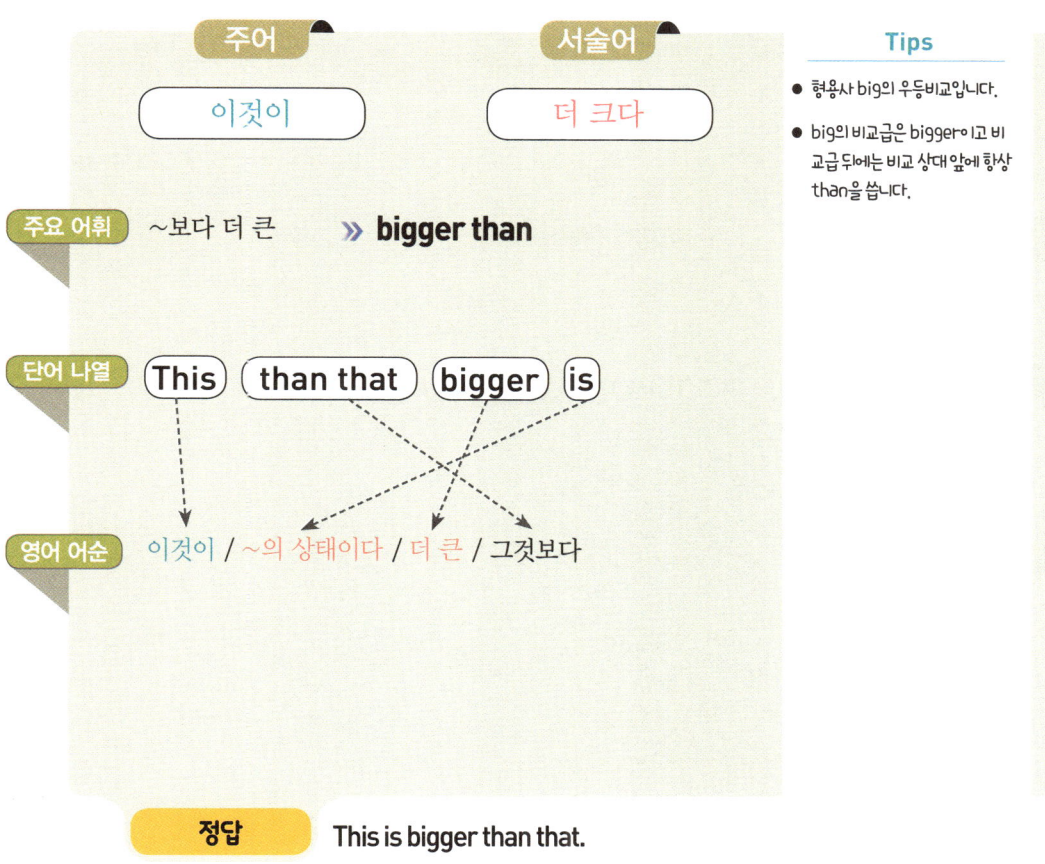

주어	서술어
이것이	더 크다

주요 어휘 ~보다 더 큰 　》 **bigger than**

단어 나열 This　than that　bigger　is

영어 어순 이것이 / ~의 상태이다 / 더 큰 / 그것보다

정답 This is bigger than that.

필기체로 영작하기

This is bigger than that.
This is bigger than that.
This is bigger than that.

059 그것이 더욱 두드러졌다.

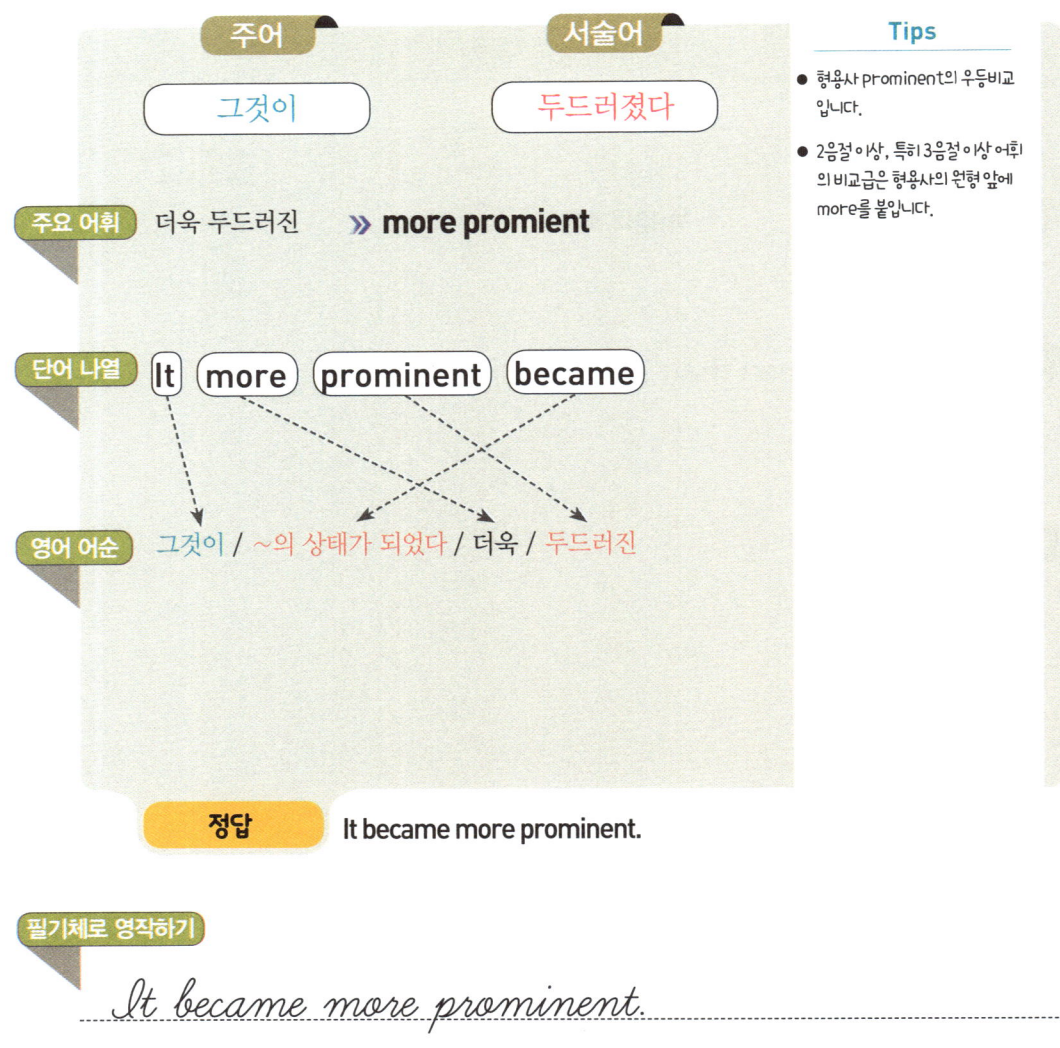

주어	서술어
그것이	두드러졌다

주요 어휘 더욱 두드러진 » **more prominent**

단어 나열 It · more · prominent · became

영어 어순 그것이 / ~의 상태가 되었다 / 더욱 / 두드러진

Tips

● 형용사 prominent의 우등비교 입니다.

● 2음절 이상, 특히 3음절 이상 어휘의 비교급은 형용사의 원형 앞에 more를 붙입니다.

정답 It became more prominent.

필기체로 영작하기

It became more prominent.

It became more prominent.

It became more prominent.

060 무엇이 세상에서 가장 높은 건물일까?

주어

무엇이

서술어

가장 높은 건물일까

주요 어휘 가장 높은 » **the tallest**

Tips

- 형용사 tall의 최상급입니다.
- 1, 2음절의 형용사 최상급은 원형 뒤에 −est가 붙고 그 앞에 반드시 the가 위치합니다.
- 2음절 이상, 특히 3음절 이상 어휘의 최상급은 형용사의 원형 앞에 the most를 붙입니다.

단어 나열 What the world in the tallest building is

영어 어순 무엇이 / ~이다 / 가장 높은 건물 / ~안에서 / 세상

정답 What is the tallest building in the world?

필기체로 영작하기

What is the tallest building in the world?

What is the tallest building in the world?

What is the tallest building in the world?

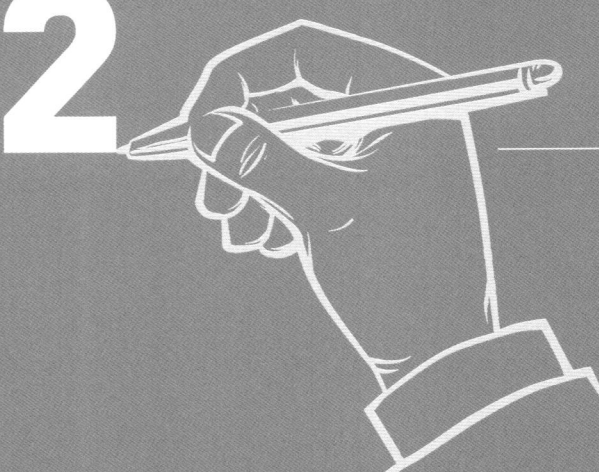

Part 2

품사편

제 **7** 장
부사

061 나는 그동안 즐기기 위한 여행을 자주 하지는 못했어.

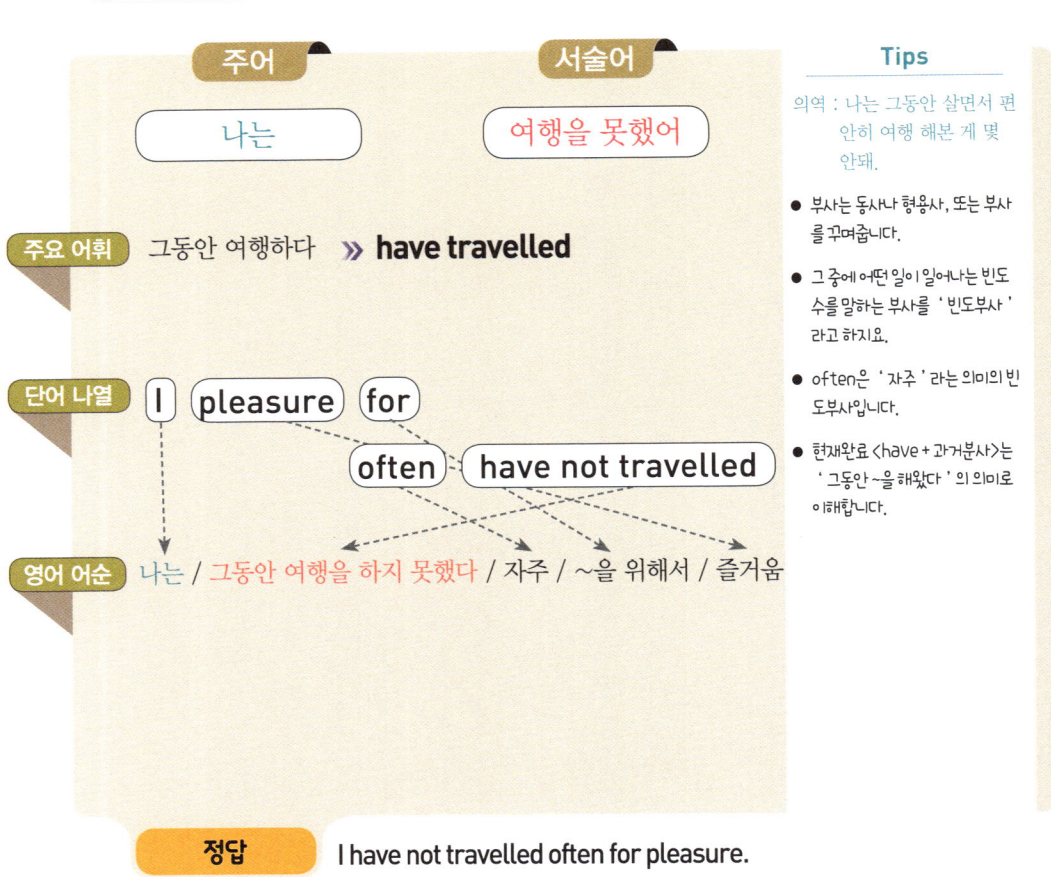

주어 → 나는

서술어 → 여행을 못했어

Tips

의역 : 나는 그동안 살면서 편안히 여행 해본 게 몇 안돼.

● 부사는 동사나 형용사, 또는 부사를 꾸며줍니다.

● 그 중에 어떤 일이 일어나는 빈도 수를 말하는 부사를 '빈도부사' 라고 하지요.

● often은 '자주' 라는 의미의 빈도부사입니다.

● 현재완료 〈have + 과거분사〉는 '그동안 ~을 해왔다' 의 의미로 이해합니다.

주요 어휘 그동안 여행하다 ≫ **have travelled**

단어 나열 I | pleasure | for | often | have not travelled

영어 어순 나는 / 그동안 여행을 하지 못했다 / 자주 / ~을 위해서 / 즐거움

정답 I have not travelled often for pleasure.

필기체로 영작하기

I have not travelled often for pleasure.

I have not travelled often for pleasure.

I have not travelled often for pleasure.

062 너는 항상 선택권을 가지고 있는 거야.

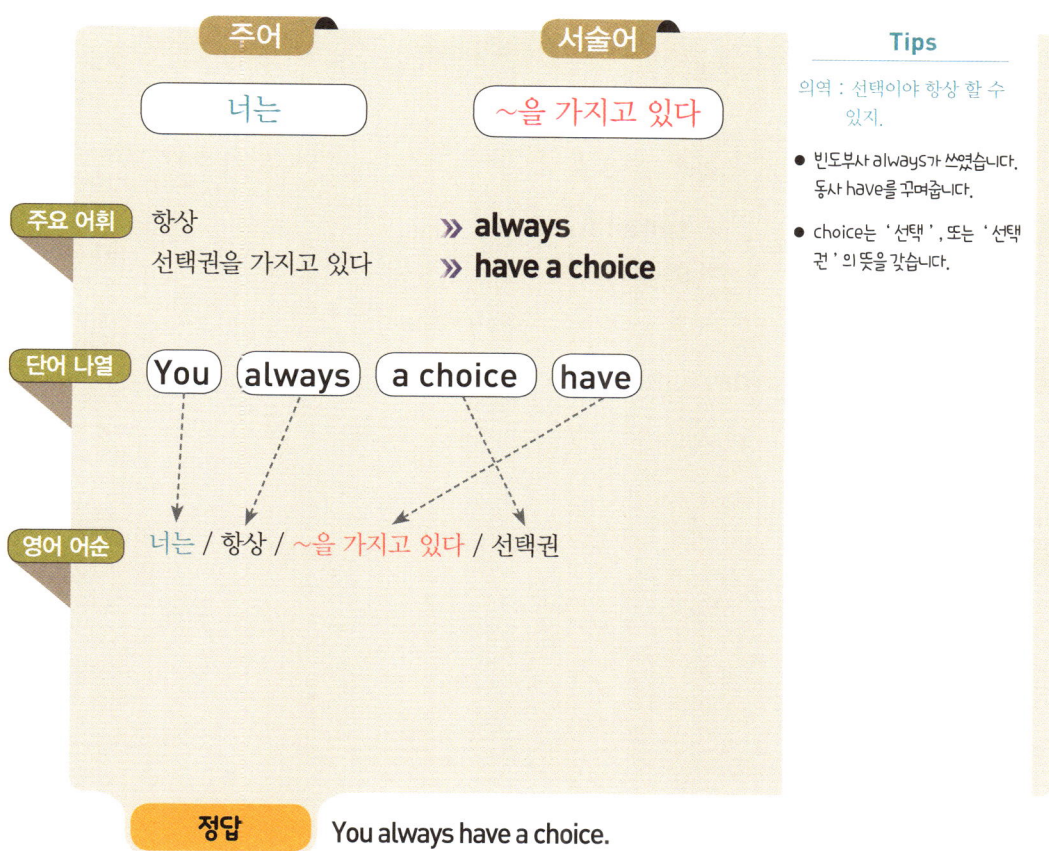

주어

너는

서술어

~을 가지고 있다

주요 어휘

항상 »» **always**
선택권을 가지고 있다 »» **have a choice**

단어 나열

You　always　a choice　have

영어 어순

너는 / 항상 / ~을 가지고 있다 / 선택권

Tips

의역 : 선택이야 항상 할 수
　　　있지.

● 빈도부사 always가 쓰였습니다.
　동사 have를 꾸며줍니다.

● choice는 '선택', 또는 '선택
　권'의 뜻을 갖습니다.

정답　　You always have a choice.

필기체로 영작하기

You always have a choice.
You always have a choice.
You always have a choice.

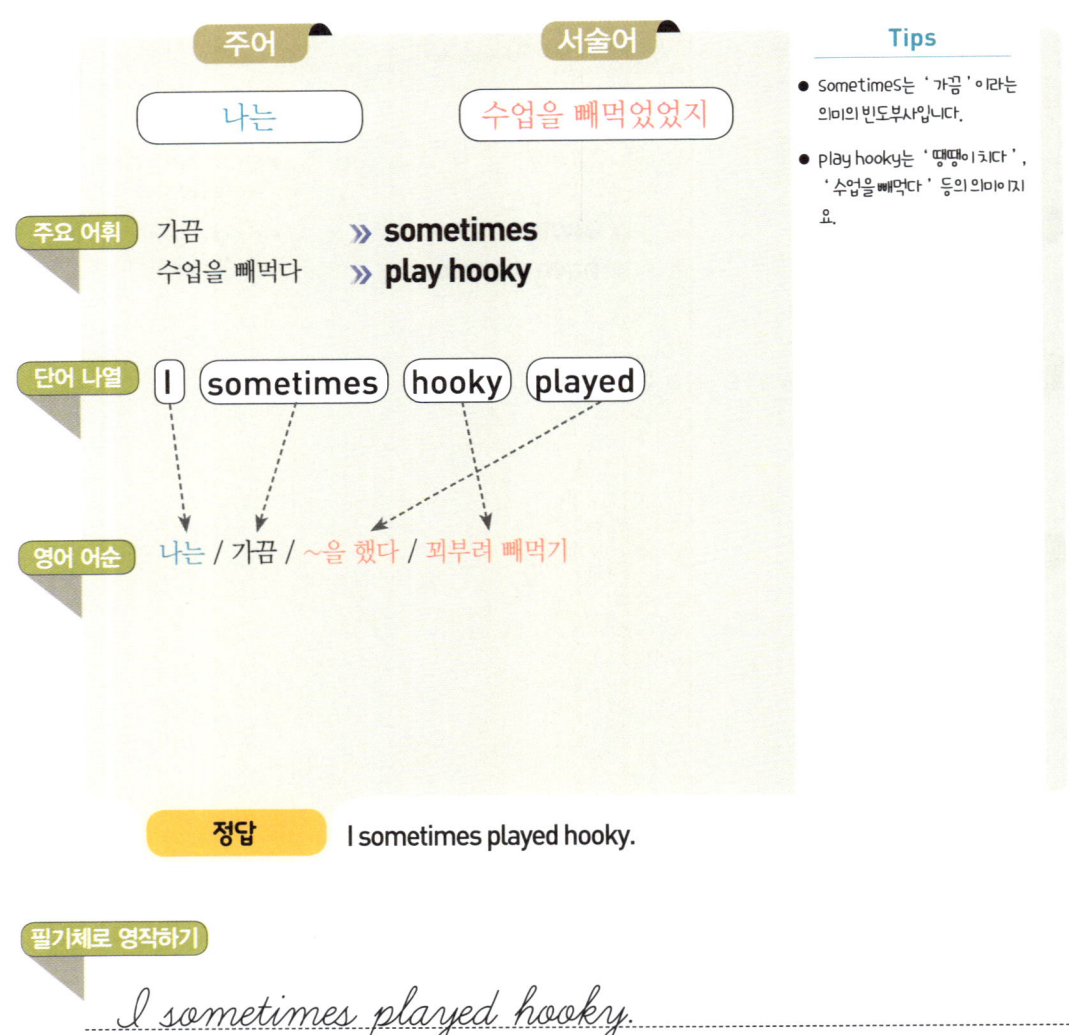

주어 — 나는

서술어 — 수업을 빼먹었었지

Tips

● sometimes는 '가끔'이라는 의미의 빈도부사입니다.

● play hooky는 '땡땡이치다', '수업을 빼먹다' 등의 의미이지요.

주요 어휘
가끔　　》 **sometimes**
수업을 빼먹다　》 **play hooky**

단어 나열
I　sometimes　hooky　played

영어 어순
나는 / 가끔 / ~을 했다 / 꾀부려 빼먹기

정답　　I sometimes played hooky.

필기체로 영작하기

I sometimes played hooky.

I sometimes played hooky.

I sometimes played hooky.

강조부사

064 그는 이런 일에 매우 빨리 질린다.

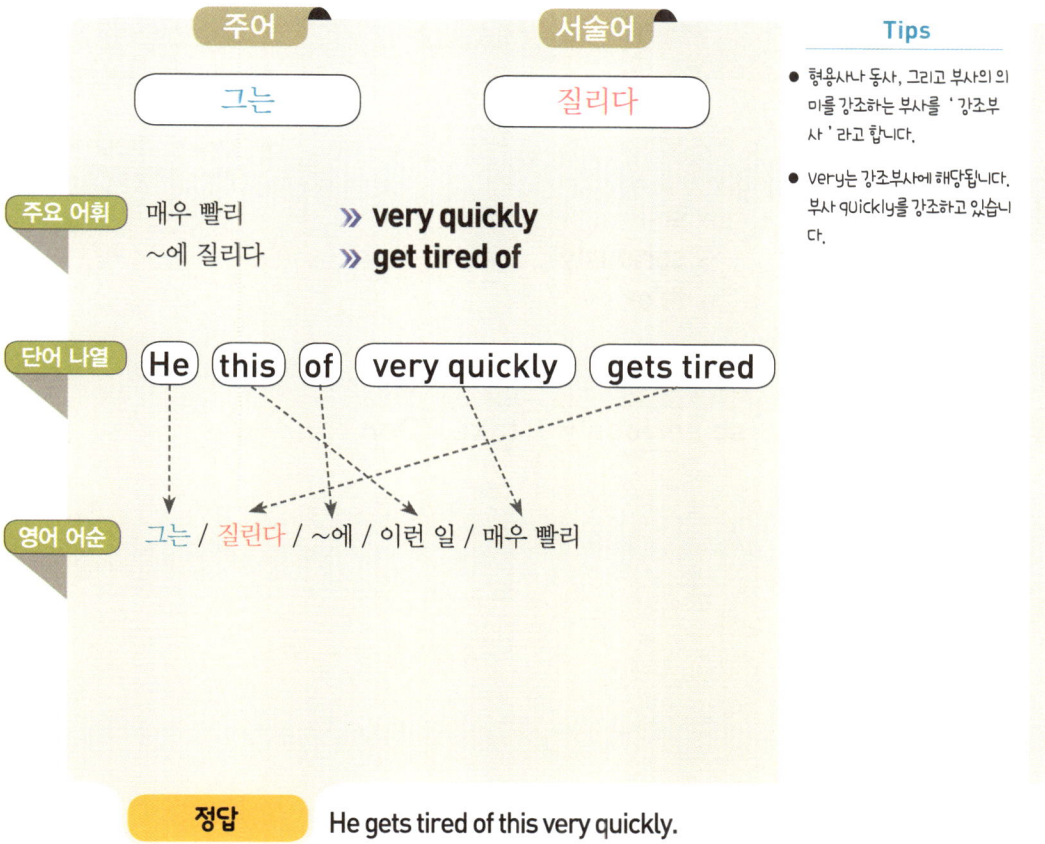

주어	서술어
그는	질리다

주요 어휘
매우 빨리 » **very quickly**
~에 질리다 » **get tired of**

Tips

- 형용사나 동사, 그리고 부사의 의미를 강조하는 부사를 '강조부사'라고 합니다.

- very는 강조부사에 해당됩니다. 부사 quickly를 강조하고 있습니다.

단어 나열
(He) (this) (of) (very quickly) (gets tired)

영어 어순
그는 / 질린다 / ~에 / 이런 일 / 매우 빨리

정답   He gets tired of this very quickly.

필기체로 영작하기

He gets tired of this very quickly.
He gets tired of this very quickly.
He gets tired of this very quickly.

065 강조부사

그걸 그렇게까지 심각하게 받아들이지 마.

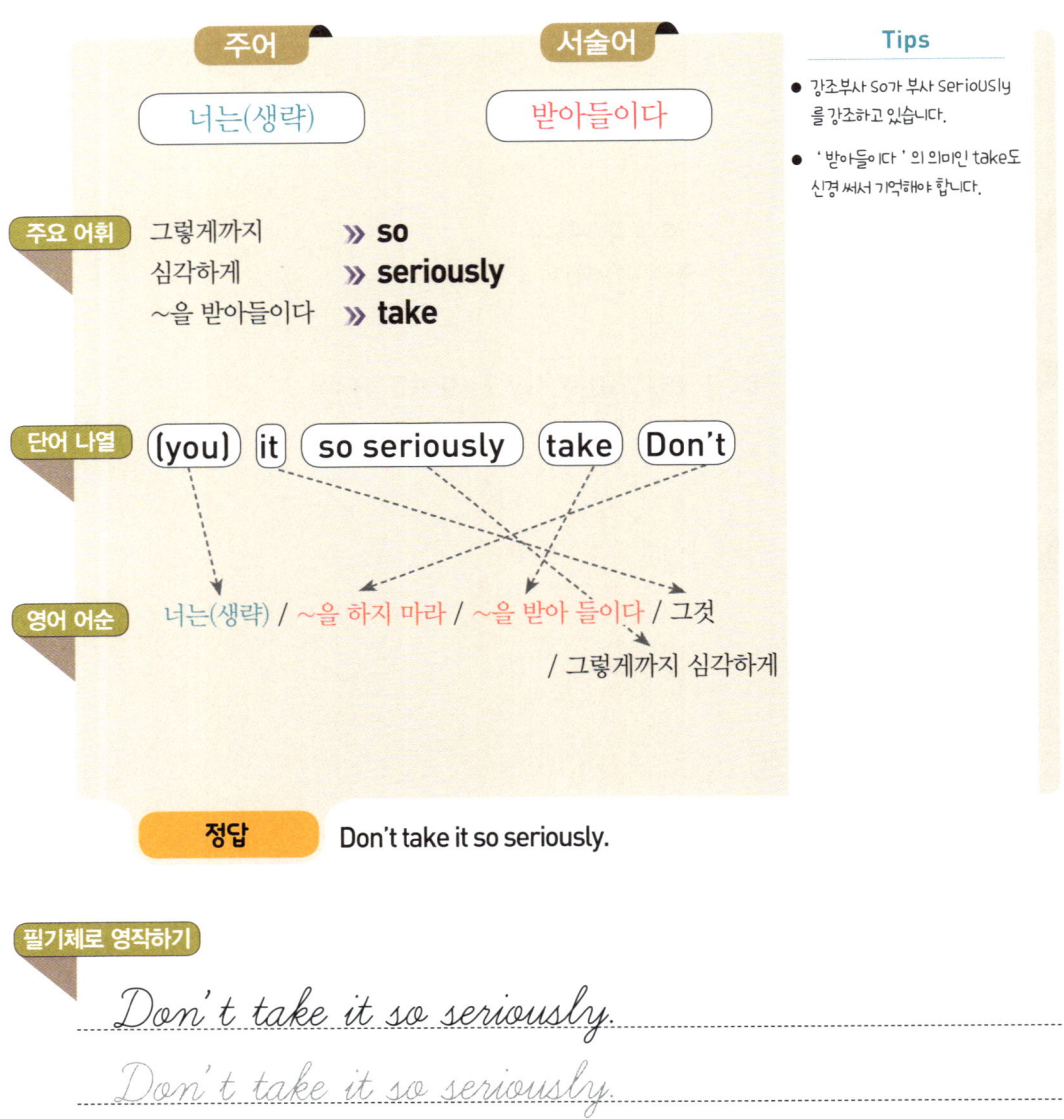

주어

너는(생략)

서술어

받아들이다

Tips

- 강조부사 SO가 부사 seriously 를 강조하고 있습니다.

- '받아들이다'의 의미인 take도 신경 써서 기억해야 합니다.

주요 어휘

그렇게까지 》 **so**

심각하게 》 **seriously**

~을 받아들이다 》 **take**

단어 나열

(you) it so seriously take Don't

영어 어순

너는(생략) / ~을 하지 마라 / ~을 받아 들이다 / 그것 / 그렇게까지 심각하게

정답

Don't take it so seriously.

필기체로 영작하기

Don't take it so seriously.

Don't take it so seriously.

Don't take it so seriously.

066 그것은 대단히 맛있어.

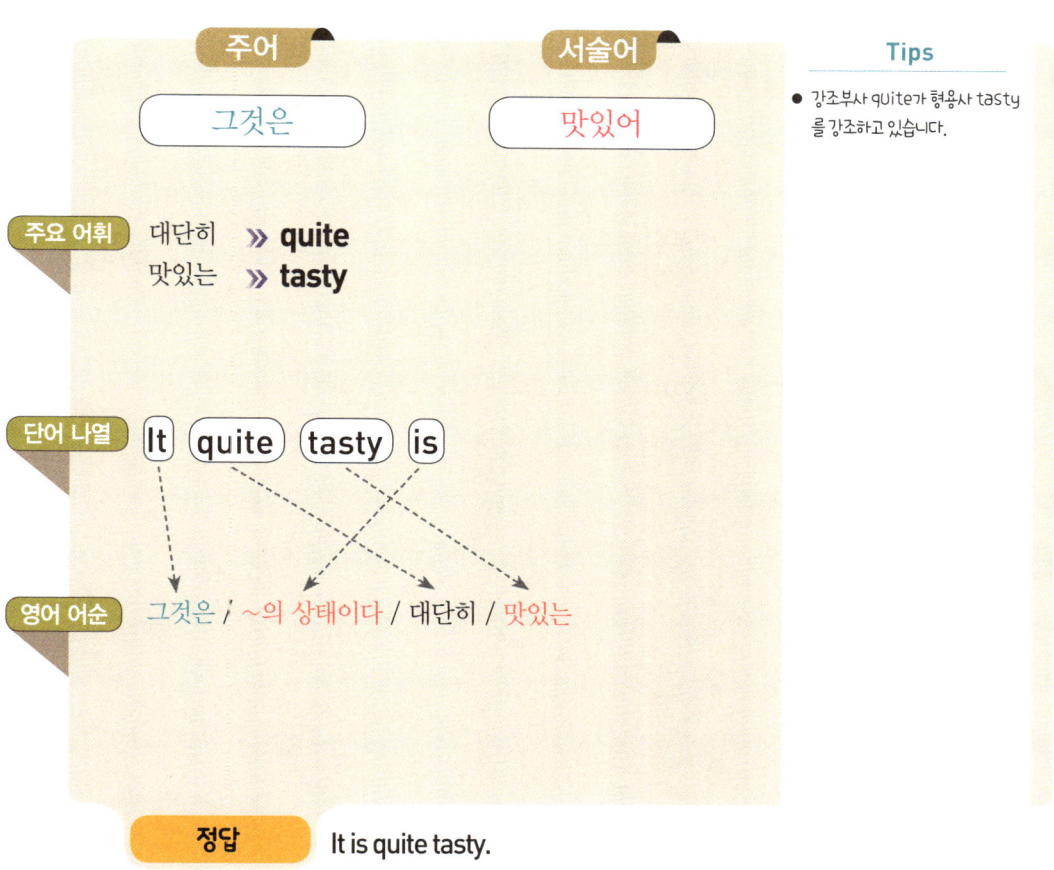

주어	서술어
그것은	맛있어

Tips
- 강조부사 quite가 형용사 tasty를 강조하고 있습니다.

주요 어휘
대단히 » **quite**
맛있는 » **tasty**

단어 나열
It quite tasty is

영어 어순
그것은 / ~의 상태이다 / 대단히 / 맛있는

정답 It is quite tasty.

필기체로 영작하기

It is quite tasty.
It is quite tasty.
It is quite tasty.

103

067 나는 그동안 너무 바빠서 너에게 전화할 수 없었어.

주어

나는

서술어

~을 할 수 없었어

Tips

- 강조부사 too는 부정의 의미를 갖습니다.
- 그래서 too ~ to… 용법은 '너무 ~해서 … 할 수 없다'의 해석이 되는 것입니다.
- 본문은 '너무 바빠서 전화할 수 없다'는 뜻이 됩니다.

주요 어휘

너무 바쁜 » **too busy**
~에게 전화하다 » **call**

단어 나열 | I | too busy | you | to call | have been |

영어 어순 나는 / 그동안 ~의 상태였다 / 너무 바쁜 / 전화를 할 / 너에게

정답   I have been too busy to call you.

필기체로 영작하기

I have been too busy to call you.
I have been too busy to call you.
I have been too busy to call you.

068 그는 거의 즉시 나타났다.

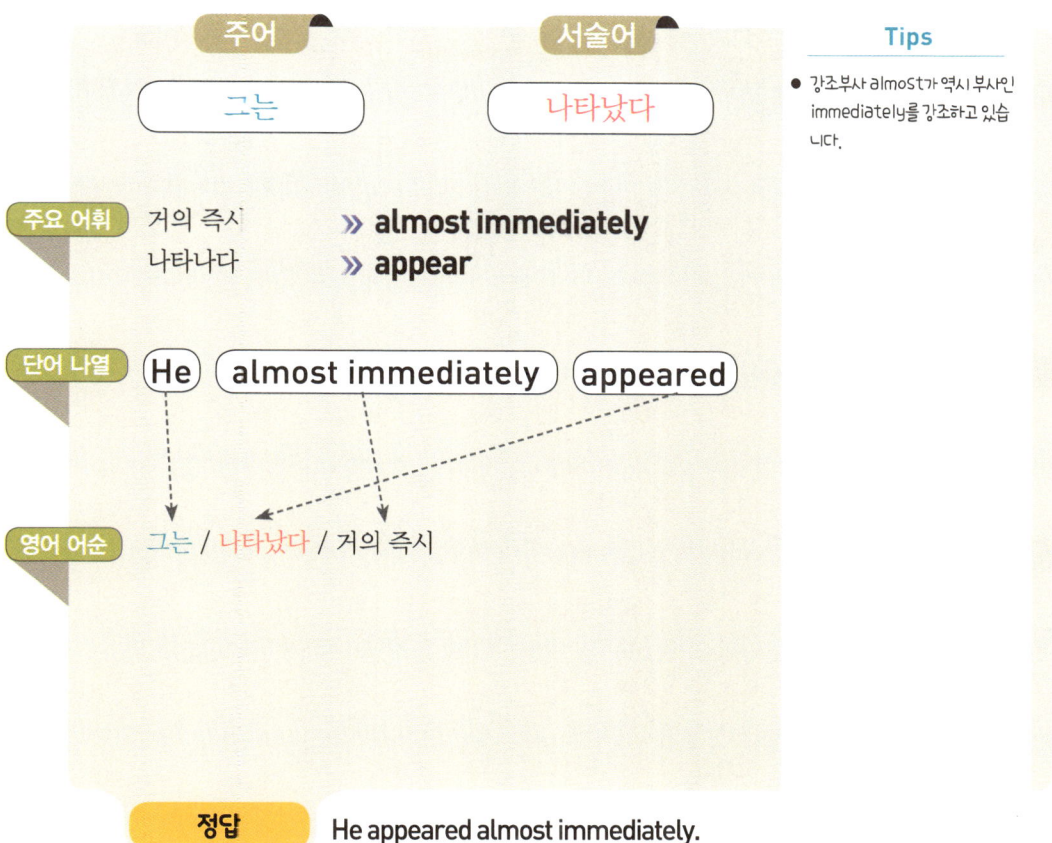

주어

서술어

그는

나타났다

Tips

● 강조부사 almost가 역시 부사인 immediately를 강조하고 있습니다.

주요 어휘

거의 즉시 » **almost immediately**
나타나다 » **appear**

단어 나열

He almost immediately appeared

영어 어순

그는 / 나타났다 / 거의 즉시

정답 He appeared almost immediately.

He appeared almost immediately.

He appeared almost immediately.

He appeared almost immediately.

069

너의 어머니는 아마 절대 알지 못하실 거야.

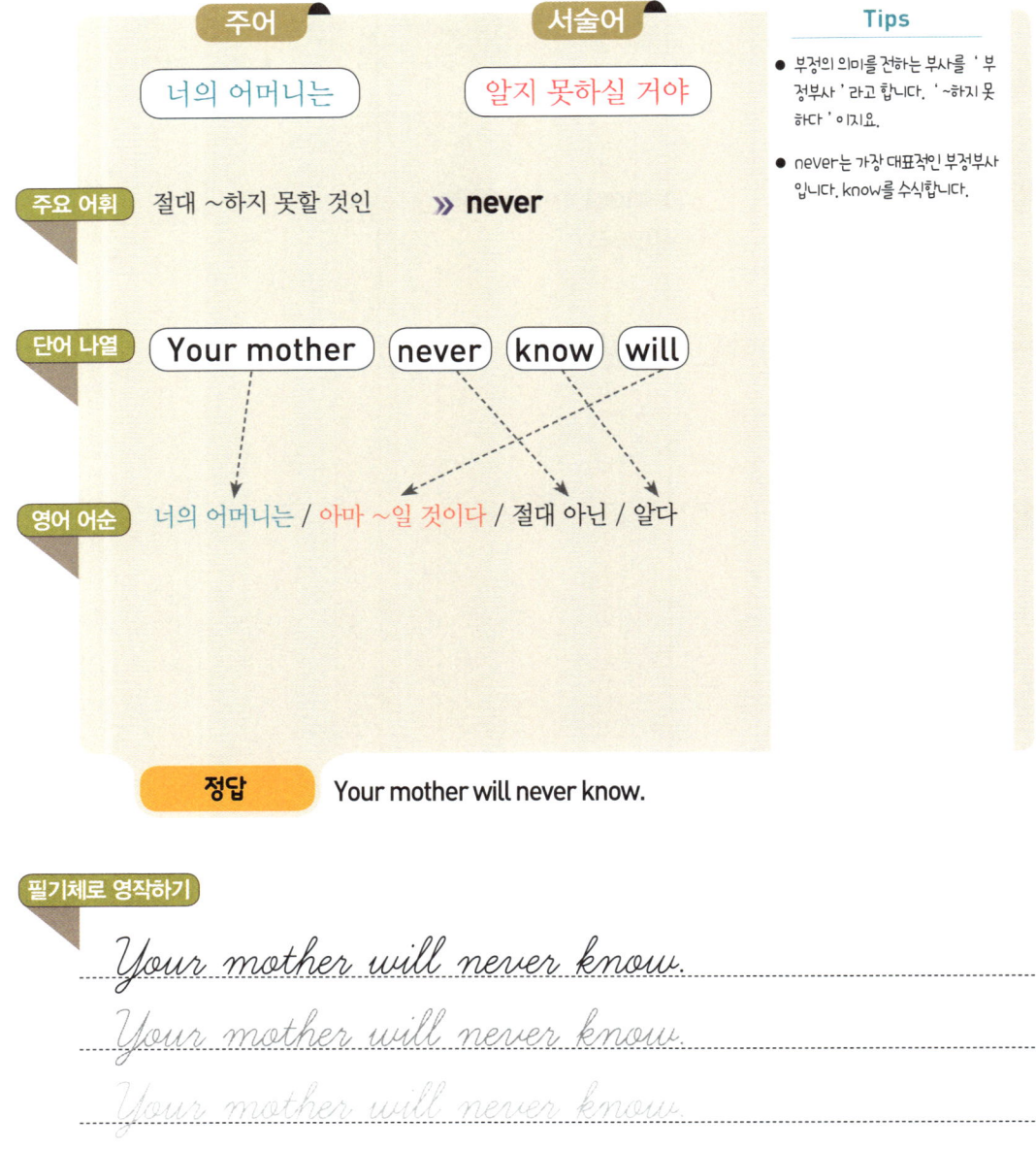

주어

너의 어머니는

서술어

알지 못하실 거야

Tips

● 부정의 의미를 전하는 부사를 '부정부사'라고 합니다. '~하지 못하다'이지요.

● never는 가장 대표적인 부정부사입니다. know를 수식합니다.

주요 어휘   절대 ~하지 못할 것인   ≫ **never**

단어 나열   Your mother   never   know   will

영어 어순   너의 어머니는 / 아마 ~일 것이다 / 절대 아닌 / 알다

정답   Your mother will never know.

필기체로 영작하기

Your mother will never know.

Your mother will never know.

Your mother will never know.

070 나는 그것을 거의 믿을 수 없었어.

주어 : 나는

서술어 : 믿을 수 없었어

Tips

● 부정부사 hardly가 동사 believe를 꾸며주고 있습니다.

주요 어휘 : 거의 ~이 아닌 **》 hardly**

단어 나열 : I   it   hardly   believe   could

영어 어순 : 나는 / ~할 수 있었다 / 거의 ~이 아닌 / ~을 믿다 / 그것

정답 I could hardly believe it.

필기체로 영작하기

I could hardly believe it.

I could hardly believe it.

I could hardly believe it.

Part 2

품사편

제 **8** 장
동사의 시제

071 왜 너는 그런 질문을 하는 거야?

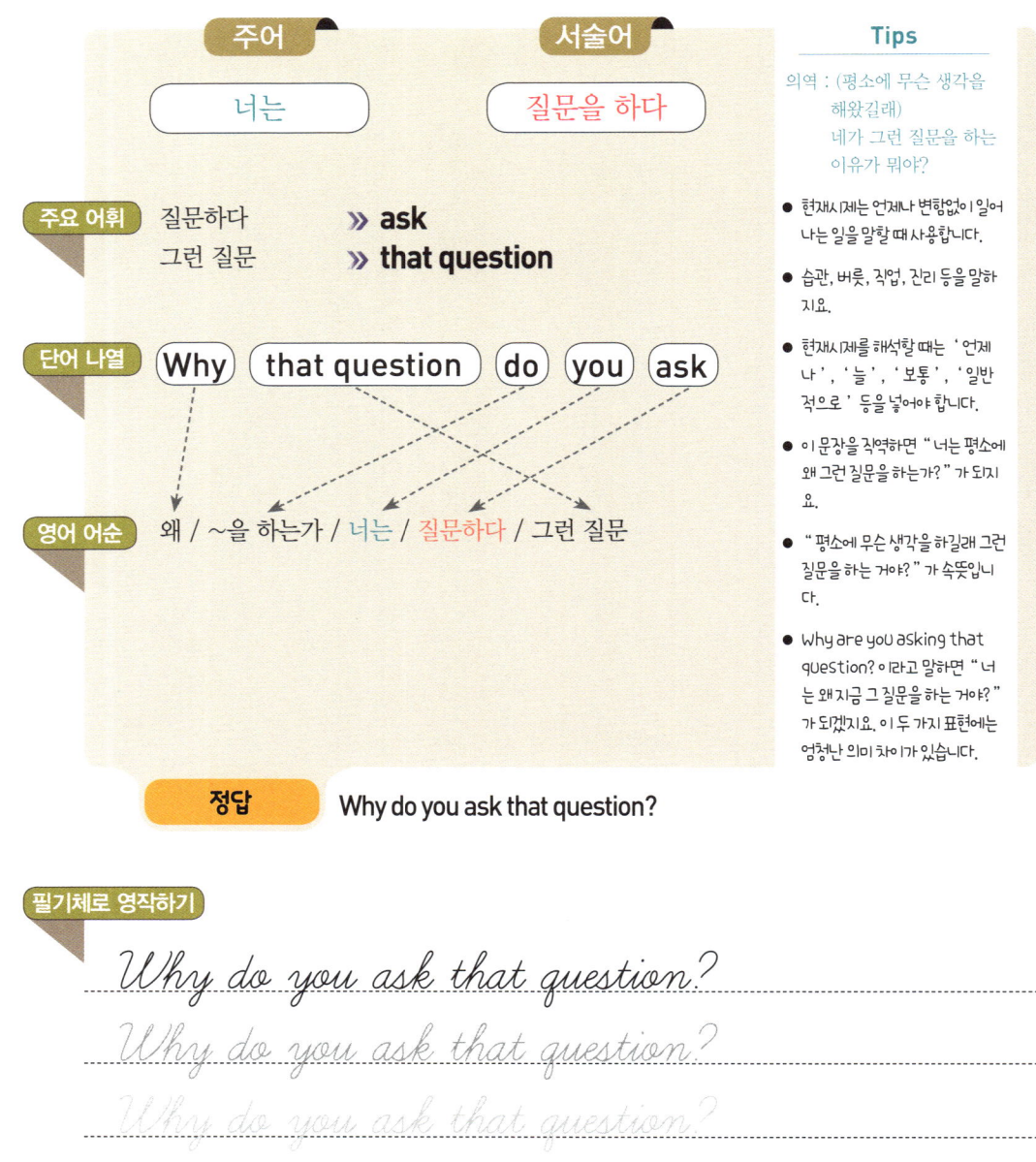

주어

너는

서술어

질문을 하다

주요 어휘

질문하다 » **ask**
그런 질문 » **that question**

단어 나열

Why that question do you ask

영어 어순

왜 / ~을 하는가 / 너는 / 질문하다 / 그런 질문

Tips

의역 : (평소에 무슨 생각을 해왔길래) 네가 그런 질문을 하는 이유가 뭐야?

● 현재시제는 언제나 변함없이 일어나는 일을 말할 때 사용합니다.

● 습관, 버릇, 직업, 진리 등을 말하지요.

● 현재시제를 해석할 때는 '언제나', '늘', '보통', '일반적으로' 등을 넣어야 합니다.

● 이 문장을 직역하면 "너는 평소에 왜 그런 질문을 하는가?"가 되지요.

● "평소에 무슨 생각을 하길래 그런 질문을 하는 거야?"가 속뜻입니다.

● Why are you asking that question? 이라고 말하면 "너는 왜 지금 그 질문을 하는 거야?"가 되겠지요. 이 두 가지 표현에는 엄청난 의미 차이가 있습니다.

정답 Why do you ask that question?

필기체로 영작하기

Why do you ask that question?
Why do you ask that question?
Why do you ask that question?

072 현재

그건 내가 평소에 원하는 것이 아니야.

주어	서술어
그건	~이 아니야

Tips

● 현재 상태동사인 want 역시 '평소에 내가 원하다'의 느낌으로 이해해야 됩니다. 그래야 정확한 의미전달이 되는 것입니다.

주요 어휘

원하다 》 **want**
~인 것 》 **what**

단어 나열

(That) (I) (want) (not) (what) (is)

영어 어순

그것은 / ~이다 / 아닌 / ~인 것 / 내가 / 원하다

정답   That is not what I want.

필기체로 영작하기

That is not what I want.
That is not what I want.
That is not what I want.

073 너는 지금 어떻게 살아가고 있는가?

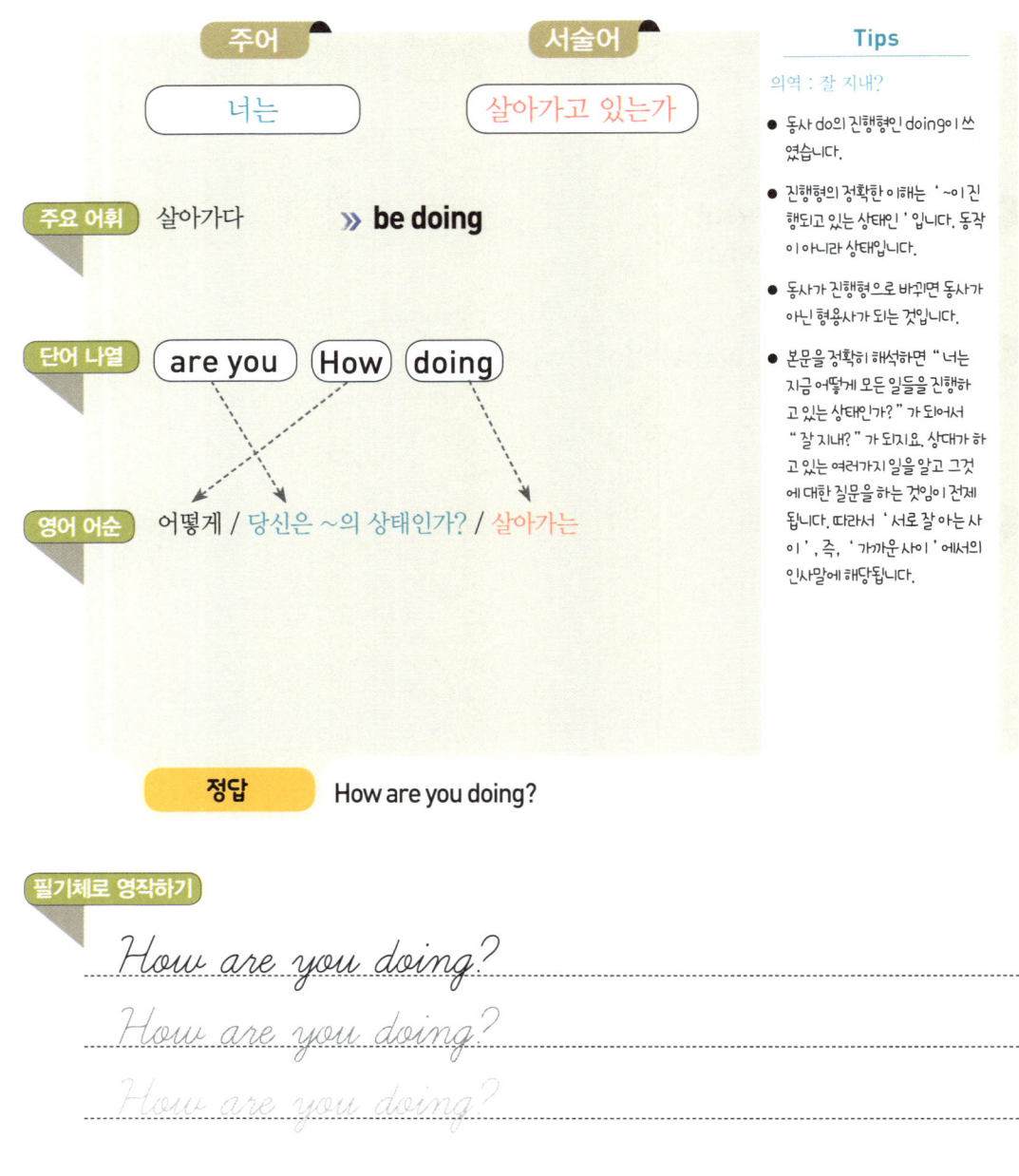

주어	서술어
너는	살아가고 있는가

주요 어휘 살아가다 » **be doing**

단어 나열 are you | How | doing

영어 어순 어떻게 / 당신은 ~의 상태인가? / 살아가는

Tips

의역 : 잘 지내?

● 동사 do의 진행형인 doing이 쓰였습니다.

● 진행형의 정확한 이해는 '~이 진행되고 있는 상태인 '입니다. 동작이 아니라 상태입니다.

● 동사가 진행형으로 바뀌면 동사가 아닌 형용사가 되는 것입니다.

● 본문을 정확히 해석하면 "너는 지금 어떻게 모든 일들을 진행하고 있는 상태인가?" 가 되어서 "잘 지내?" 가 되지요. 상대가 하고 있는 여러가지 일을 알고 그것에 대한 질문을 하는 것임이 전제됩니다. 따라서 '서로 잘 아는 사이 ', 즉, ' 가까운 사이 '에서의 인사말에 해당됩니다.

정답 How are you doing?

필기체로 영작하기

How are you doing?
How are you doing?
How are you doing?

074 그는 곧장 바로 향해 갔다.

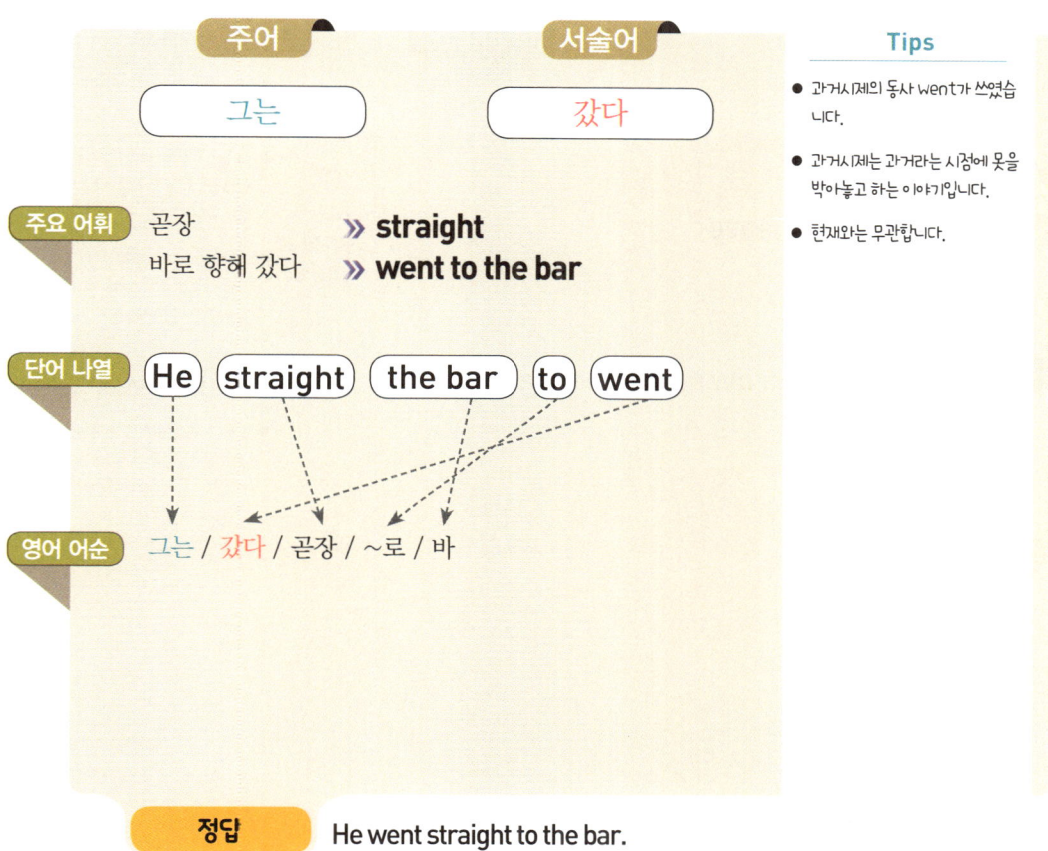

주어	서술어
그는	갔다

주요 어휘
곧장 >> **straight**
바로 향해 갔다 >> **went to the bar**

단어 나열
(He) (straight) (the bar) (to) (went)

영어 어순
그는 / 갔다 / 곧장 / ~로 / 바

Tips
- 과거시제의 동사 went가 쓰였습니다.
- 과거시제는 과거라는 시점에 못을 박아놓고 하는 이야기입니다.
- 현재와는 무관합니다.

정답 He went straight to the bar.

필기체로 영작하기

He went straight to the bar.

He went straight to the bar.

He went straight to the bar.

진행형 미래

나는 내일 떠나.

주어 | 서술어

나는 | 떠나

주요 어휘　떠나다　» **leave**

단어 나열　I　tomorrow　leaving　am

영어 어순　나는 / ~인 상태이다 / 떠나고 있는 / 내일

- 현재진행이 미래를 나타내는 경우입니다.
- 내 몸은 진행되고 있지 않지만 마음이 진행되는 경우입니다. 마음이 앞서 가는 것이죠.
- 그렇다면 '거의 정해진 일', 그리고 '멀지 않은 가까운 미래에 일어날 일'일 겁니다.
- 먼 훗날 일어날 일에 마음이 앞서 가지는 않으니까 말입니다.
- 결국, 이미 정해져 있는 가까운 미래에 일어날 일을 말할 때 '마음이 앞섬'을 강조하여 현재진행을 사용합니다. 주어의 '의지'는 전혀 들어있지 않은 미래입니다.

정답　　I am leaving tomorrow.

필기체로 영작하기

I am leaving tomorrow.

I am leaving tomorrow.

I am leaving tomorrow.

076 이 사람은 곧 가요.

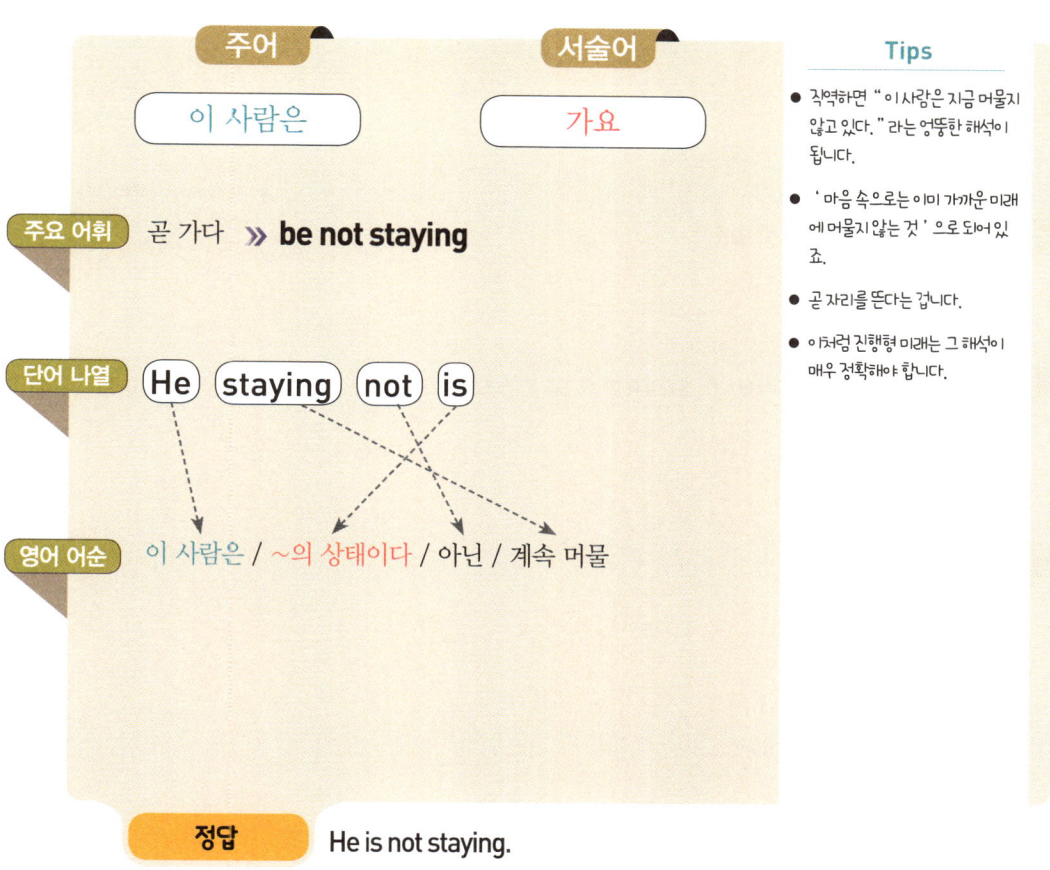

주어

이 사람은

서술어

가요

주요 어휘

곧 가다 **» be not staying**

단어 나열

(He) (staying) (not) (is)

영어 어순

이 사람은 / ~의 상태이다 / 아닌 / 계속 머물

Tips

- 직역하면 "이 사람은 지금 머물지 않고 있다."라는 엉뚱한 해석이 됩니다.

- '마음 속으로는 이미 가까운 미래에 머물지 않는 것'으로 되어있죠.

- 곧 자리를 뜬다는 겁니다.

- 이처럼 진행형 미래는 그 해석이 매우 정확해야 합니다.

정답 He is not staying.

He is not staying.

He is not staying.

He is not staying.

115

077 그 영화는 7시에 시작한다.

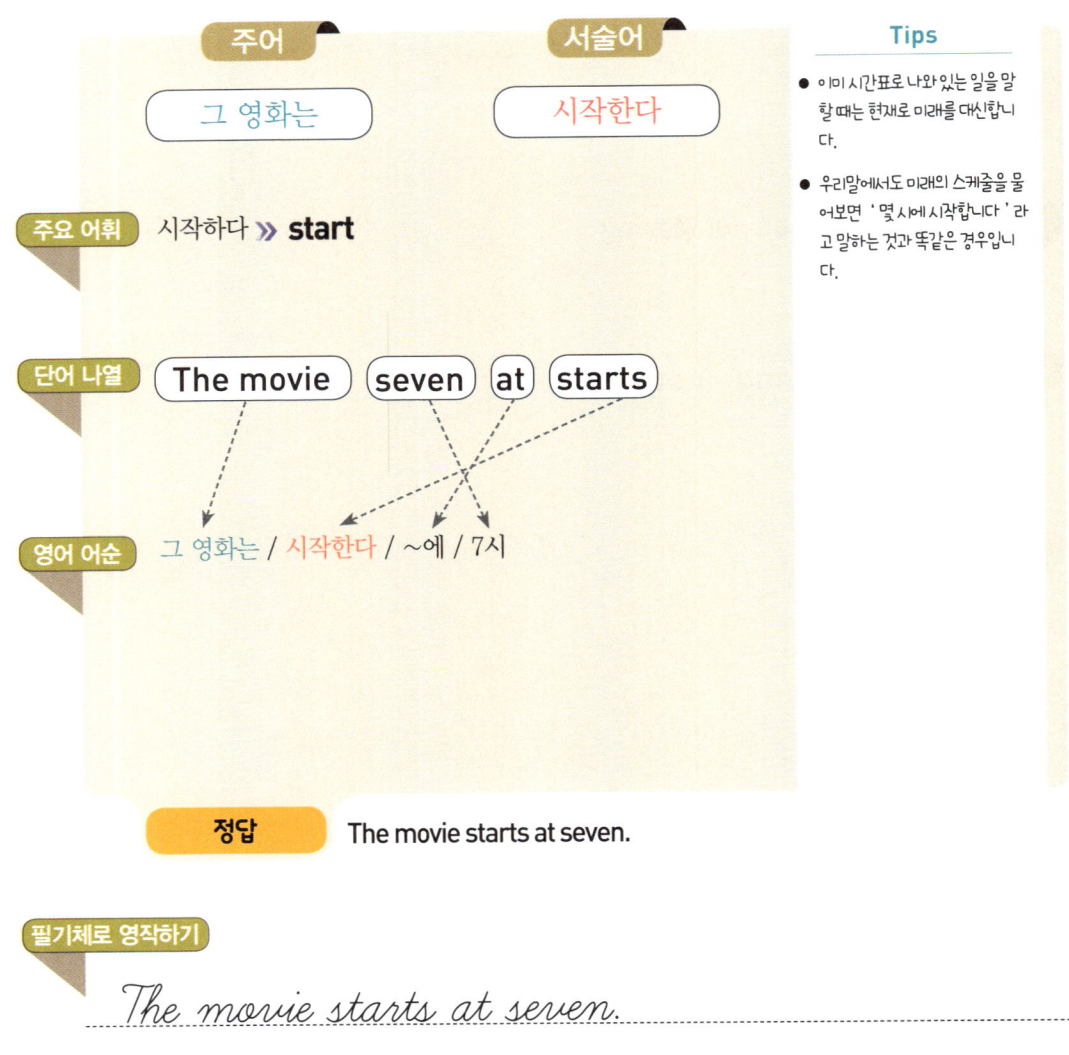

주어

그 영화는

서술어

시작한다

주요 어휘 시작하다 » **start**

단어 나열 The movie   seven   at   starts

영어 어순 그 영화는 / 시작한다 / ~에 / 7시

Tips

● 이미 시간표로 나와 있는 일을 말할 때는 현재로 미래를 대신합니다.

● 우리말에서도 미래의 스케줄을 물어보면 '몇 시에 시작합니다'라고 말하는 것과 똑같은 경우입니다.

정답   The movie starts at seven.

필기체로 영작하기

The movie starts at seven.

The movie starts at seven.

The movie starts at seven.

078 나는 내 스카프를 식당에 두고 왔어.

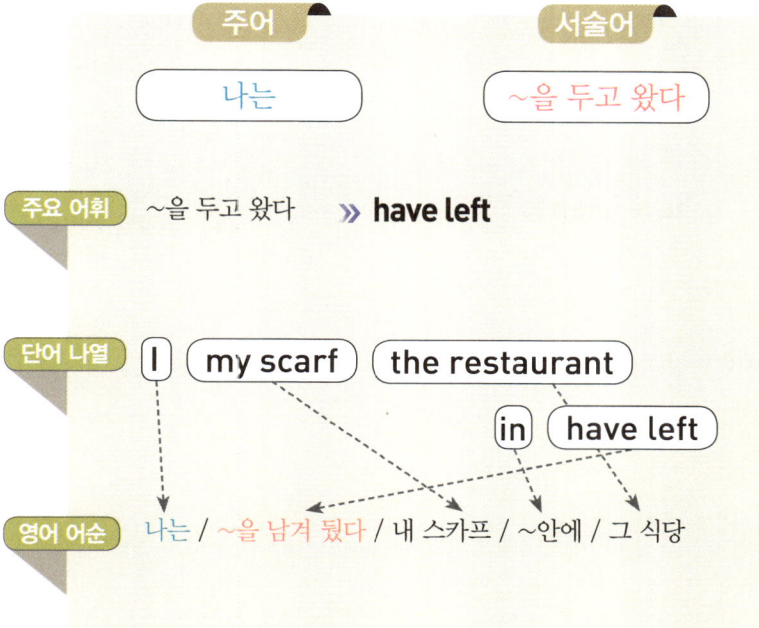

주어

나는

서술어

~을 두고 왔다

주요 어휘 ~을 두고 왔다 » **have left**

단어 나열 I my scarf the restaurant in have left

영어 어순 나는 / ~을 남겨 뒀다 / 내 스카프 / ~안에 / 그 식당

Tips

- have left는 현재완료 구문입니다.

- 현재완료는 과거에 일어난 일을 말합니다. 그런데 그 일이 지금까지 유효한 경우이지요.

- 과거시제에서는 '과거의 시점'이 정확하지만 현재완료에서는 과거의 시점이 정확하지 않고 그저 과거에 그런 일이 있었다는 사실만을 언급합니다.

- 본문에서 현재완료를 쓴 이유는 화자가 자신의 스카프를 그냥 식당에 두고 왔다는 말만 하고 싶은 겁니다. 그게 언제인지 말할 필요을 느끼지 않는 것이지요.

- 현재완료의 형태는 〈have + 동사의 과거분사〉입니다.

정답 I have left my scarf in the restaurant.

필기체로 영작하기

I have left my scarf in the restaurant.
I have left my scarf in the restaurant.
I have left my scarf in the restaurant.

079 나는 그의 집에 가본 적 있어.

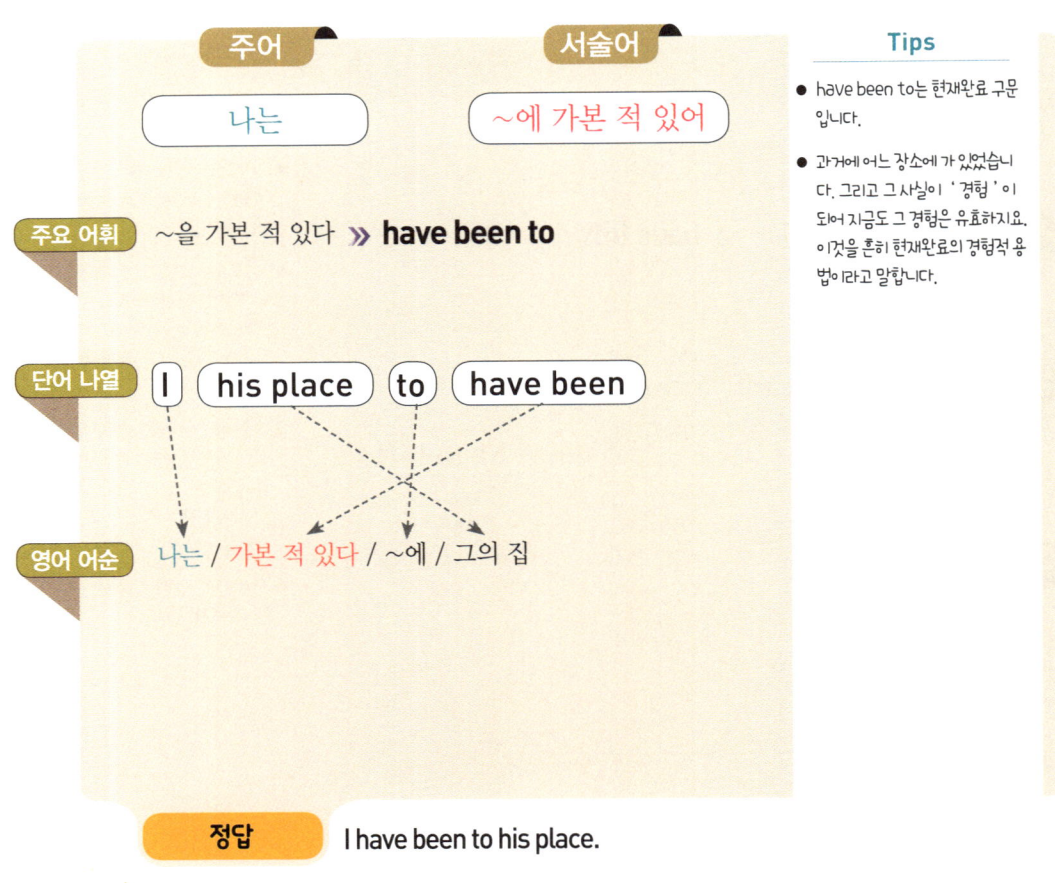

주어 나는

서술어 ~에 가본 적 있어

Tips

● have been to는 현재완료 구문입니다.

● 과거에 어느 장소에 가 있었습니다. 그리고 그 사실이 '경험'이 되어 지금도 그 경험은 유효하지요. 이것을 흔히 현재완료의 경험적 용법이라고 말합니다.

주요 어휘 ~을 가본 적 있다 》 **have been to**

단어 나열 I | his place | to | have been

영어 어순 나는 / 가본 적 있다 / ~에 / 그의 집

정답 I have been to his place.

필기체로 영작하기

I have been to his place.
I have been to his place.
I have been to his place.

118

080 나는 여기에서 3년 동안 일해왔습니다.

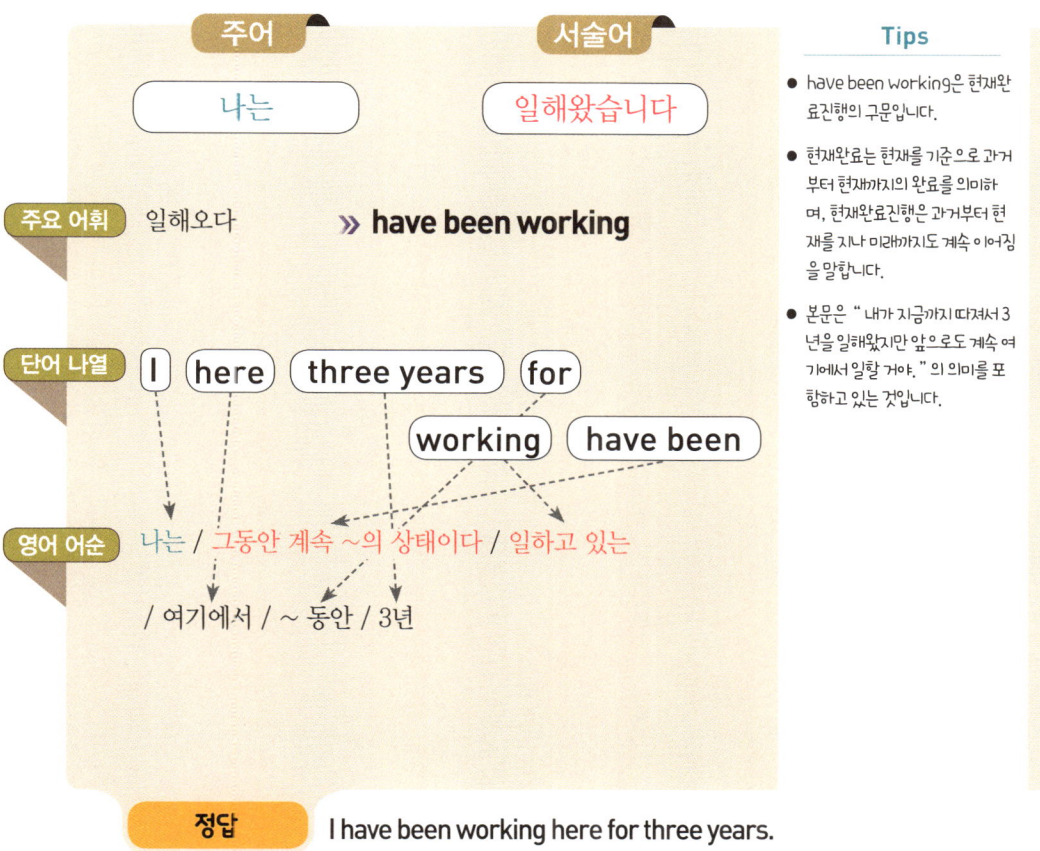

주어 | 서술어

나는 | 일해왔습니다

주요 어휘
일해오다 » **have been working**

단어 나열
I | here | three years | for
working | have been

영어 어순
나는 / 그동안 계속 ~의 상태이다 / 일하고 있는
/ 여기에서 / ~ 동안 / 3년

Tips

- have been working은 현재완료진행의 구문입니다.

- 현재완료는 현재를 기준으로 과거부터 현재까지의 완료를 의미하며, 현재완료진행은 과거부터 현재를 지나 미래까지도 계속 이어짐을 말합니다.

- 본문은 " 내가 지금까지 따져서 3년을 일해왔지만 앞으로도 계속 여기에서 일할 거야. " 의 의미를 포함하고 있는 것입니다.

정답 | I have been working here for three years.

필기체로 영작하기

I have been working here for three years.

I have been working here for three years.

I have been working here for three years.

Part 2

품사편

제 **9** 장
조동사

081 will

내가 너한테 한 가지만 말해줄게.

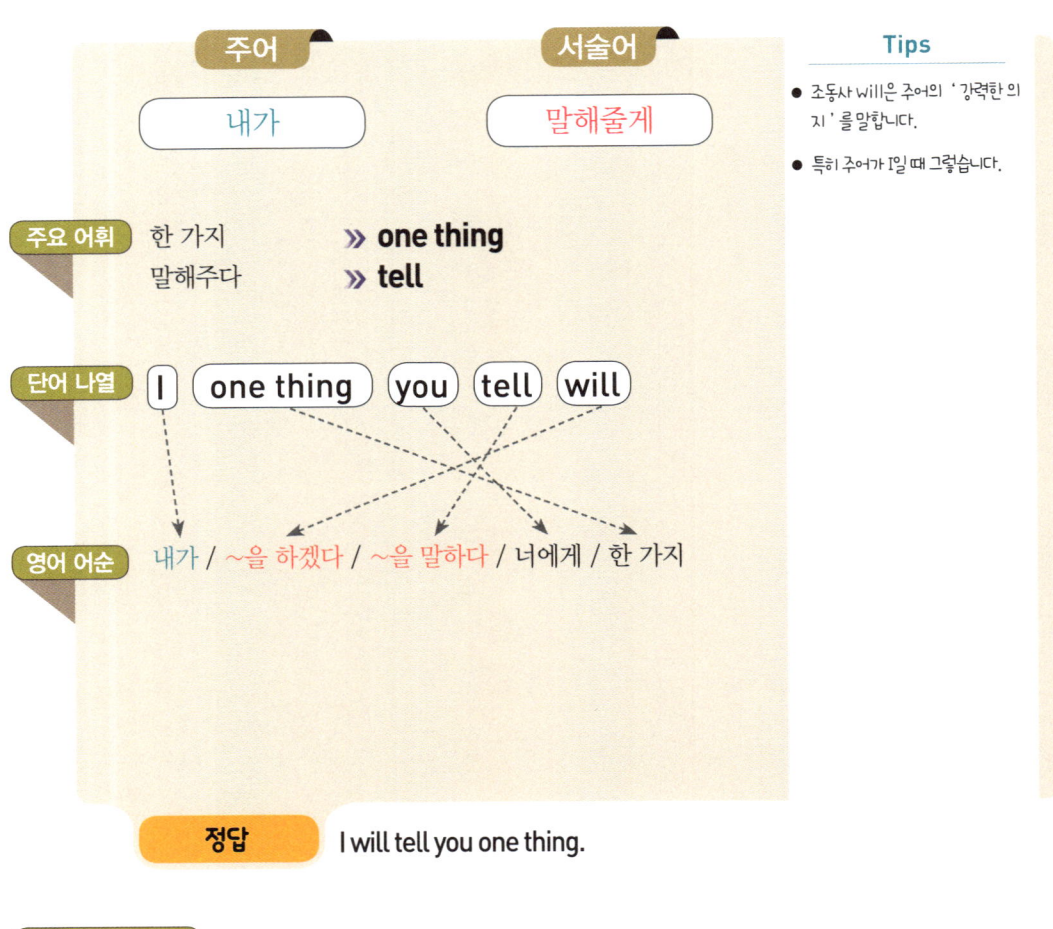

주어 　　　　　　　　서술어

내가 　　　　　　　　말해줄게

Tips
- 조동사 will은 주어의 '강력한 의지'를 말합니다.
- 특히 주어가 I일 때 그렇습니다.

주요 어휘
한 가지 　》 **one thing**
말해주다 　》 **tell**

단어 나열
I 　one thing 　you 　tell 　will

영어 어순
내가 / ~을 하겠다 / ~을 말하다 / 너에게 / 한 가지

정답　　　I will tell you one thing.

필기체로 영작하기

I will tell you one thing.

I will tell you one thing.

I will tell you one thing.

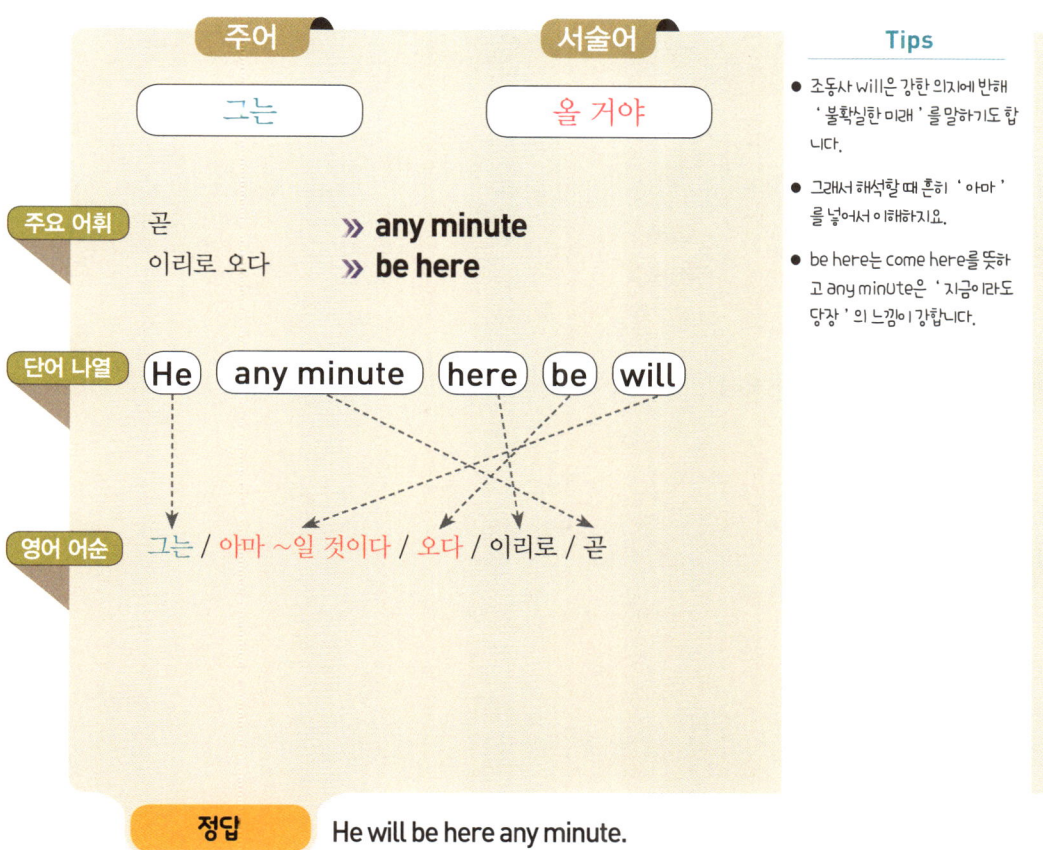

082 | will

그는 아마 곧 이리로 올 거야.

주어

그는

서술어

올 거야

Tips

● 조동사 will은 강한 의지에 반해 '불확실한 미래'를 말하기도 합니다.

● 그래서 해석할 때 흔히 '아마'를 넣어서 이해하지요.

● be here는 come here를 뜻하고 any minute은 '지금이라도 당장'의 느낌이 강합니다.

주요 어휘

곧 » **any minute**

이리로 오다 » **be here**

단어 나열

(He) (any minute) (here) (be) (will)

영어 어순

그는 / 아마 ~일 것이다 / 오다 / 이리로 / 곧

정답 He will be here any minute.

필기체로 영작하기

He will be here any minute.

He will be here any minute.

He will be here any minute.

083 **can**

그건 네가 가져도 돼.

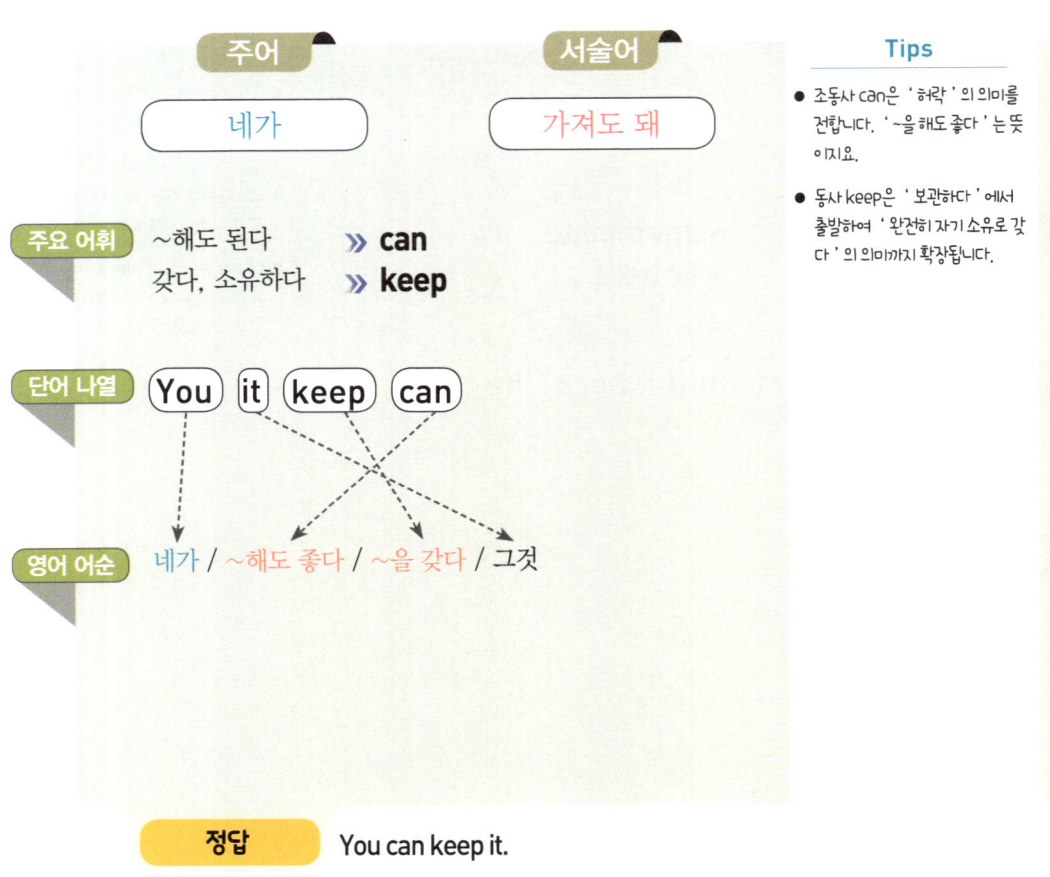

주어	서술어
네가	가져도 돼

Tips

- 조동사 can은 '허락'의 의미를 전합니다. '~을 해도 좋다'는 뜻이지요.

- 동사 keep은 '보관하다'에서 출발하여 '완전히 자기 소유로 갖다'의 의미까지 확장됩니다.

주요 어휘

~해도 된다 » **can**
갖다, 소유하다 » **keep**

단어 나열 You it keep can

영어 어순 네가 / ~해도 좋다 / ~을 갖다 / 그것

정답 You can keep it.

필기체로 영작하기

You can keep it.
You can keep it.
You can keep it

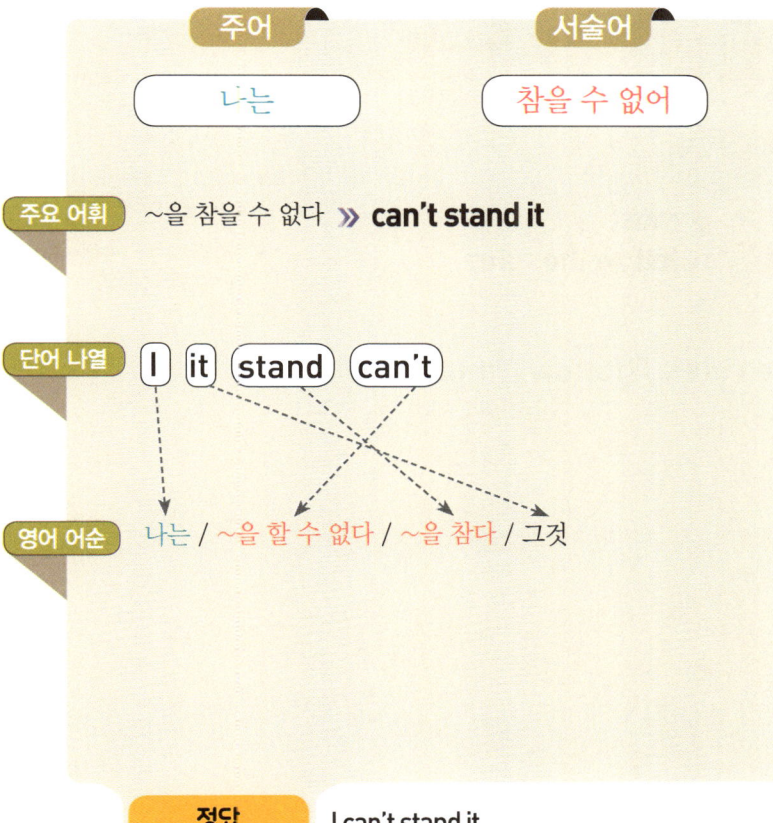

084 can

나는 그거 참을 수 없어.

주어: 나는

서술어: 참을 수 없어

Tips
- 조동사 can은 '가능성'을 의미하기도 합니다.
- 본문은 "내가 그것을 참을 수 있는 가능성이 없다."가 속뜻이지요.
- 이외에도 can은 '능력', '추측' 등의 의미로 자주 활용됩니다.

주요 어휘: ~을 참을 수 없다 **» can't stand it**

단어 나열: I · it · stand · can't

영어 어순: 나는 / ~을 할 수 없다 / ~을 참다 / 그것

정답: I can't stand it.

필기체로 영작하기

I can't stand it.

I can't stand it.

I can't stand it.

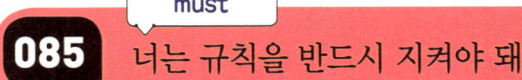

085 너는 규칙을 반드시 지켜야 돼.

주어 **너는**

서술어 **지켜야 돼**

Tips

● 조동사 must는 '예외없이 뭔가를 반드시 해야만 하다'의 강력한 의미를 갖습니다.

● 의무, 법, 규칙 등을 반드시 지키고 따라야 할 때 사용합니다.

● 워낙 강력한 의미이기 때문에 회화에서 조심히 사용해야 합니다.

주요 어휘

~을 해야만 되다 » **must**
규칙을 지키다 » **follow the rules**

단어 나열

You   the rules   follow   must

영어 어순

너는 / ~을 해야만 된다 / ~을 따르다 / 규칙들

정답   You must follow the rules.

필기체로 영작하기

You must follow the rules.
You must follow the rules.
You must follow the rules.

must

086 너는 틀림없이 나를 미워한다.

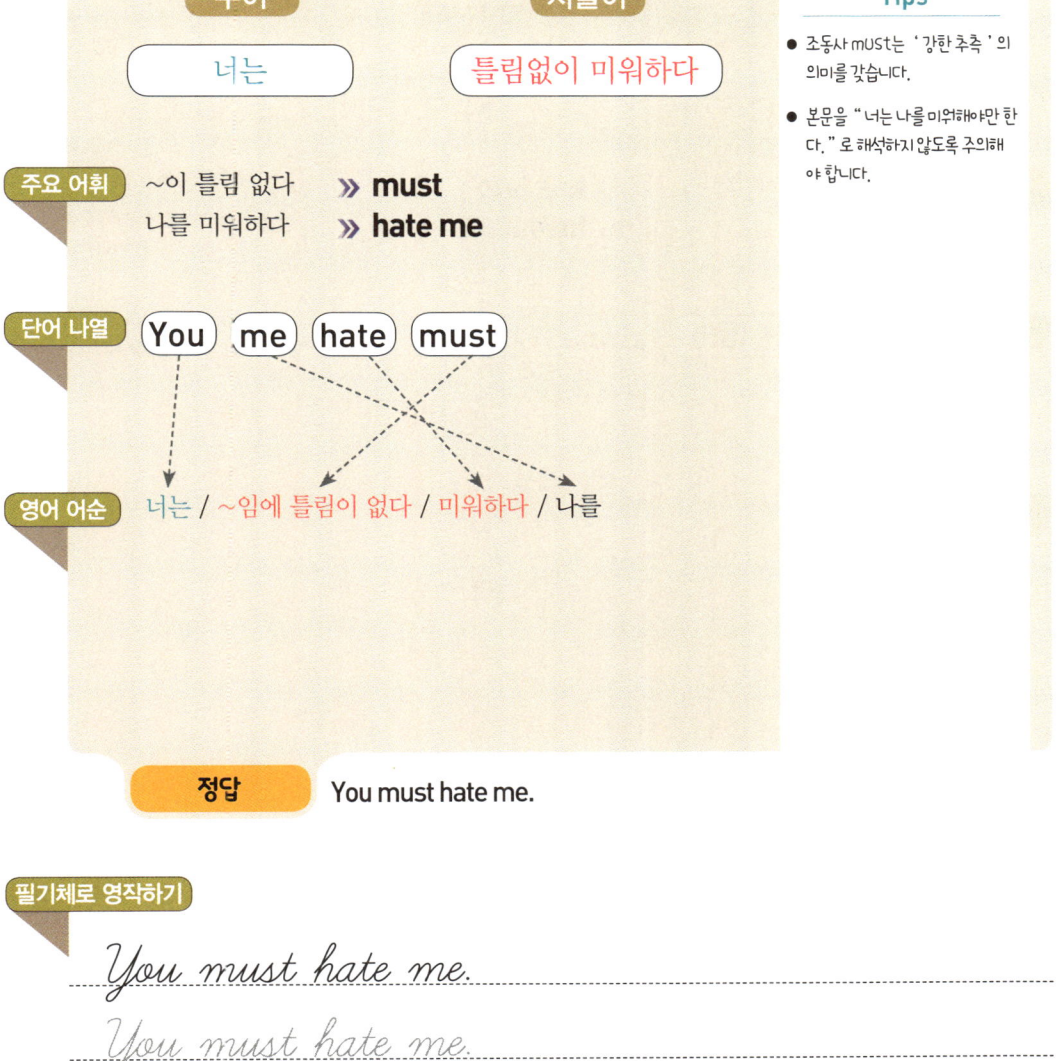

주어	서술어
너는	틀림없이 미워하다

Tips

- 조동사 must는 '강한 추측'의 의미를 갖습니다.

- 본문을 "너는 나를 미워해야만 한다."로 해석하지 않도록 주의해야 합니다.

주요 어휘

~이 틀림 없다　　》 **must**
나를 미워하다　　》 **hate me**

단어 나열

You　me　hate　must

영어 어순

너는 / ~임에 틀림이 없다 / 미워하다 / 나를

정답 You must hate me.

필기체로 영작하기

You must hate me.

You must hate me.

You must hate me.

127

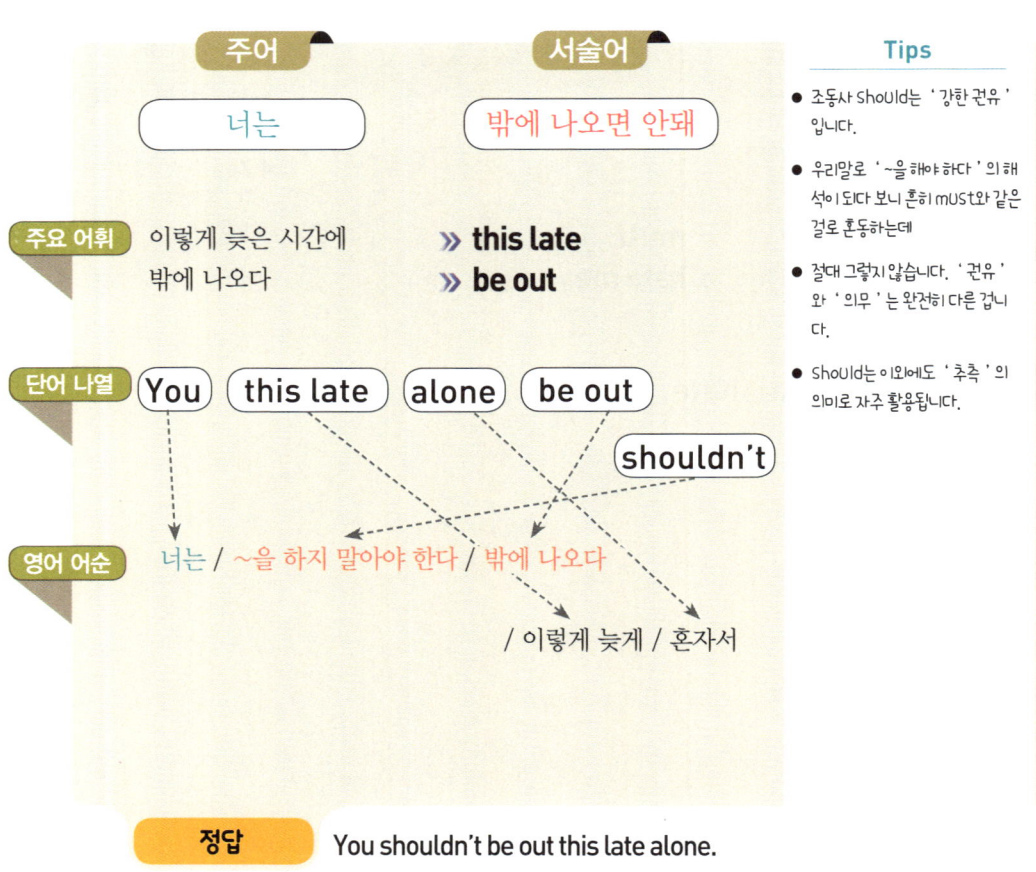

087 should

너는 이렇게 늦은 시간에 혼자 밖에 나오면 안돼.

주어 — 너는

서술어 — 밖에 나오면 안돼

Tips

- 조동사 should는 '강한 권유' 입니다.
- 우리말로 '~을 해야 하다'의 해석이 되다 보니 흔히 must와 같은 걸로 혼동하는데
- 절대 그렇지 않습니다. '권유' 와 '의무'는 완전히 다른 겁니다.
- should는 이외에도 '추측'의 의미로 자주 활용됩니다.

주요 어휘
이렇게 늦은 시간에 밖에 나오다
» **this late**
» **be out**

단어 나열
You this late alone be out shouldn't

영어 어순
너는 / ~을 하지 말아야 한다 / 밖에 나오다 / 이렇게 늦게 / 혼자서

정답 You shouldn't be out this late alone.

필기체로 영작하기

You shouldn't be out this late alone.
You shouldn't be out this late alone.
You shouldn't be out this late alone.

088 앞으로 문제가 있을 수도 있습니다.

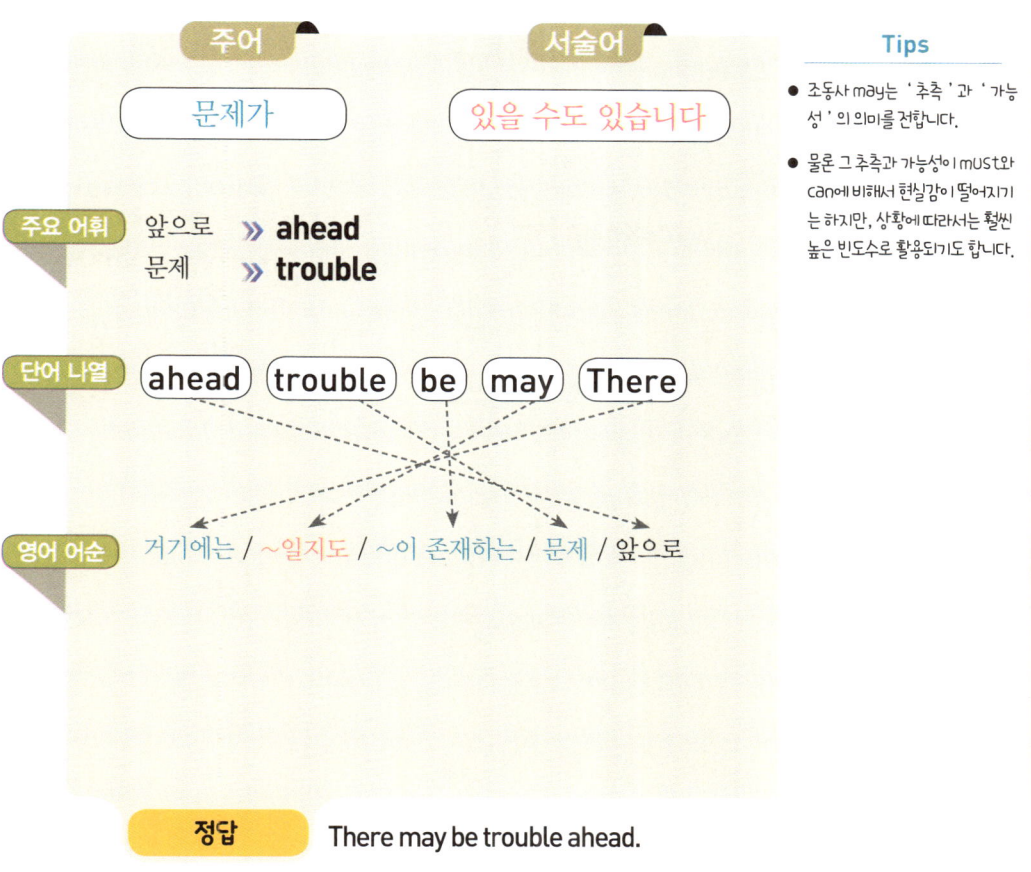

주어 | 서술어

문제가 | 있을 수도 있습니다

Tips

● 조동사 may는 '추측'과 '가능성'의 의미를 전합니다.

● 물론 그 추측과 가능성이 must와 can에 비해서 현실감이 떨어지기는 하지만, 상황에 따라서는 훨씬 높은 빈도수로 활용되기도 합니다.

주요 어휘 | 앞으로 ≫ **ahead**
문제 ≫ **trouble**

단어 나열 | ahead trouble be may There

영어 어순 | 거기에는 / ~일지도 / ~이 존재하는 / 문제 / 앞으로

정답 | There may be trouble ahead.

필기체로 영작하기

There may be trouble ahead.

There may be trouble ahead.

There may be trouble ahead.

089 would

그가 아마 보상할 지도 모르겠어.

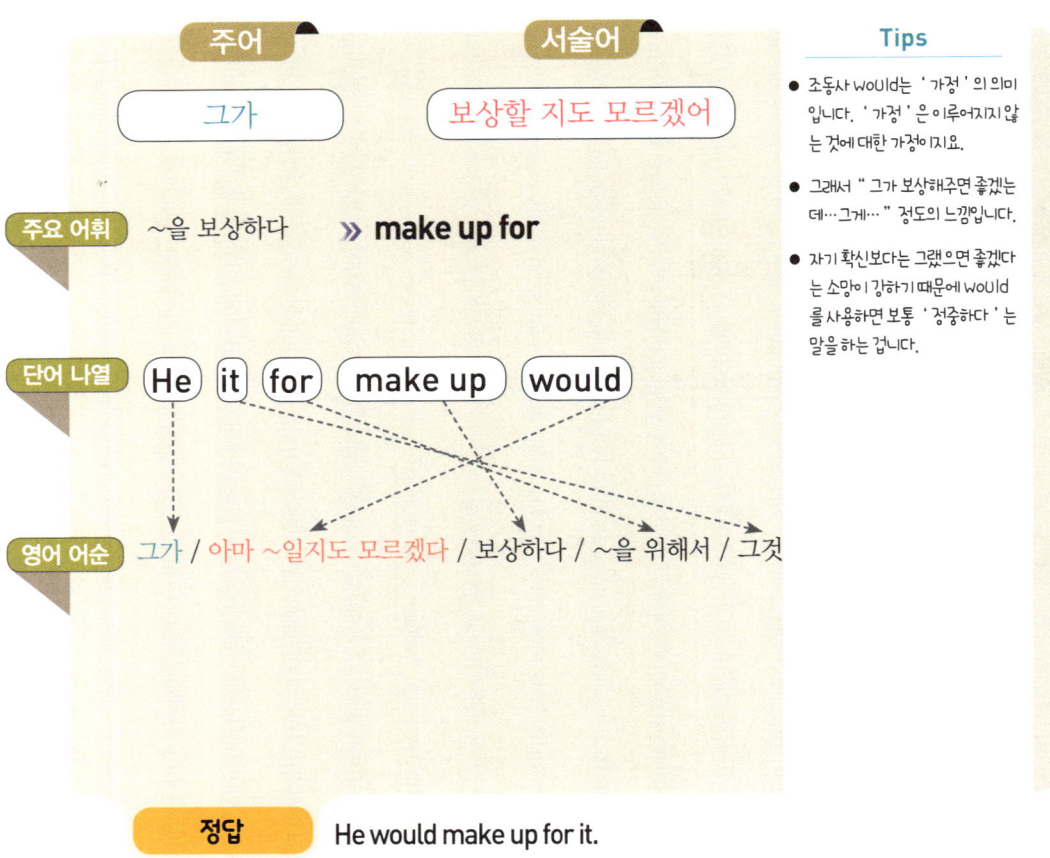

주어 **그가**

서술어 **보상할 지도 모르겠어**

Tips

- 조동사 would는 '가정'의 의미 입니다. '가정'은 이루어지지 않는 것에 대한 가정이지요.

- 그래서 "그가 보상해주면 좋겠는데…그게…" 정도의 느낌입니다.

- 자기 확신보다는 그랬으면 좋겠다는 소망이 강하기 때문에 would를 사용하면 보통 '정중하다'는 말을 하는 겁니다.

주요 어휘   ~을 보상하다   » **make up for**

단어 나열   He   it   for   make up   would

영어 어순   그가 / 아마 ~일지도 모르겠다 / 보상하다 / ~을 위해서 / 그것

정답   He would make up for it.

필기체로 영작하기

He would make up for it.

He would make up for it.

He would make up for it.

130

could

090 그건 시간이 좀 걸릴 텐데.

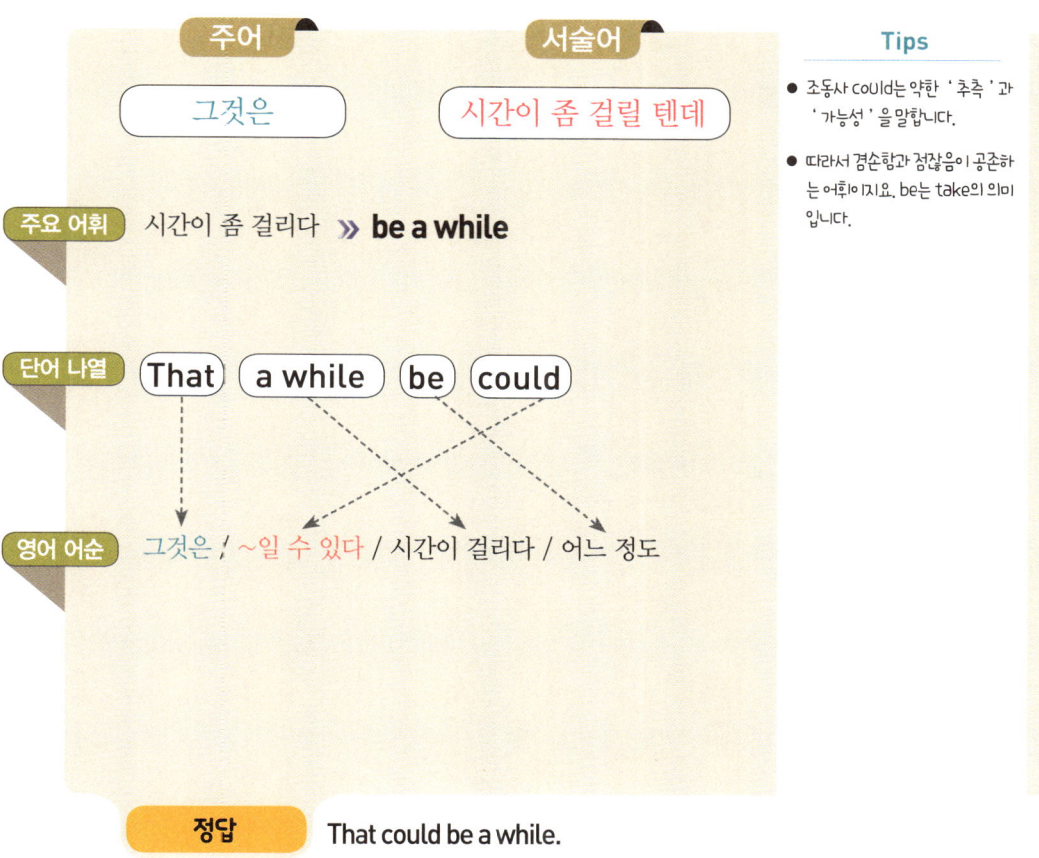

주어 | 서술어

그것은 | 시간이 좀 걸릴 텐데

Tips

- 조동사 could는 약한 '추측'과 '가능성'을 말합니다.
- 따라서 겸손함과 점잖음이 공존하는 어휘이지요. be는 take의 의미입니다.

주요 어휘 시간이 좀 걸리다 ≫ **be a while**

단어 나열 That | a while | be | could

영어 어순 그것은 / ~일 수 있다 / 시간이 걸리다 / 어느 정도

정답 That could be a while.

필기체로 영작하기

That could be a while.

That could be a while.

That could be a while.

131

Part **2**

품사편

제 **10** 장
수동태

091 나는 그 영화로 깊이 감명받았다.

주어

나는

서술어

감명받았다

주요 어휘

그 영화로　　　　》 **by the movie**
깊이 감명받다　　》 **be deeply touched**

단어 나열

I　　the movie

by　deeply touched　was

영어 어순

나는 / ~의 상태였다 / 깊이 감명받은 / ~로 인해서 / 그 영화

정답　　I was deeply touched by the movie.

필기체로 영작하기

I was deeply touched by the movie.

I was deeply touched by the movie.

I was deeply touched by the movie.

092

그녀는 그녀에 의해서 압도당한 상태이다.

Tips

- 그가 현재 놓인 상태를 수동태로 표현하고 있습니다.

- 본문은 그녀의 실력이나 외모, 또는 카리스마에 압도당한 느낌입니다.

- She overwhelmed him.은 그녀 중심의 얘기에 나오는 말이고, He is overwhelmed by her. 는 남자 중심에서 나오는 말입니다.

- 능동과 수동은 주인공의 선택에 따라서 달라집니다.

주어

그녀는

서술어

압도당한 상태이다

주요 어휘   압도당하다   » **be overwhelmed**

단어 나열   He · her · by · overwhelmed · is

영어 어순   그는 / 지금 ~의 상태이다 / 압도당한 / ~에 의해서 / 그녀

정답   He is overwhelmed by her.

필기체로 영작하기

He is overwhelmed by her.

He is overwhelmed by her.

He is overwhelmed by her.

093 그 TV는 채널이 CNN에 맞춰진 상태였다.

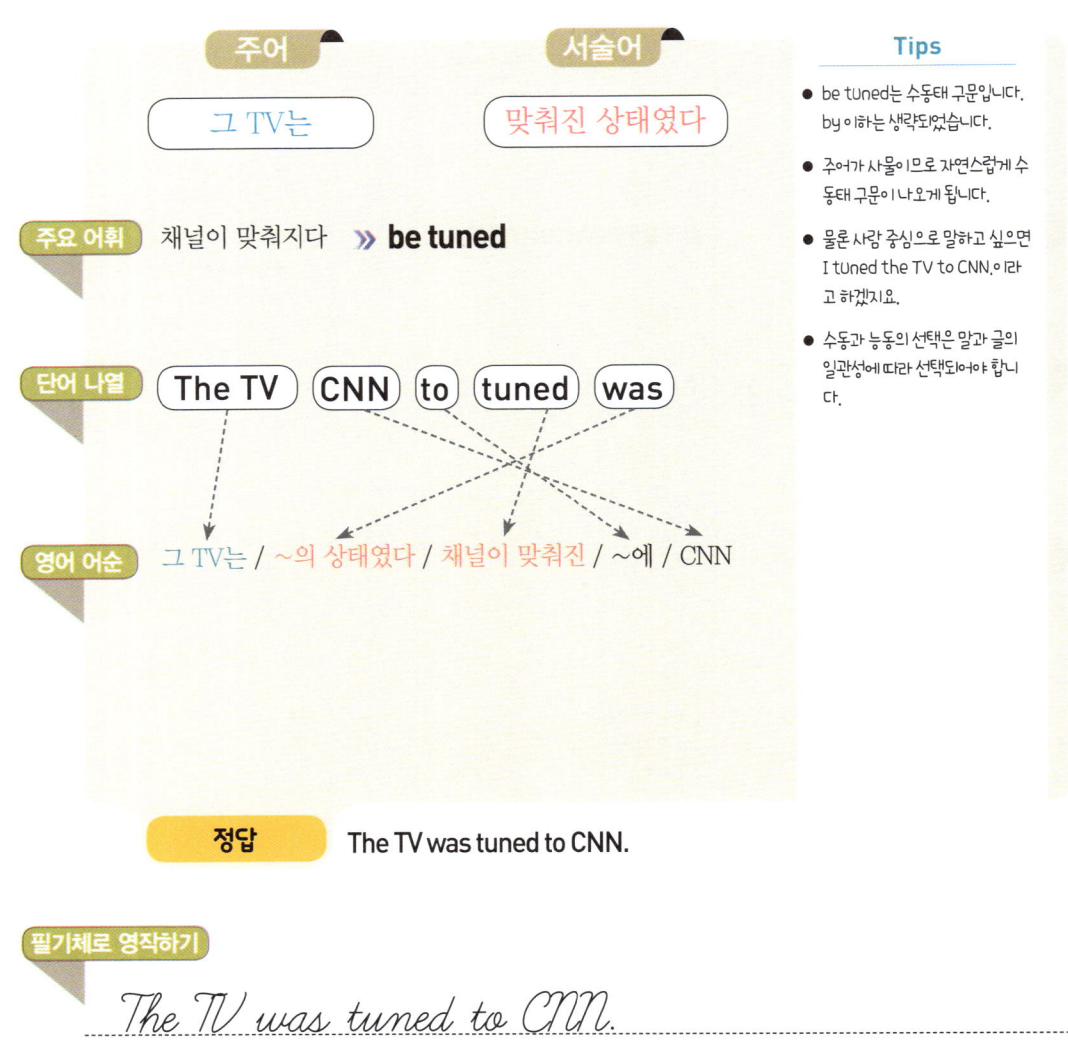

주어

그 TV는

서술어

맞춰진 상태였다

Tips

- be tuned는 수동태 구문입니다. by 이하는 생략되었습니다.

- 주어가 사물이므로 자연스럽게 수동태 구문이 나오게 됩니다.

- 물론 사람 중심으로 말하고 싶으면 I tuned the TV to CNN.이라고 하겠지요.

- 수동과 능동의 선택은 말과 글의 일관성에 따라 선택되어야 합니다.

주요 어휘 채널이 맞춰지다 » **be tuned**

단어 나열 The TV CNN to tuned was

영어 어순 그 TV는 / ~의 상태였다 / 채널이 맞춰진 / ~에 / CNN

정답 The TV was tuned to CNN.

필기체로 영작하기

The TV was tuned to CNN.

The TV was tuned to CNN.

The TV was tuned to CNN.

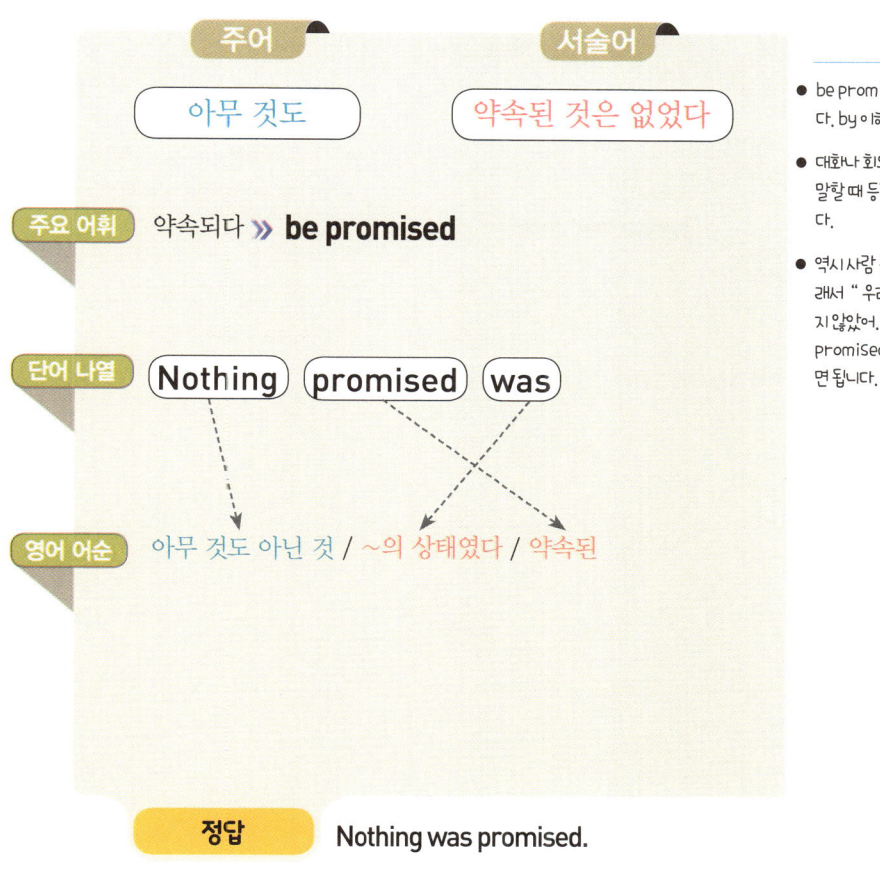

094 사물 + be + 과거분사

아무 것도 약속된 것은 없었다.

주어

아무 것도

서술어

약속된 것은 없었다

Tips

● be promised는 수동태 구문입니다. by 이하는 생략되었습니다.

● 대화나 회의를 통해서 나온 결론을 말할 때 등장할 수 있는 표현입니다.

● 역시 사람 중심의 대화였다면 그래서 "우리는 아무 것도 약속하지 않았어."라고 말한다면, We promised nothing.이라고 하면 됩니다.

주요 어휘 　약속되다 **» be promised**

단어 나열 　Nothing　promised　was

영어 어순 　아무 것도 아닌 것 / ~의 상태였다 / 약속된

정답 　Nothing was promised.

필기체로 영작하기

Nothing was promised.

Nothing was promised.

Nothing was promised.

095 그것은 아마 잘 감독 될 거야.

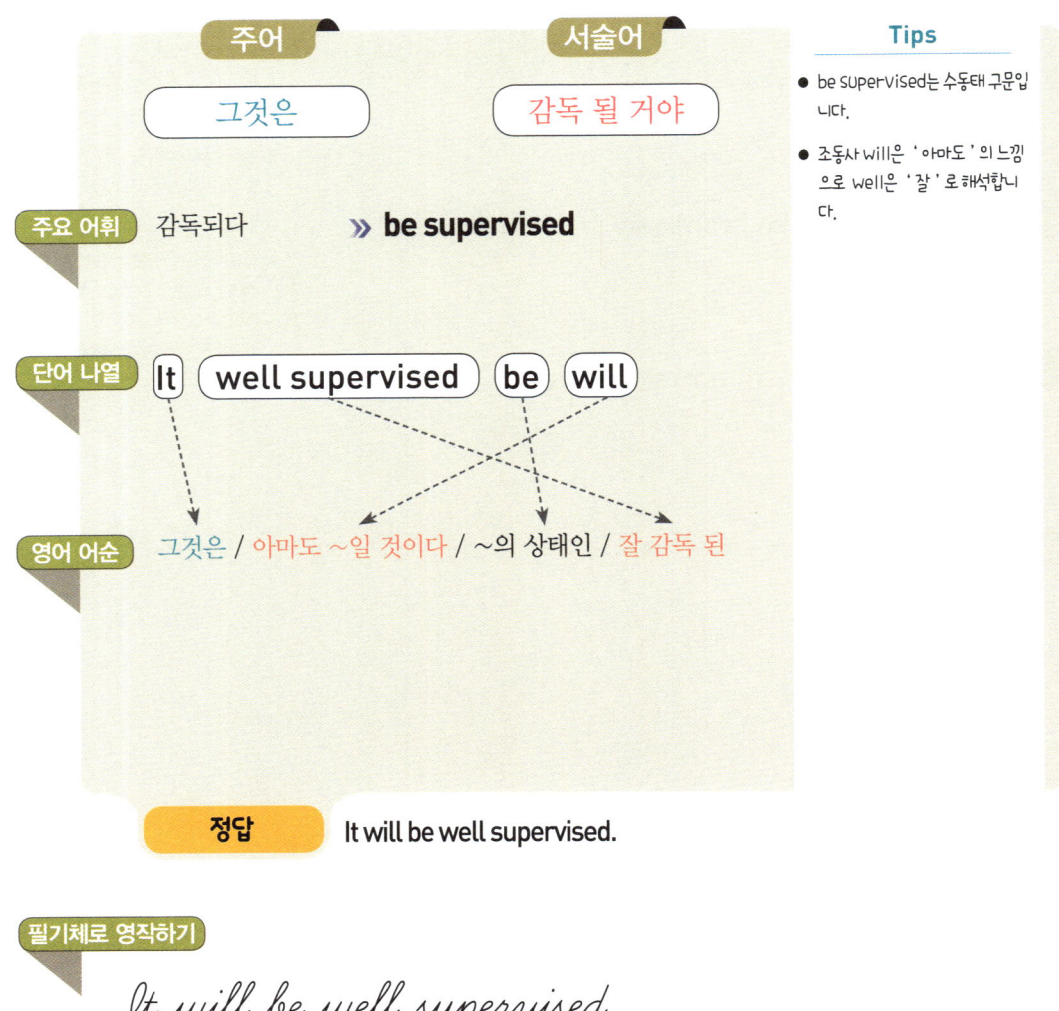

주어

그것은

서술어

감독 될 거야

Tips

- be supervised는 수동태 구문입니다.
- 조동사 will은 '아마도'의 느낌으로 well은 '잘'로 해석합니다.

주요 어휘   감독되다   » **be supervised**

단어 나열   It   well supervised   be   will

영어 어순   그것은 / 아마도 ~일 것이다 / ~의 상태인 / 잘 감독 된

정답   It will be well supervised.

필기체로 영작하기

It will be well supervised.

It will be well supervised.

It will be well supervised.

138

096 사물 + be + 과거분사

그것은 10월에 출판될 예정입니다.

주어	서술어
그것은	출판된 예정입니다

Tips

- be published는 수동태 구문입니다.
- 여기에 미래를 대신하는 진행형이 연결되었습니다.
- 미래를 대신하는 진행형은 '이미 예정된 가까운 미래'를 말한다고 앞서 설명한 바 있습니다.

주요 어휘

출판되다 » **be published**
앞으로 ~될 것이 예정되어 있다 » **be being**

단어 나열

It | October | in | being published | is

영어 어순

그것은 / ~의 상태이다 / 앞으로 출판될 / ~안에 / 10월

정답   It is being published in October.

필기체로 영작하기

It is being published in October.
It is being published in October.
It is being published in October.

097 너는 아마 그게 곧 익숙해질 거야.

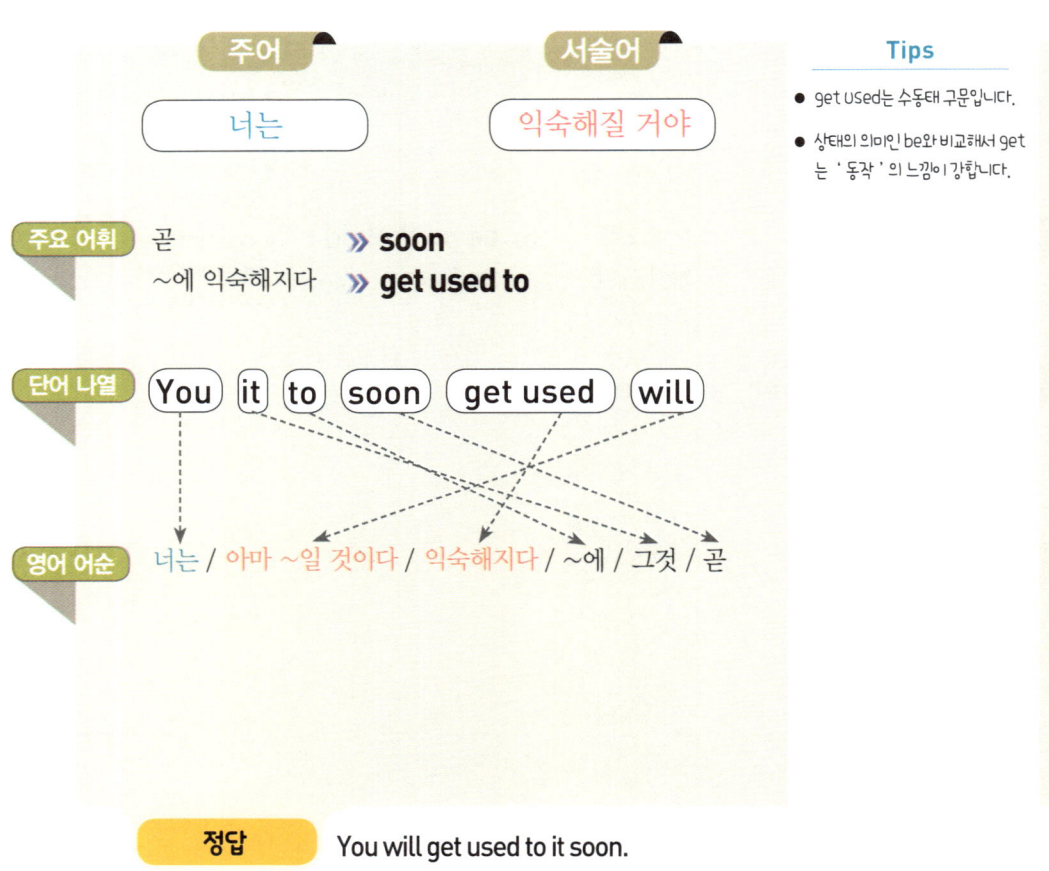

주어
너는

서술어
익숙해질 거야

Tips
- get used는 수동태 구문입니다.
- 상태의 의미인 be와 비교해서 get 는 '동작'의 느낌이 강합니다.

주요 어휘
곧 » **soon**
~에 익숙해지다 » **get used to**

단어 나열
You it to soon get used will

영어 어순
너는 / 아마 ~일 것이다 / 익숙해지다 / ~에 / 그것 / 곧

정답 You will get used to it soon.

필기체로 영작하기

You will get used to it soon.

You will get used to it soon.

You will get used to it soon.

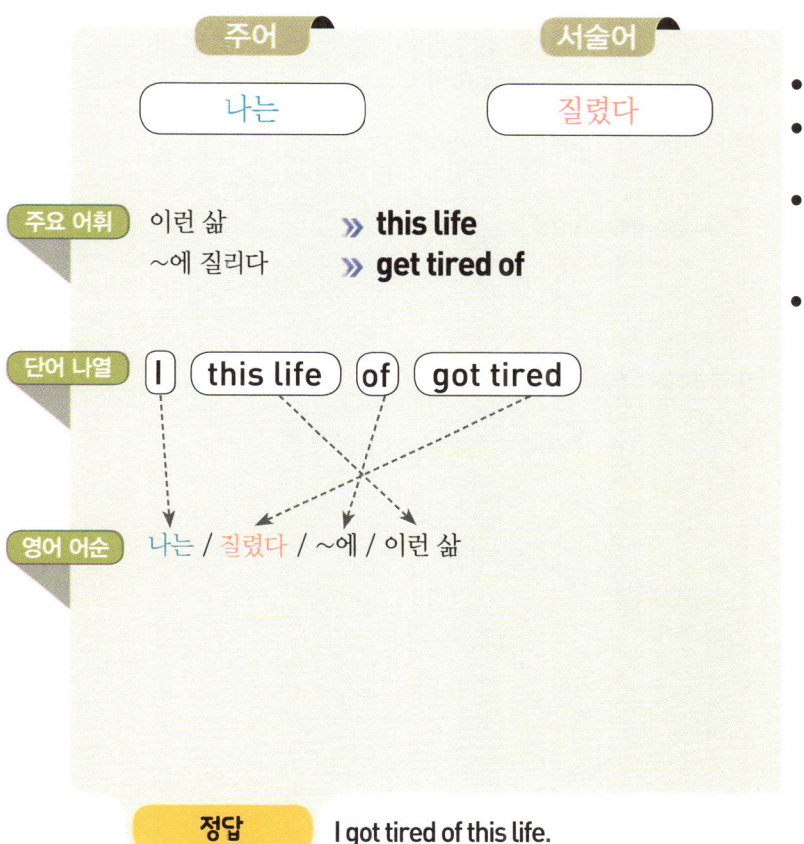

098 나는 이런 삶에 질렸다.

주어

나는

서술어

질렸다

Tips

- get tired는 수동태 구문입니다.

- 동사 tire는 '피곤하게 하다', '질리게 하다' 등의 의미이지요.

- 우리가 알고 있는 형용사 tired가 원래 tire의 과거분사가 형용사로 굳어진 경우입니다.

- 하지만 get tired에 쓰인 tired는 다릅니다. 이미 존재하는 형용사 tired가 아닌, tire의 과거분사로서 이제 막 get tired에 쓰인 경우입니다. 그래서 동작의 의미가 살아 있음을 기억합니다.

주요 어휘

이런 삶 » **this life**
~에 질리다 » **get tired of**

단어 나열

I | this life | of | got tired

영어 어순

나는 / 질렸다 / ~에 / 이런 삶

정답   I got tired of this life.

필기체로 영작하기

I got tired of this life.
I got tired of this life.
I got tired of this life.

099 나는 그녀를 그 스캔들에 연루되게 할 수는 없어.

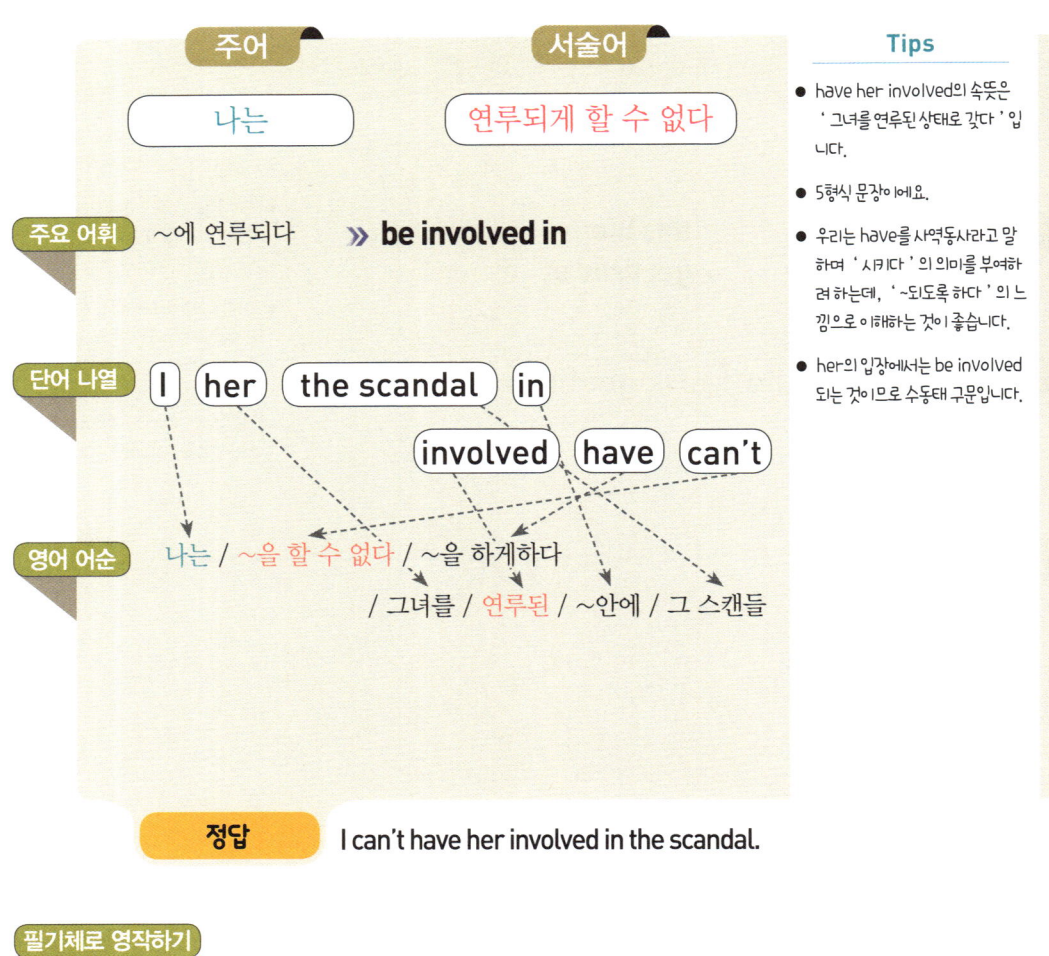

주어 나는

서술어 연루되게 할 수 없다

주요 어휘 ~에 연루되다 » **be involved in**

단어 나열 I · her · the scandal · in · involved · have · can't

영어 어순 나는 / ~을 할 수 없다 / ~을 하게하다 / 그녀를 / 연루된 / ~안에 / 그 스캔들

Tips

- have her involved의 속뜻은 '그녀를 연루된 상태로 갖다'입니다.

- 5형식 문장이에요.

- 우리는 have를 사역동사라고 말하며 '시키다'의 의미를 부여하려 하는데, '~되도록 하다'의 느낌으로 이해하는 것이 좋습니다.

- her의 입장에서는 be involved 되는 것이므로 수동태 구문입니다.

정답 I can't have her involved in the scandal.

필기체로 영작하기

I can't have her involved in the scandal.

I can't have her involved in the scandal.

I can't have her involved in the scandal.

have + 사물 + 과거분사

100 내가 그 모든 것들을 다 이해되게 했어.

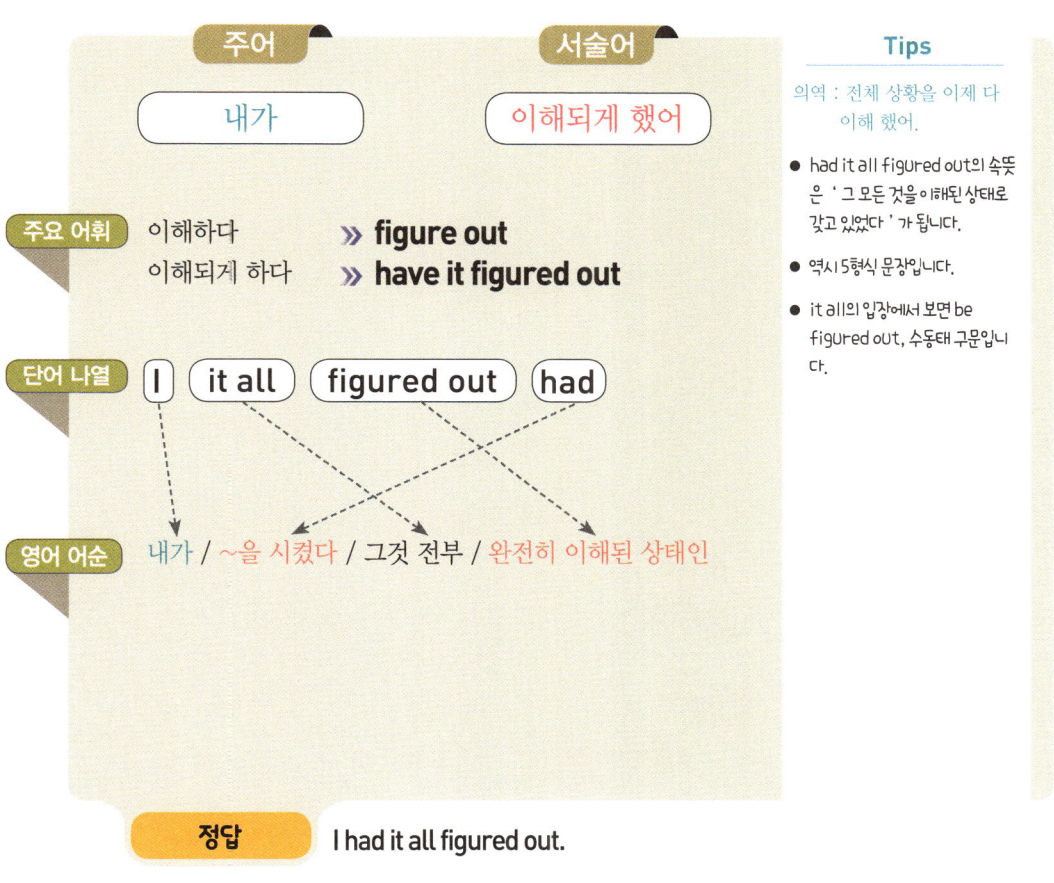

주어	서술어
내가	이해되게 했어

주요 어휘
이해하다 » **figure out**
이해되게 하다 » **have it figured out**

단어 나열
I · it all · figured out · had

영어 어순
내가 / ~을 시켰다 / 그것 전부 / 완전히 이해된 상태인

Tips

의역 : 전체 상황을 이제 다 이해 했어.

- had it all figured out의 속뜻은 ' 그 모든 것을 이해된 상태로 갖고 있었다 ' 가 됩니다.

- 역시 5형식 문장입니다.

- it all의 입장에서 보면 be figured out, 수동태 구문입니다.

정답 I had it all figured out.

필기체로 영작하기

I had it all figured out.
I had it all figured out.
I had it all figured out.

Part 2

품사편

제 **11** 장
부정사

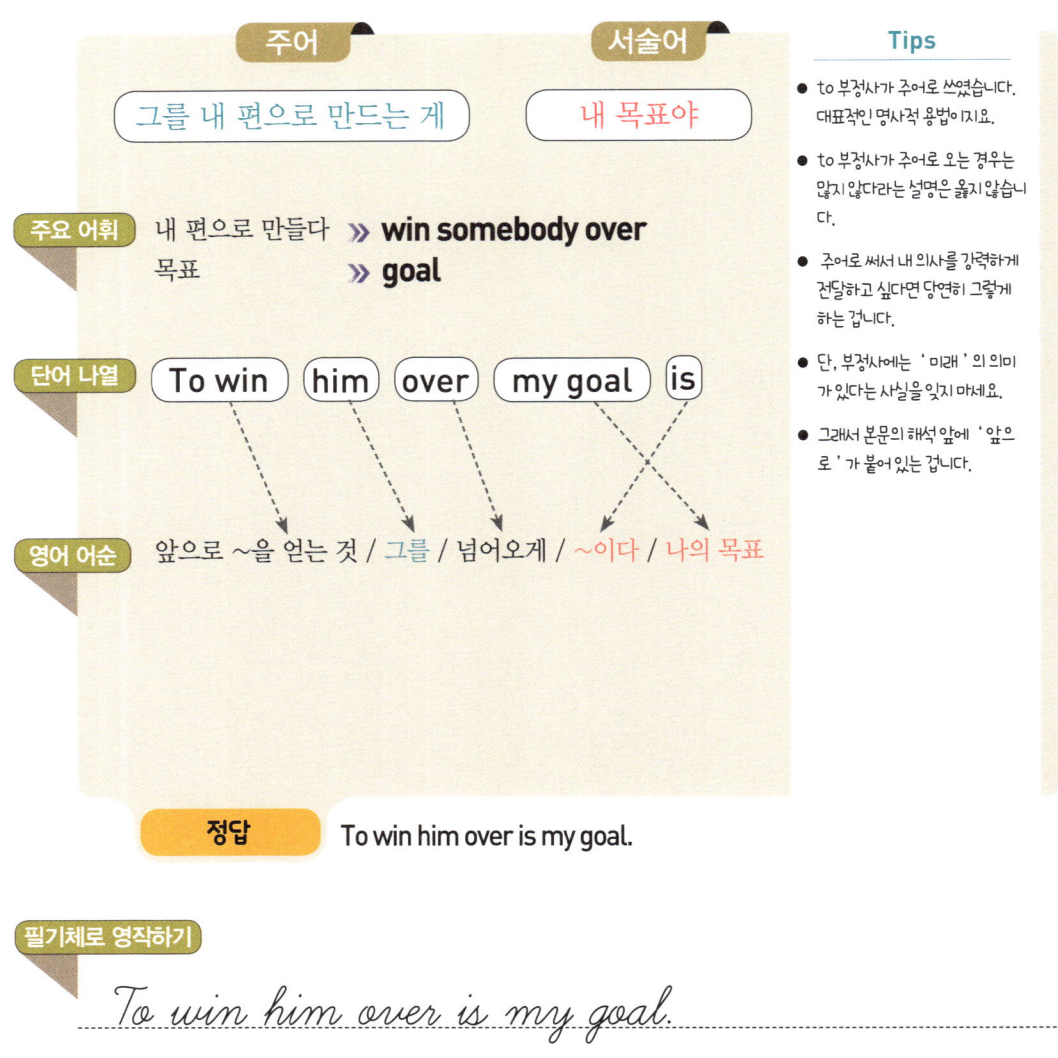

101 명사적 용법

앞으로 그를 내 편으로 만드는 게 내 목표야.

주어	서술어
그를 내 편으로 만드는 게	내 목표야

주요 어휘
내 편으로 만들다 》 **win somebody over**
목표 》 **goal**

단어 나열
To win · him · over · my goal · is

영어 어순
앞으로 ~을 얻는 것 / 그를 / 넘어오게 / ~이다 / 나의 목표

Tips
- to 부정사가 주어로 쓰였습니다. 대표적인 명사적 용법이지요.
- to 부정사가 주어로 오는 경우는 많지 않다라는 설명은 옳지 않습니다.
- 주어로 써서 내 의사를 강력하게 전달하고 싶다면 당연히 그렇게 하는 겁니다.
- 단, 부정사에는 '미래'의 의미가 있다는 사실을 잊지 마세요.
- 그래서 본문의 해석 앞에 '앞으로'가 붙어 있는 겁니다.

정답 To win him over is my goal.

필기체로 영작하기

To win him over is my goal.
To win him over is my goal.
To win him over is my goal.

146

102 제 취미는 새로운 친구들을 만드는 겁니다.

주어

내 취미는

서술어

만드는 겁니다

주요 어휘
새로운 친구를 만들다 » **make new friends**

Tips
- to 부정사가 주격 보어로 쓰였습니다. 역시 명사적 용법이지요.
- 새로운 친구를 만든다고 말할 때는 그것이 '앞으로 벌어지는 일'이므로 '미래'를 의미하는 to 부정사의 의미와 잘 어울립니다.

단어 나열
My hobby   to make   new friend   is

영어 어순
나의 취미는 / ~이다 / 앞으로 만드는 것 / 새로운 친구들

정답 My hobby is to make new friends.

My hobby is to make new friends.
My hobby is to make new friends.
My hobby is to make new friends.

103 나는 그 차를 살 형편이 안돼.

주어 나는

서술어 형편이 안돼

Tips

- to 부정사가 타동사 afford의 목적어로 쓰였습니다. 명사적 용법입니다.
- 부정사의 명사적 용법에서 가장 혼동되는 부분이기도 합니다.
- to 부정사는 타동사의 목적어로밖에 올 수 없습니다. 전치사의 목적어로는 절대 쓸 수 없습니다.

주요 어휘 ~할 형편이 안 된다 » **can't afford**

단어 나열 I | the car | to buy | afford | can't

영어 어순 나는 / ~을 할 수 없다 / ~할 형편이 되다 / 앞으로 ~을 사다 / 그 자동차

정답 I can't afford to buy the car.

필기체로 영작하기

I can't afford to buy the car.

I can't afford to buy the car.

I can't afford to buy the car.

148

104 내가 그렇게 하려는 의도는 없었어.

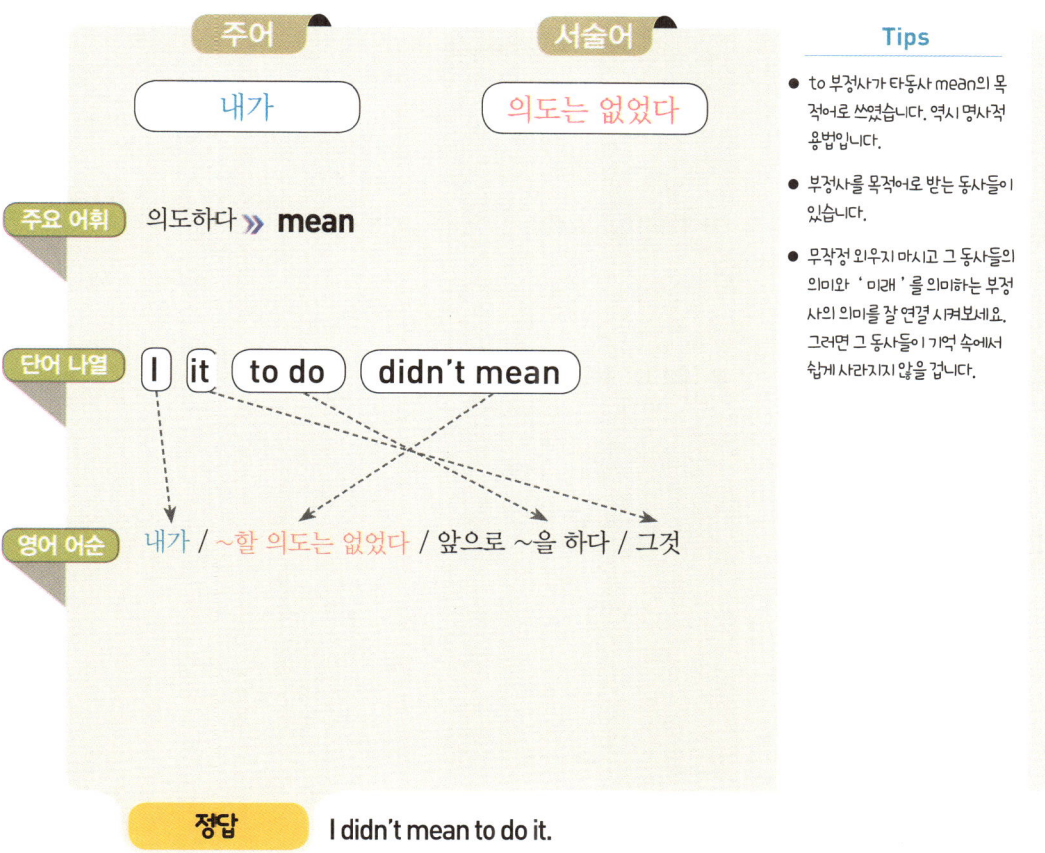

주어 내가

서술어 의도는 없었다

주요 어휘 의도하다 » **mean**

단어 나열 I ┃ it ┃ to do ┃ didn't mean

영어 어순 내가 / ~할 의도는 없었다 / 앞으로 ~을 하다 / 그것

Tips

● to 부정사가 타동사 mean의 목적어로 쓰였습니다. 역시 명사적 용법입니다.

● 부정사를 목적어로 받는 동사들이 있습니다.

● 무작정 외우지 마시고 그 동사들의 의미와 '미래'를 의미하는 부정사의 의미를 잘 연결시켜보세요. 그러면 그 동사들이 기억 속에서 쉽게 사라지지 않을 겁니다.

정답 I didn't mean to do it.

필기체로 영작하기

I didn't mean to do it.

I didn't mean to do it.

I didn't mean to do it.

105 나는 앞으로 할 일을 정말 많이 가지고 있다.

주어 나는

서술어 가지고 있다

주요 어휘 앞으로 할 일 » **things to do**

단어 나열 I | to do | a lot of things | have

영어 어순 나는 / ~을 가지고 있다 / 많은 일들 / 앞으로 할

Tips

의역 : 할 일이 정말 많아.

● to 부정사가 형용사적 용법으로 쓰이고 있습니다.

● 형용사는 명사나 대명사를 수식하지요. 본문에서는 부정사 to do가 명사인 things를 수식하고 있습니다. 그래서 형용사적 용법입니다.

● to do 역시 미래의 의미를 넣어서 이해해야 합니다.

정답 I have a lot of things to do.

필기체로 영작하기

I have a lot of things to do.

I have a lot of things to do.

I have a lot of things to do.

150

106 당신은 마실 것을 원하십니까?

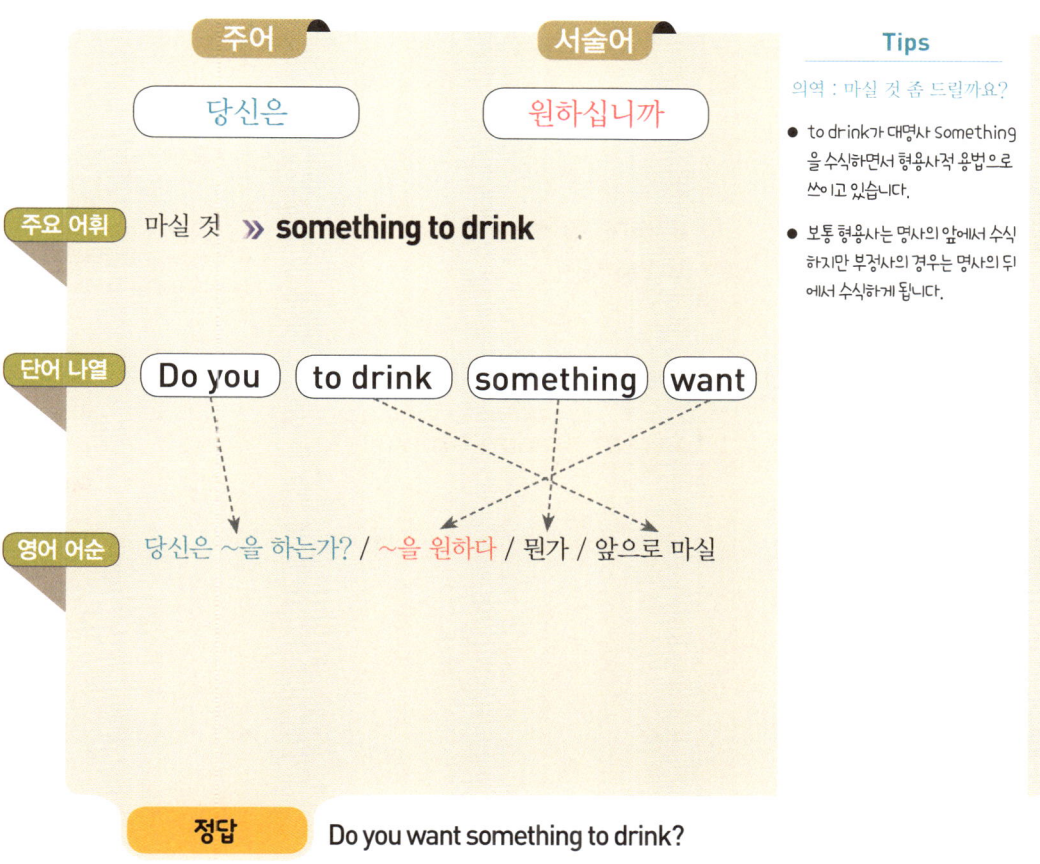

주어 당신은

서술어 원하십니까

Tips

의역 : 마실 것 좀 드릴까요?

- to drink가 대명사 Something을 수식하면서 형용사적 용법으로 쓰이고 있습니다.

- 보통 형용사는 명사의 앞에서 수식하지만 부정사의 경우는 명사의 뒤에서 수식하게 됩니다.

주요 어휘 마실 것 ≫ **something to drink**

단어 나열 Do you / to drink / something / want

영어 어순 당신은 ~을 하는가? / ~을 원하다 / 뭔가 / 앞으로 마실

정답 Do you want something to drink?

필기체로 영작하기

Do you want something to drink?

Do you want something to drink?

Do you want something to drink?

107 나는 회사에 입고 갈 옷을 하나도 갖고 있지 않다.

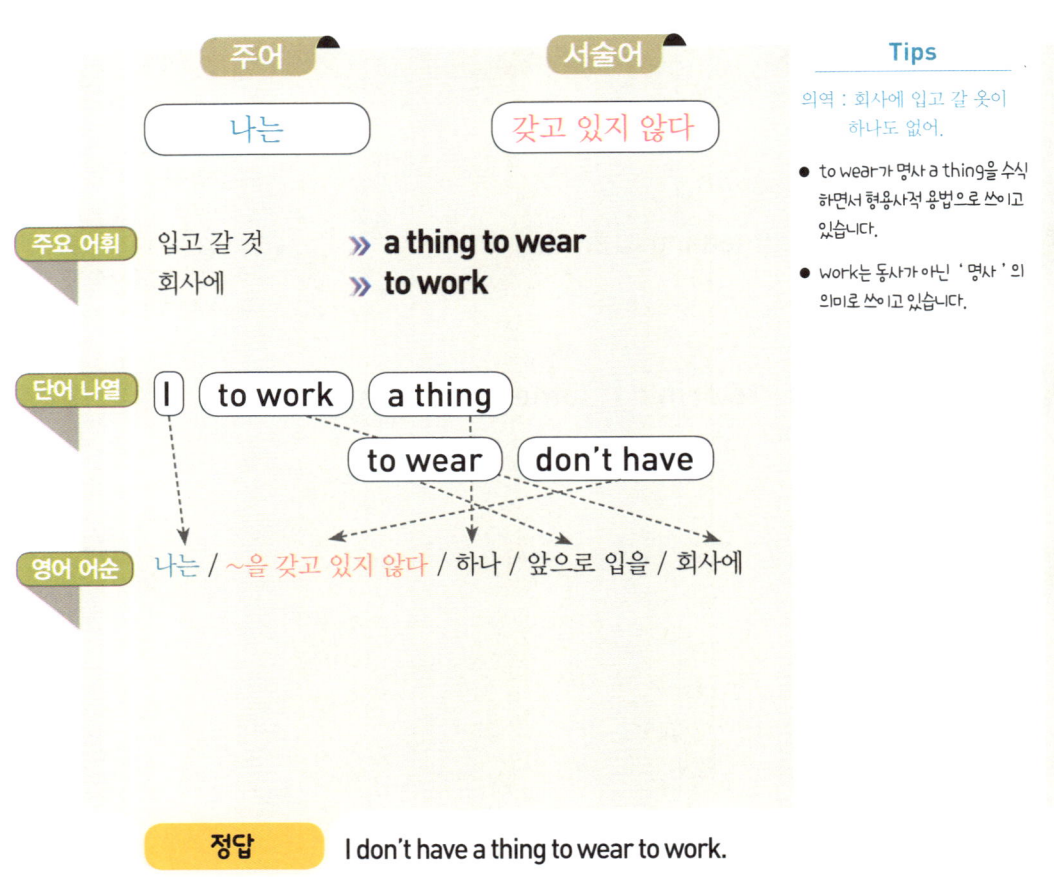

주어

나는

서술어

갖고 있지 않다

Tips

의역 : 회사에 입고 갈 옷이
하나도 없어.

● to wear가 명사 a thing을 수식
하면서 형용사적 용법으로 쓰이고
있습니다.

● work는 동사가 아닌 '명사'의
의미로 쓰이고 있습니다.

주요 어휘

입고 갈 것 　》 **a thing to wear**
회사에 　》 **to work**

단어 나열

I　to work　a thing

to wear　don't have

영어 어순

나는 / ~을 갖고 있지 않다 / 하나 / 앞으로 입을 / 회사에

정답　I don't have a thing to wear to work.

필기체로 영작하기

I don't have a thing to wear to work.

I don't have a thing to wear to work.

I don't have a thing to wear to work.

나는 너를 보는 게 정말 기쁘다.

주어 — 나는

서술어 — 정말 기쁘다

Tips

의역 : 얼굴 보게 되어서 정말 기뻐.

- to see가 부사적 용법으로 쓰이고 있습니다.
- 형용사 glad를 수식하고 있지요. 그러면서 glad의 '이유'를 말하고 있습니다.

주요 어휘 정말 기쁜 » glad

단어 나열 I you to see glad am

영어 어순 나는 / ~의 상태이다 / 매우 기쁜 / 보게 되어서 / 너를

정답 I am glad to see you.

필기체로 영작하기

I am glad to see you.
I am glad to see you.
I am glad to see you.

109 부사적 용법

그는 너를 만나려고 여기에 왔던 거야.

주어 | 그는

서술어 | 왔던 거야

주요 어휘 | 너를 만나다 » **meet you**

단어 나열 | He | you | to meet | here | came

영어 어순 | 그는 / 왔다 / 여기에 / 만나기 위해서 / 너를

Tips
- to meet가 부사적 용법으로 쓰이고 있습니다.
- 동사 came을 수식하고 있지요. 그러면서 came의 '목적'을 말하고 있습니다.

정답 | He came here to meet you.

필기체로 영작하기

He came here to meet you.

He came here to meet you.

He came here to meet you.

110 그는 그녀에게 키스를 하기 위해서 몸을 앞으로 구부렸다.

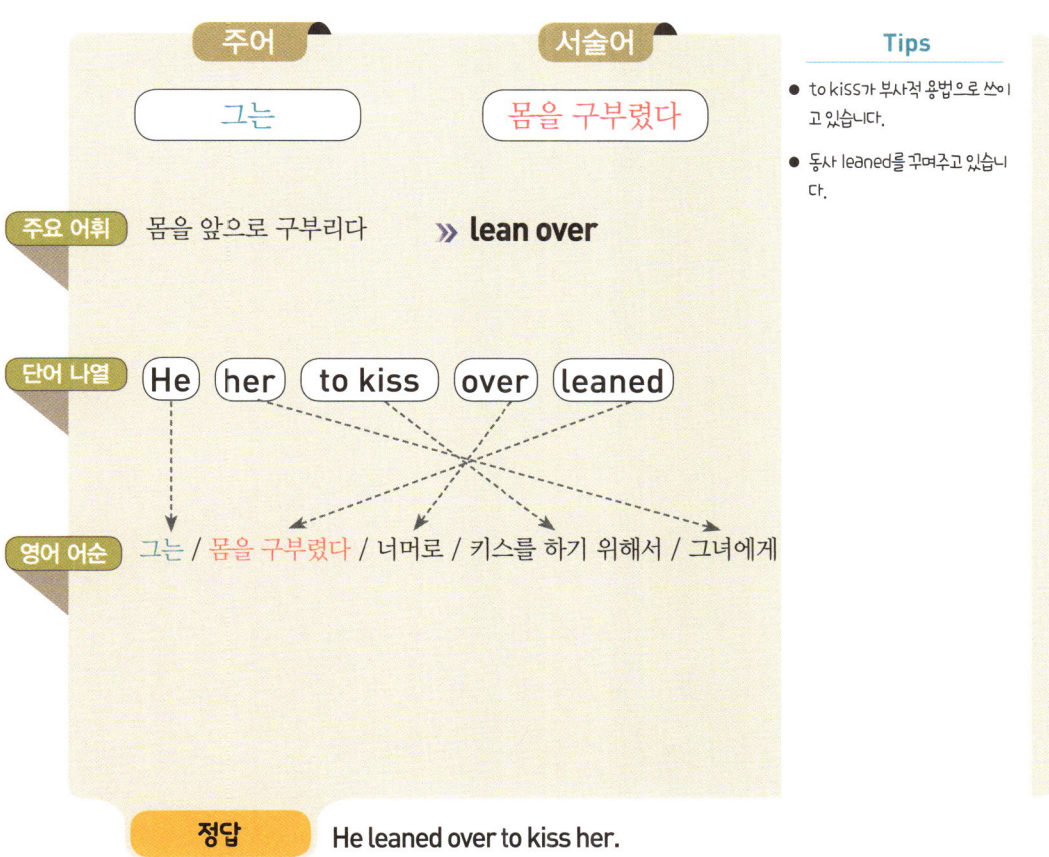

주어

그는

서술어

몸을 구부렸다

Tips

● to kiss가 부사적 용법으로 쓰이고 있습니다.

● 동사 leaned를 꾸며주고 있습니다.

주요 어휘 몸을 앞으로 구부리다 » **lean over**

단어 나열 He her to kiss over leaned

영어 어순 그는 / 몸을 구부렸다 / 너머로 / 키스를 하기 위해서 / 그녀에게

정답 He leaned over to kiss her.

필기체로 영작하기

He leaned over to kiss her.

He leaned over to kiss her.

He leaned over to kiss her.

Part 2

품사편

제 **12** 장
동명사

111 수표를 보내주는 행위가 그를 아버지로 만들지는 않는다.

주어 : 수표를 보내주는 행위가

서술어 : 만들지는 않는다

Tips

의역 : 수표를 보내준다고 그
가 아버지가 되는 것은
아니지.

● 동명사 Sending이 주어로 쓰였습
니다.

● 동명사는 동사에 -ing를 붙여서
명사로 만든 것입니다.

● 그렇기 때문에 명사라도 '움직
임'이 담겨있습니다.

● 동명사를 '~의 행위'라고 해석
할 수 있는 이유입니다.

주요 어휘 수표를 보내주는 행위 » **sending a check**

단어 나열 a check　Sending　him

a father　doesn't make

영어 어순 ~을 보내는 행위 / 수표 / ~을 만들지 않는다 / 그를 / 아버지

정답　Sending a check doesn't make him a father.

필기체로 영작하기

Sending a check doesn't make him a father.

Sending a check doesn't make him a father.

Sending a check doesn't make him a father.

주어 | 서술어

아침을 거르는 행위는 | 좋은 생각이 아니다

주요 어휘 아침을 거르다 » **skip breakfast**

단어 나열 breakfast | Skipping | a good idea | not | is

영어 어순 ~을 거르는 행위 / 아침식사 / ~이다 / ~이 아닌 / 좋은 생각

Tips
- 동명사 Skipping이 주어로 쓰였습니다.
- 동명사를 읽거나 발음할 때는 그 동작이 머리 속에 자연스럽게 그려져야 합니다.
- 언어는 살아있는 겁니다. 언어를 배우거나 구사하면서 그 느낌을 받을 수 있도록 노력해야 합니다.

정답 Skipping breakfast is not a good idea.

필기체로 영작하기

Skipping breakfast is not a good idea.

Skipping breakfast is not a good idea.

Skipping breakfast is not a good idea.

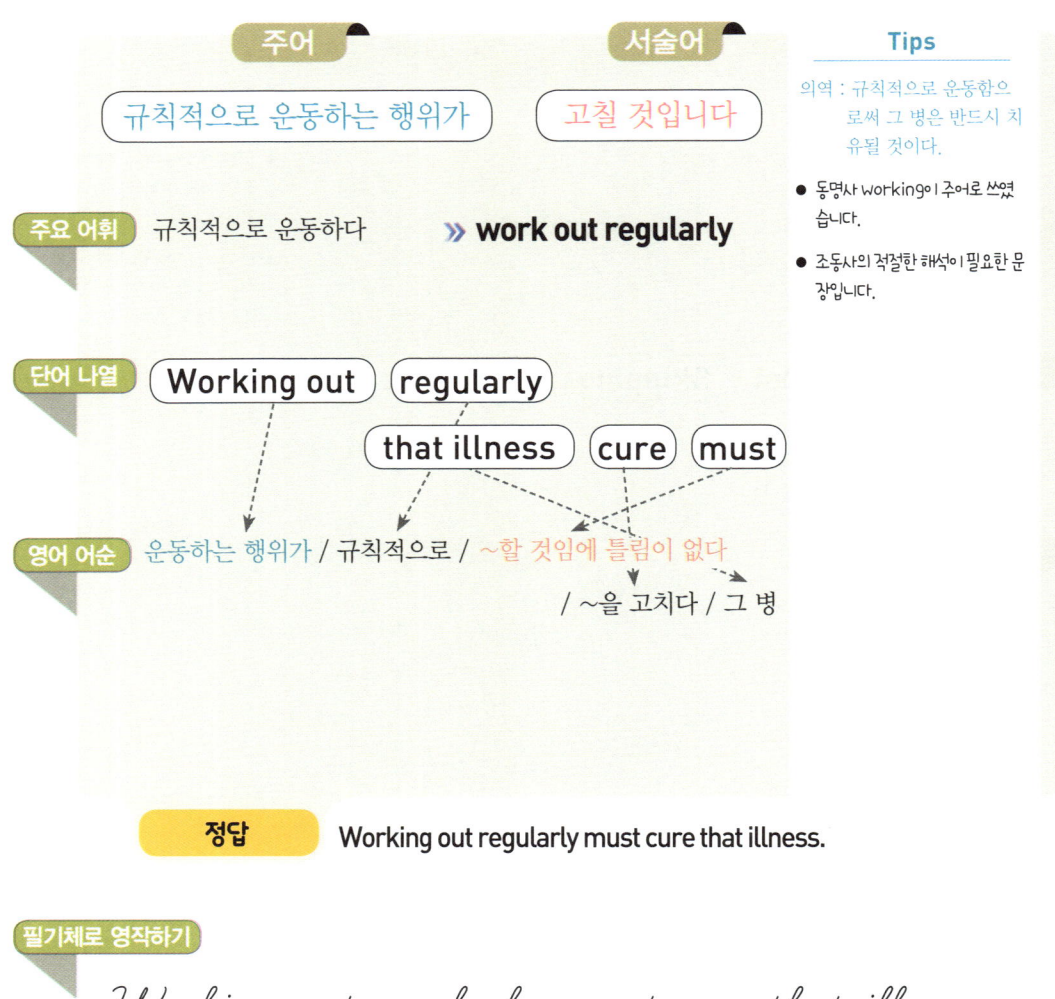

113 주어

규칙적으로 운동하는 행위가 그 병을 틀림없이 고칠 것입니다.

주어
규칙적으로 운동하는 행위가

서술어
고칠 것입니다

Tips

의역 : 규칙적으로 운동함으
로써 그 병은 반드시 치
유될 것이다.

● 동명사 working이 주어로 쓰였
습니다.

● 조동사의 적절한 해석이 필요한 문
장입니다.

주요 어휘   규칙적으로 운동하다   ≫ **work out regularly**

단어 나열   Working out   regularly

that illness   cure   must

영어 어순   운동하는 행위가 / 규칙적으로 / ~할 것임에 틀림이 없다

/ ~을 고치다 / 그 병

정답   Working out regularly must cure that illness.

필기체로 영작하기

Working out regularly must cure that illness.

Working out regularly must cure that illness.

Working out regularly must cure that illness.

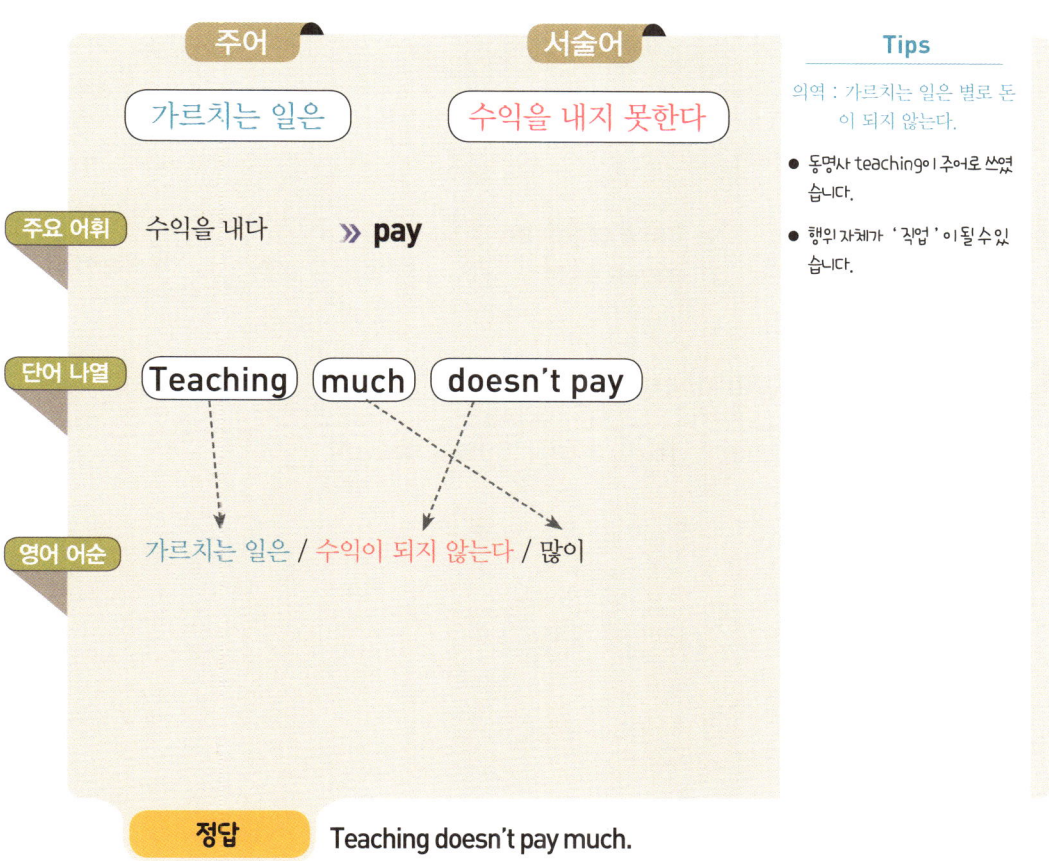

114 주어

가르치는 일은 별로 수익을 내지 못한다.

주어	서술어
가르치는 일은	수익을 내지 못한다

주요 어휘 수익을 내다 》 **pay**

단어 나열 Teaching much doesn't pay

영어 어순 가르치는 일은 / 수익이 되지 않는다 / 많이

Tips

의역 : 가르치는 일은 별로 돈이 되지 않는다.

● 동명사 teaching이 주어로 쓰였습니다.

● 행위 자체가 '직업'이 될 수있습니다.

정답 Teaching doesn't pay much.

필기체로 영작하기

Teaching doesn't pay much.

Teaching doesn't pay much.

Teaching doesn't pay much.

115 아이를 갖는 것이 그녀에게는 그 동안 큰 의미가 있었다.

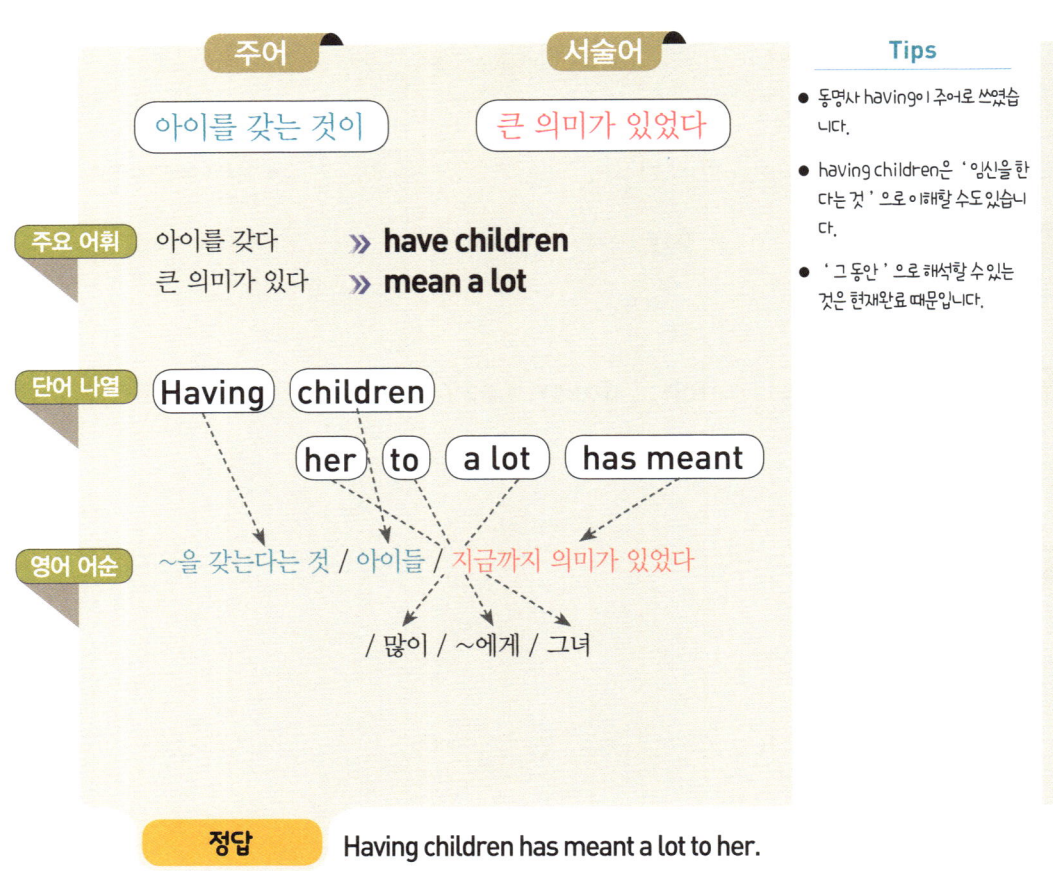

주어

아이를 갖는 것이

서술어

큰 의미가 있었다

Tips
- 동명사 having이 주어로 쓰였습니다.
- having children은 '임신을 한다는 것'으로 이해할 수도 있습니다.
- '그 동안'으로 해석할 수 있는 것은 현재완료 때문입니다.

주요 어휘

아이를 갖다 » **have children**
큰 의미가 있다 » **mean a lot**

단어 나열

Having children

her to a lot has meant

영어 어순

~을 갖는다는 것 / 아이들 / 지금까지 의미가 있었다

/ 많이 / ~에게 / 그녀

정답 Having children has meant a lot to her.

필기체로 영작하기

Having children has meant a lot to her.
Having children has meant a lot to her.
Having children has meant a lot to her.

보어

내 취미는 그를 놀려먹는 거야.

주어 · **내 취미는**

서술어 · **놀려 먹는 거야**

Tips

- 동명사 making이 주격 보어로 쓰였습니다.

- 주어와 보어의 관계는 동질성입니다. 주어가 보어이고 보어가 주어인 것이죠.

- 주어와 보어의 위치를 바꾸어도 전혀 어색하지 않습니다.

주요 어휘 · 그를 놀리다 · » **make fun of him**

단어 나열 · **My hobby** **him** **of** **making fun** **is**

영어 어순 · 내 취미는 / ~이다 / 놀리는 행위 / ~을 / 그 사람

정답 · My hobby is making fun of him.

필기체로 영작하기

My hobby is making fun of him.

My hobby is making fun of him.

My hobby is making fun of him.

117 너의 나쁜 버릇 중의 하나는 코를 후비는 행위야.

주어 너의 나쁜 버릇 중의 하나는

서술어 코를 후비는 행위야

Tips
● 동명사 picking이 주격 보어로 쓰였습니다.

주요 어휘 코를 후비다 » **pick one's nose**

단어 나열 **One of your bad habits**

your nose **picking** **is**

영어 어순 너의 나쁜 버릇 중의 하나는 / ~이다

/ ~을 떼내는 행위/ 너의 코

정답 One of your bad habits is picking your nose.

필기체로 영작하기

One of your bad habits is picking your nose.

One of your bad habits is picking your nose.

One of your bad habits is picking your nose.

118 자학하는 행위를 멈춰라.

주어	서술어
너는(생략)	자학 행위를 멈춰라

의역 : 자학하지 마.

● 동명사 torturing이 동사 stop 의 목적으로 쓰였습니다.

● 해오던 행위를 멈추는 것이기 때문에 stop 다음에는 동명사가 목적어로 오는 것이 자연스럽습니다.

주요 어휘 자학하다 » **torture oneself**

단어 나열 (you) yourself torturing Stop

영어 어순 너는(생략) / 멈춰라 / ~을 고문하듯 괴롭히는 행위 / 너 자신

정답 Stop torturing yourself.

필기체로 영작하기

Stop torturing yourself.

Stop torturing yourself.

Stop torturing yourself.

119 너는 나하고 대화하는 게 싫으니?

주어

너는

서술어

싫으니?

Tips

● 동명사 talking이 동사 mind의 목적으로 쓰였습니다.

● 꺼린다는 것은 '어떤 행위'를 꺼리는 것이기 때문에 자연스럽게 동명사를 목적어로 받게 됩니다.

주요 어휘
나와 대화하다 » **talk to me**
싫다 » **mind**

단어 나열
Do you   me   to   talking   mind

영어 어순
너는~이니? / ~을 싫어하다 / 대화하는 행위 / ~와 / 나

정답   Do you mind talking to me?

필기체로 영작하기

Do you mind talking to me?

Do you mind talking to me?

Do you mind talking to me?

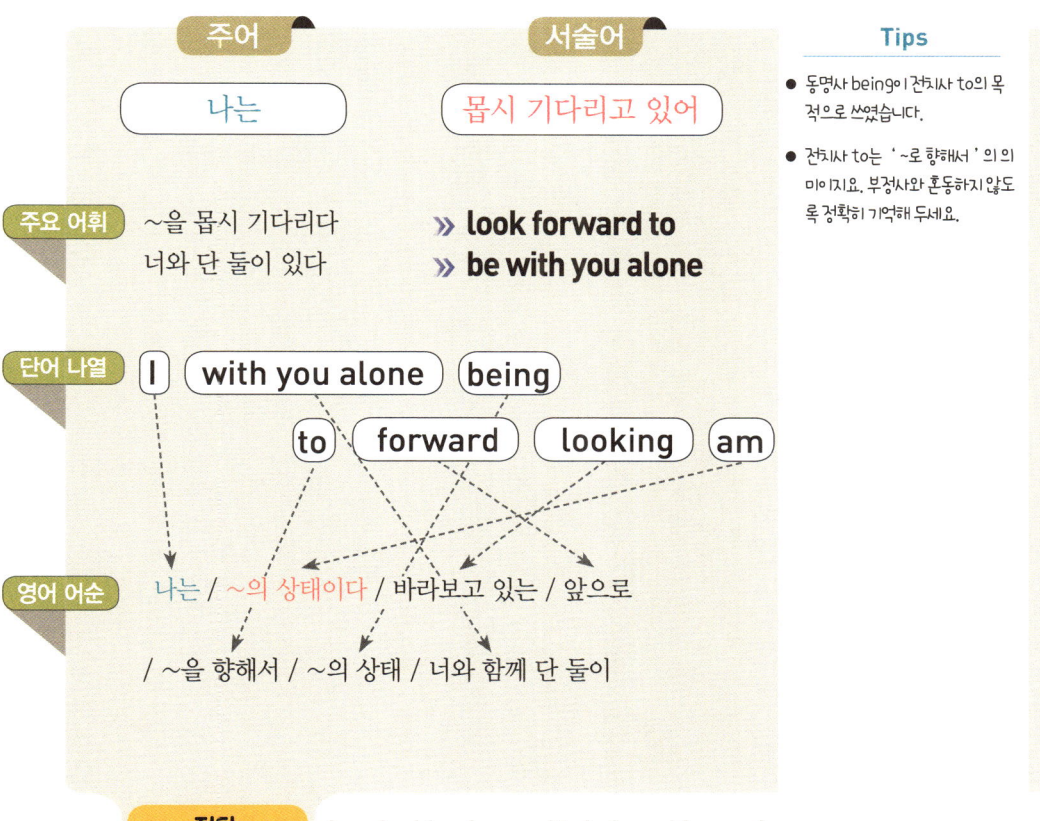

120 전치사의 목적

나는 너하고 단 둘이 있기만을 몹시 기다리고 있어.

주어	서술어
나는	몹시 기다리고 있어

Tips
- 동명사 being이 전치사 to의 목적으로 쓰였습니다.
- 전치사 to는 '~로 향해서'의 의미이지요. 부정사와 혼동하지 않도록 정확히 기억해 두세요.

주요 어휘
~을 몹시 기다리다
너와 단 둘이 있다

» **look forward to**
» **be with you alone**

단어 나열
I with you alone being to forward looking am

영어 어순
나는 / ~의 상태이다 / 바라보고 있는 / 앞으로

/ ~을 향해서 / ~의 상태 / 너와 함께 단 둘이

정답   I am looking forward to being with you alone.

필기체로 영작하기

I am looking forward to being with you alone.

I am looking forward to being with you alone.

I am looking forward to being with you alone.

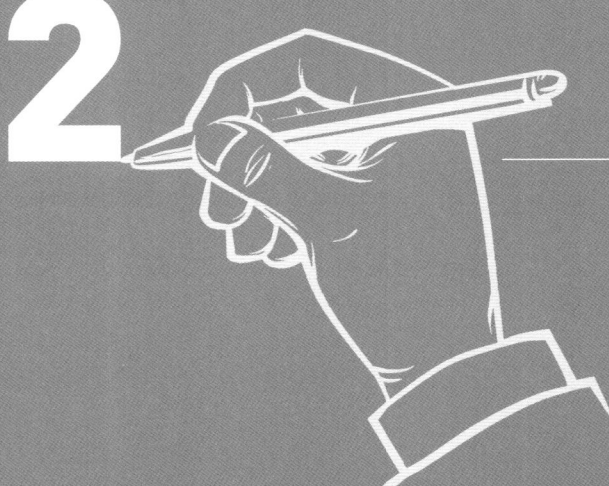

Part 2

품사편

제 **13** 장
분사

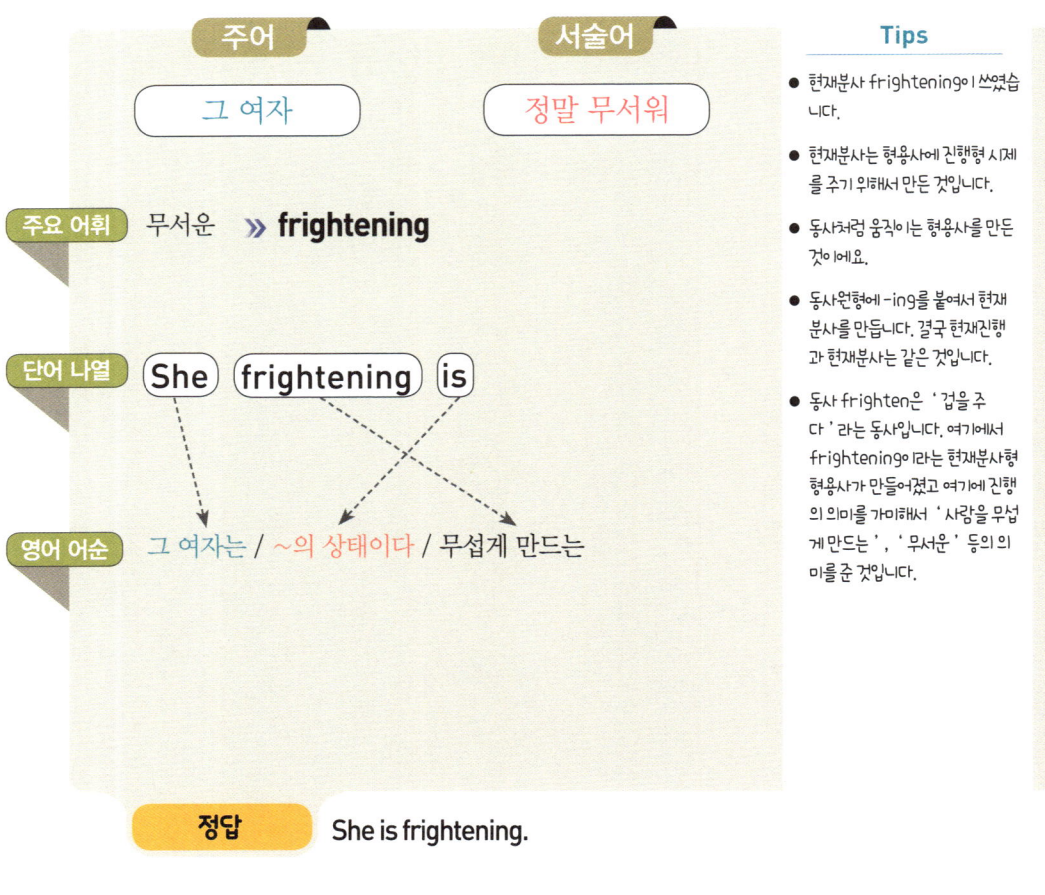

121 그 여자 정말 무서워.

주어	서술어
그 여자	정말 무서워

Tips

- 현재분사 frightening이 쓰였습니다.

- 현재분사는 형용사에 진행형 시제를 주기 위해서 만든 것입니다.

- 동사처럼 움직이는 형용사를 만든 것이에요.

- 동사원형에 -ing를 붙여서 현재분사를 만듭니다. 결국 현재진행과 현재분사는 같은 것입니다.

- 동사 frighten은 '겁을 주다' 라는 동사입니다. 여기에서 frightening이라는 현재분사형 형용사가 만들어졌고 여기에 진행의 의미를 가미해서 '사람을 무섭게 만드는', '무서운' 등의 의미를 준 것입니다.

주요 어휘 무서운 » **frightening**

단어 나열 She frightening is

영어 어순 그 여자는 / ~의 상태이다 / 무섭게 만드는

정답 She is frightening.

She is frightening.

She is frightening.

She is frightening.

170

122 이 일은 정말 지겹다.

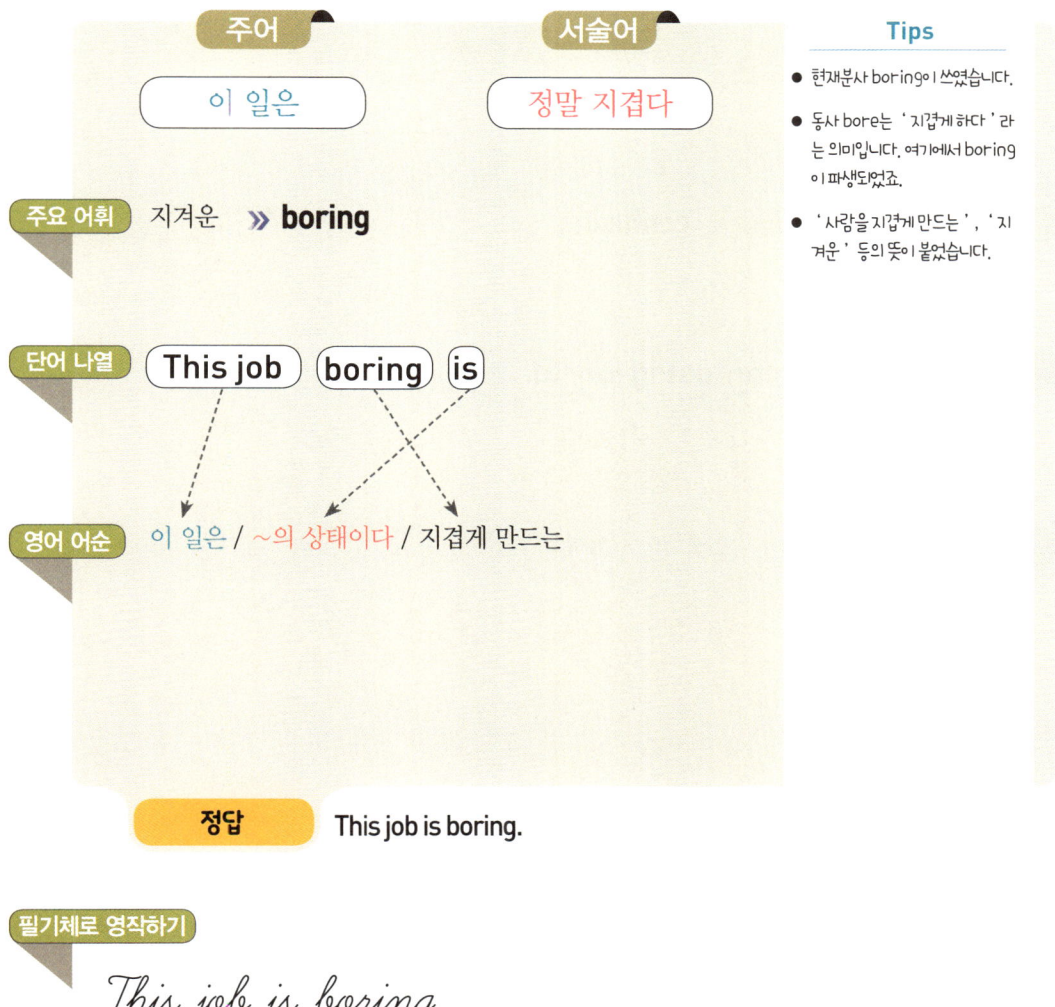

주어	서술어
이 일은	정말 지겹다

Tips

- 현재분사 boring이 쓰였습니다.
- 동사 bore는 '지겹게 하다'라는 의미입니다. 여기에서 boring이 파생되었죠.
- '사람을 지겹게 만드는', '지겨운' 등의 뜻이 붙었습니다.

주요 어휘 지겨운 » **boring**

단어 나열 This job boring is

영어 어순 이 일은 / ~의 상태이다 / 지겹게 만드는

정답 This job is boring.

필기체로 영작하기

This job is boring.

This job is boring.

This job is boring

123 이것은 혼란스러운 세상이다.

주어	서술어
이것은	혼란스러운 세상이다

Tips

● 현재분사 confusing이 명사 world를 수식하며 수식적 용법으로 쓰였습니다. '혼란스러운 세상'이지요.

● 동사 confuse는 '혼란스럽게 하다'이며 confusing은 '사람을 혼란스럽게 만드는', '혼란스러운' 등의 의미를 갖습니다.

주요 어휘 혼란스럽게 만드는 ≫ **confusing**

단어 나열 This a confusing world is

영어 어순 이것은 / ~이다 / 혼란스러운 세상

정답 This is a confusing world.

필기체로 영작하기

This is a confusing world.
This is a confusing world.
This is a confusing world.

172

현재분사 (수식적 용법)

124 오늘은 정말 피곤한 날이었다.

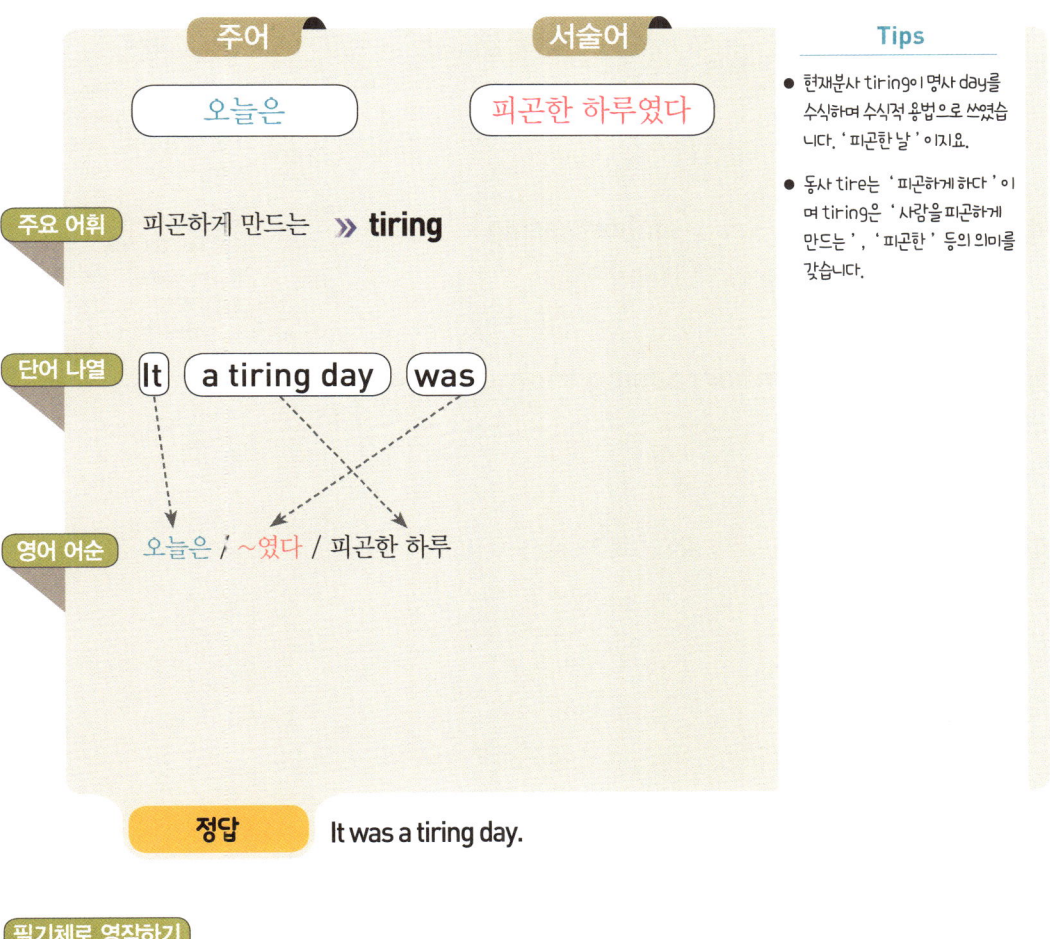

주어 — 오늘은

서술어 — 피곤한 하루였다

주요 어휘 피곤하게 만드는 » **tiring**

단어 나열 It | a tiring day | was

영어 어순 오늘은 / ~였다 / 피곤한 하루

Tips

● 현재분사 tiring이 명사 day를 수식하며 수식적 용법으로 쓰였습니다. '피곤한 날'이지요.

● 동사 tire는 '피곤하게 하다'이며 tiring은 '사람을 피곤하게 만드는', '피곤한' 등의 의미를 갖습니다.

정답 It was a tiring day.

필기체로 영작하기

It was a tiring day.

It was a tiring day.

It was a tiring day.

125 그것은 당혹스러운 순간이었다.

주어

그것은

서술어

당혹스러운 순간이었다

Tips

- 현재분사 embarrassing이 명사 moment를 수식하며 수식적 용법으로 쓰였습니다. '당혹스러운 순간'이지요.

- 동사 embarrass는 '당혹스럽게 만들다'이며 embarrassing은 '사람을 당혹스럽게 만드는', '당혹스러운' 등의 의미를 갖습니다.

주요 어휘

당혹스러운 » **embarrassing**
순간 » **moment**

단어 나열

It an embarrassing moment was

영어 어순

그것은 / ~이었다 / 당혹스러운 순간

정답 It was an embarrassing moment.

필기체로 영작하기

It was an embarrassing moment.

It was an embarrassing moment.

It was an embarrassing moment.

126 나는 관심 있어.

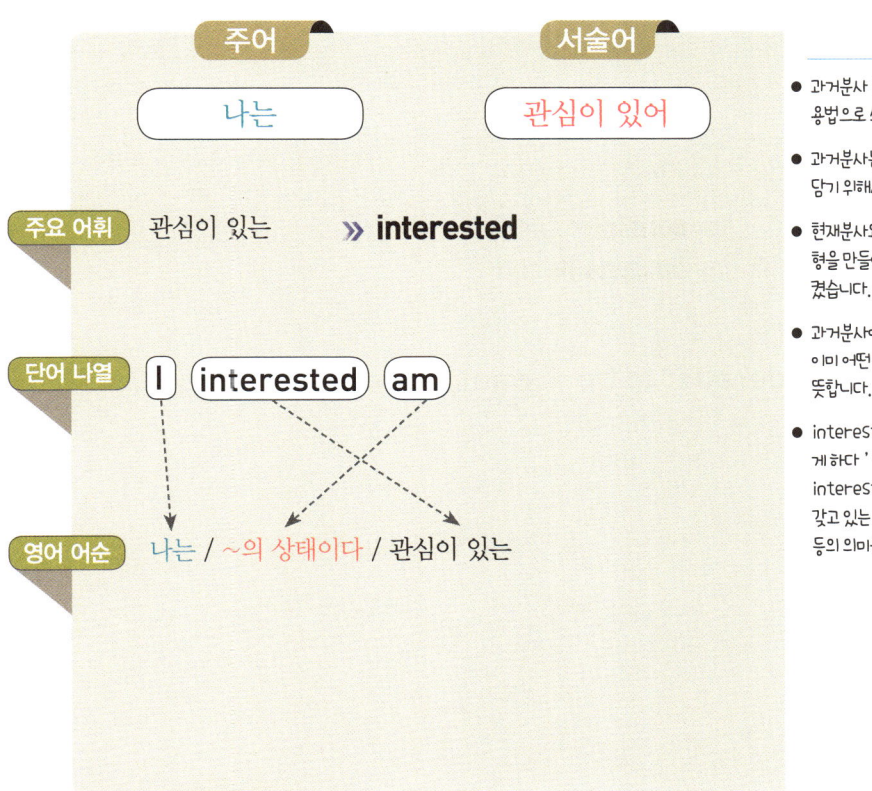

주어	서술어
나는	관심이 있어

주요 어휘 관심이 있는 » **interested**

단어 나열 I (interested) (am)

영어 어순 나는 / ~의 상태이다 / 관심이 있는

정답   I am interested.

필기체로 영작하기

I am interested.

I am interested.

I am interested.

127 제가 고려대상이 되면 좋겠습니다.

주어	서술어
제가	좋겠습니다

Tips

● 과거분사 considered가 서술적 용법으로 쓰였습니다.

● consider는 '~을 고려하다'이고 과거분사 considered는 '이미 충분히 생각된', '고려된' 등의 의미를 갖습니다.

주요 어휘

고려하다 »» **consider**
고려대상이 되다 »» **be considered**

단어 나열

I · considered · to be · want

영어 어순

제가 / ~을 원합니다 / 앞으로 ~의 상태이기를 / 고려 대상인

정답 I want to be considered.

필기체로 영작하기

I want to be considered.

I want to be considered.

I want to be considered.

과거분사 (서술적 용법)

나는 굴욕을 당했다.

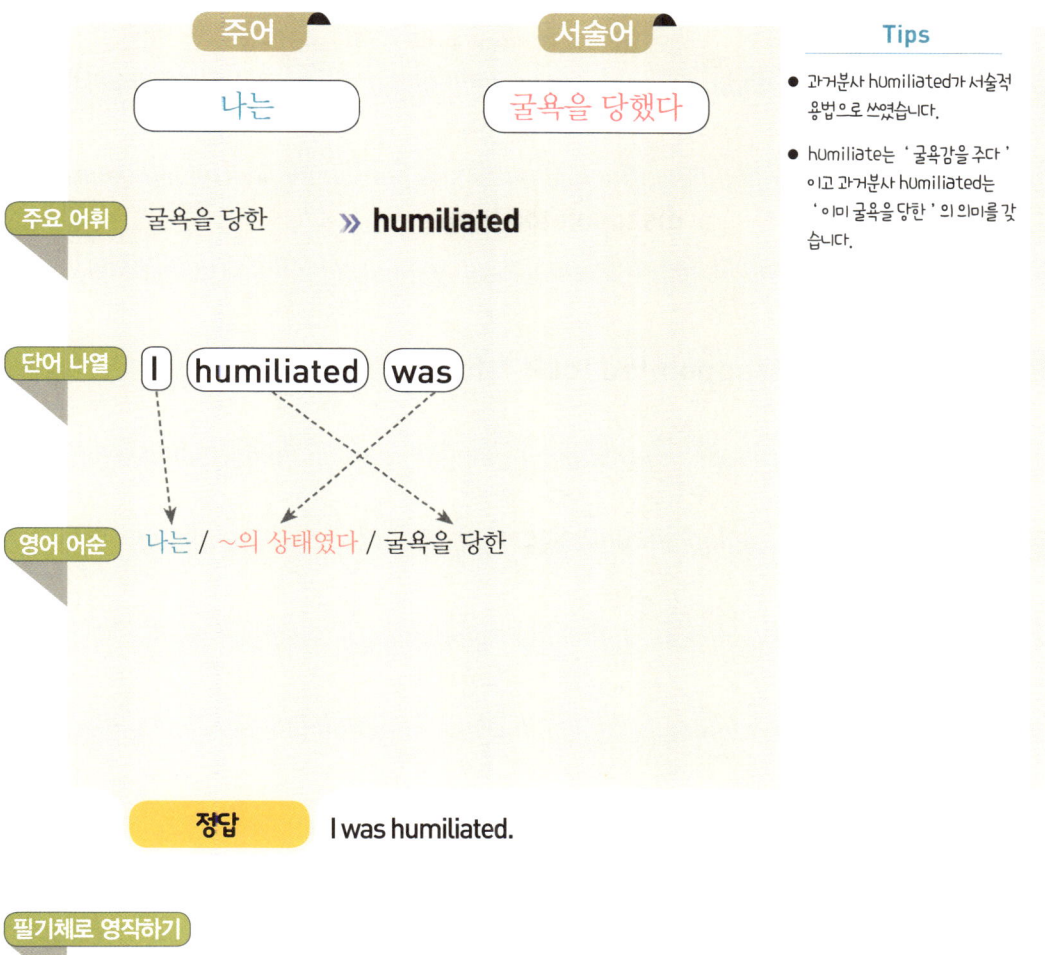

주어	서술어
나는	굴욕을 당했다

주요 어휘 굴욕을 당한 » **humiliated**

단어 나열 I (humiliated) (was)

영어 어순 나는 / ~의 상태였다 / 굴욕을 당한

Tips

● 과거분사 humiliated가 서술적 용법으로 쓰였습니다.

● humiliate는 '굴욕감을 주다' 이고 과거분사 humiliated는 '이미 굴욕을 당한'의 의미를 갖습니다.

정답 I was humiliated.

필기체로 영작하기

I was humiliated.

I was humiliated.

I was humiliated.

129 나는 그의 실망한 표정을 잊을 수가 없어.

주어 나는

서술어 잊을 수가 없어

Tips
- 과거분사 disappointed가 명사 look를 수식하는 수식적 용법으로 쓰였습니다.
- disappoint는 '실망시키다' 이며 disappointed는 '이미 실망한 상태인'의 뜻입니다.

주요 어휘 실망한 표정 ≫ **disappointed look**

단어 나열 I │ his disappointed look │ forget │ can't

영어 어순 나는 / ~을 할 수 없다 / ~을 잊다 / 그의 실망한 표정

정답 I can't forget his disappointed look.

I can't forget his disappointed look.

I can't forget his disappointed look.

I can't forget his disappointed look.

130 누가 지정된 운전자입니까?

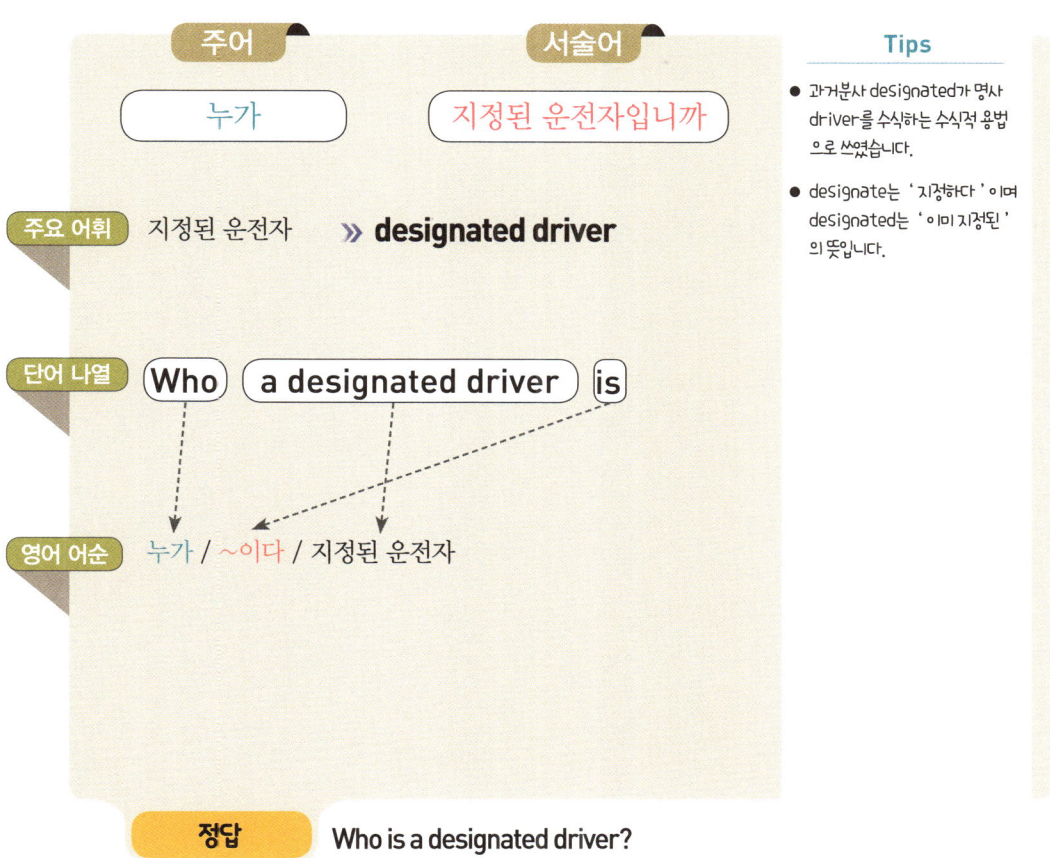

주어 누가

서술어 지정된 운전자입니까

Tips
- 과거분사 designated가 명사 driver를 수식하는 수식적 용법으로 쓰였습니다.
- designate는 '지정하다'이며 designated는 '이미 지정된'의 뜻입니다.

주요 어휘 지정된 운전자 » **designated driver**

단어 나열 Who a designated driver is

영어 어순 누가 / ~이다 / 지정된 운전자

정답 Who is a designated driver?

필기체로 영작하기

Who is a designated driver?
Who is a designated driver?
Who is a designated driver?

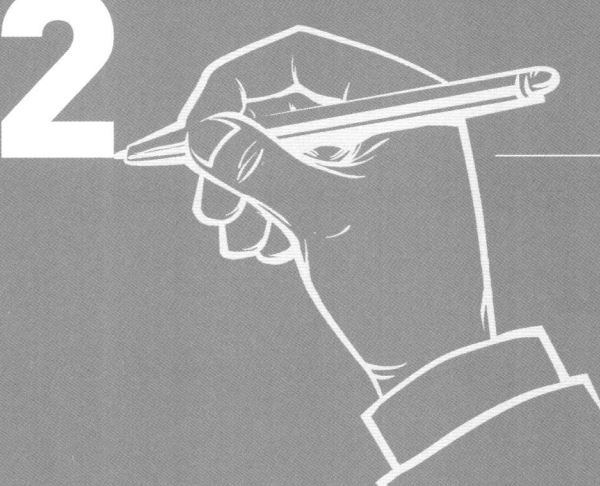

Part **2**

품사편

제 **14** 장
일치와 화법

131 그녀는 그에게 자기는 그를 사랑한다고 말했다.

주어	서술어
그녀는	말했다

Tips

- 시제의 일치 문법이 적용되었습니다.

- 주절을 이끄는 동사 told가 과거 시제라면 목적절의 의미상의 시제가 현재(loves)이더라도 told에 맞추어 과거시제(loved)로 바꾸는 것이 시제의 일치입니다.

- 이때 목적절의 해석은 과거가 아니라 원래대로 현재로 해야 합니다.

주요 어휘   그에게 말했다   » **told him**

단어 나열   She   him   she   him   loved   told

영어 어순   그녀는 / 말했다 / 그에게 / 자기는 / 사랑한다 / 그를

정답   She told him she loved him.

필기체로 영작하기

She told him she loved him.

She told him she loved him.

She told him she loved him.

132 그는 자신이 그것을 처리할 능력이 있게 되기를 희망했다.

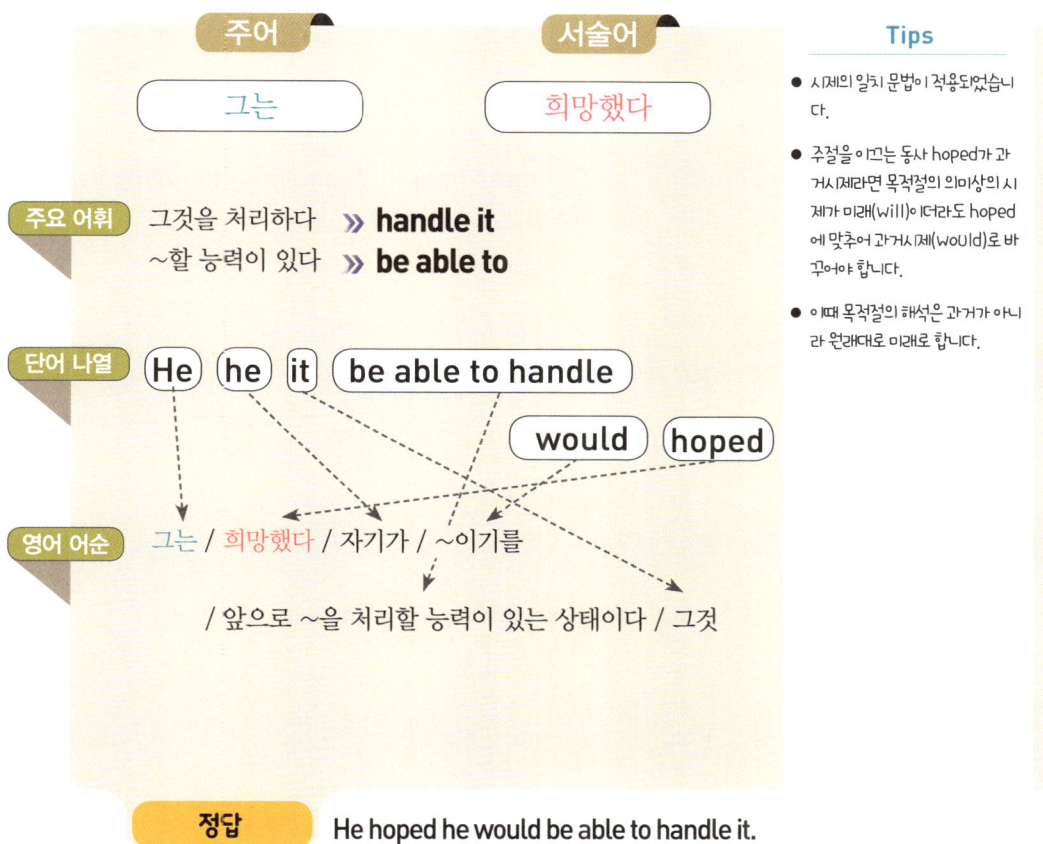

주어 그는

서술어 희망했다

Tips
- 시제의 일치 문법이 적용되었습니다.
- 주절을 이끄는 동사 hoped가 과거시제라면 목적절의 의미상의 시제가 미래(will)이더라도 hoped에 맞추어 과거시제(would)로 바꾸어야 합니다.
- 이때 목적절의 해석은 과거가 아니라 원래대로 미래로 합니다.

주요 어휘
그것을 처리하다 » **handle it**
~할 능력이 있다 » **be able to**

단어 나열
He / he / it / be able to handle / would / hoped

영어 어순
그는 / 희망했다 / 자기가 / ~이기를

/ 앞으로 ~을 처리할 능력이 있는 상태이다 / 그것

정답 He hoped he would be able to handle it.

He hoped he would be able to handle it.

He hoped he would be able to handle it.

He hoped he would be able to handle it.

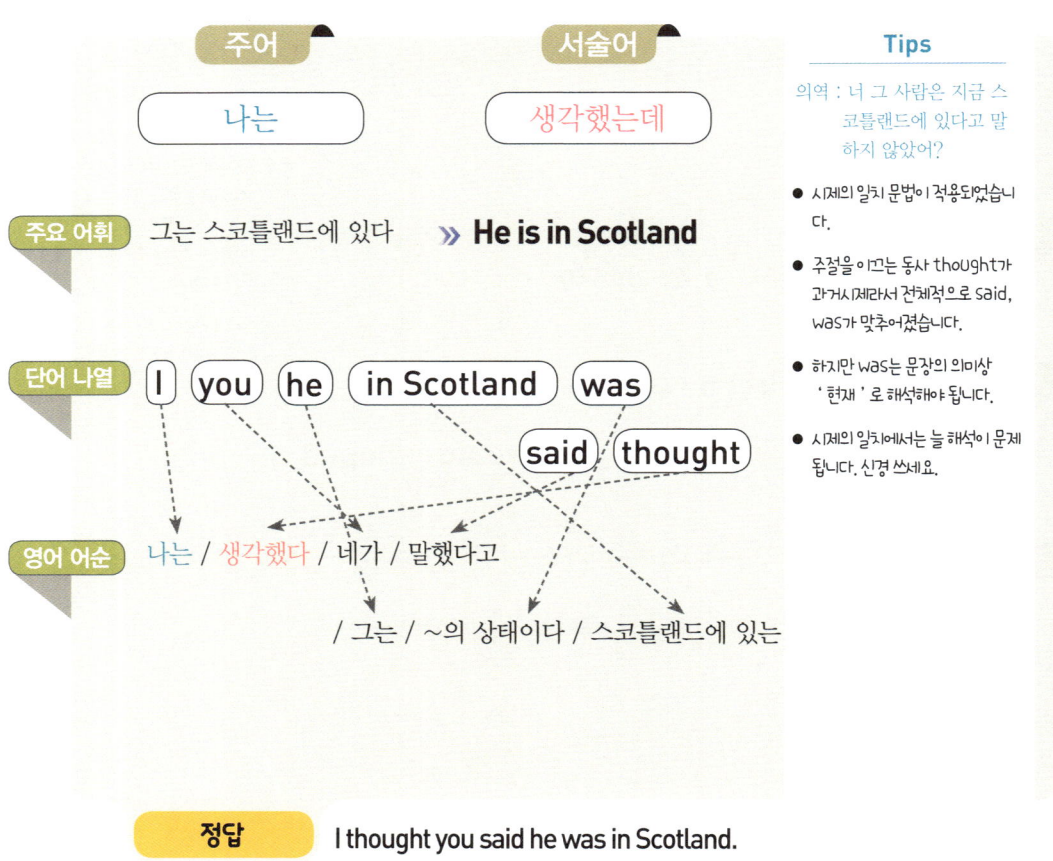

133 시제의 일치

나는 네가 그는 지금 스코틀랜드에 있다고 말했다고 생각했는데.

주어
나는

서술어
생각했는데

주요 어휘 그는 스코틀랜드에 있다 » **He is in Scotland**

단어 나열 I you he in Scotland was said thought

영어 어순 나는 / 생각했다 / 네가 / 말했다고

/ 그는 / ~의 상태이다 / 스코틀랜드에 있는

Tips

의역 : 너 그 사람은 지금 스코틀랜드에 있다고 말하지 않았어?

● 시제의 일치 문법이 적용되었습니다.

● 주절을 이끄는 동사 thought가 과거시제라서 전체적으로 said, was가 맞추어졌습니다.

● 하지만 was는 문장의 의미상 '현재'로 해석해야 됩니다.

● 시제의 일치에서는 늘 해석이 문제됩니다. 신경 쓰세요.

정답   I thought you said he was in Scotland.

필기체로 영작하기

I thought you said he was in Scotland.

I thought you said he was in Scotland.

I thought you said he was in Scotland.

184

134 모든 어머니가 그 사실을 잘 알고 있습니다.

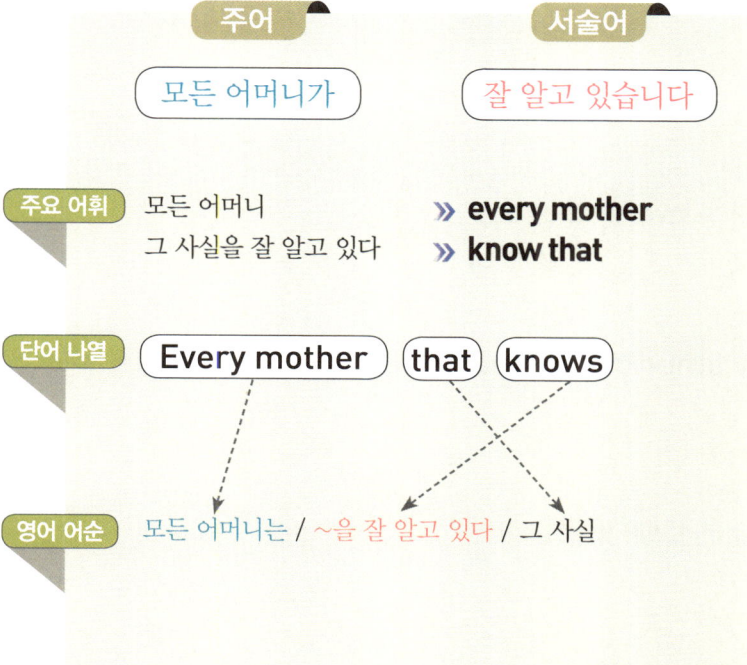

주어 | 서술어

모든 어머니가 | 잘 알고 있습니다

주요 어휘
모든 어머니 » **every mother**
그 사실을 잘 알고 있다 » **know that**

단어 나열 Every mother (that) (knows)

영어 어순 모든 어머니는 / ~을 잘 알고 있다 / 그 사실

Tips

● 수의 일치 문법이 적용되었습니다.

● every는 우리말로는 '모든'이라고 해석하지만 속뜻은 '하나하나 다'입니다.

● 하나하나가 합쳐진 전체의 느낌이지요. 그 하나하나의 중요성을 강조한 어휘이기 때문에 복수가 아닌 단수 취급합니다.

● every mothers가 아니라 every mother 이고 every mothers know가 아니라 every mother knows입니다. 수의 일치는 정말 중요한 문법입니다.

정답 Every mother knows that.

필기체로 영작하기

Every mother knows that.

Every mother knows that.

Every mother knows that.

135 우리는 평소에 하루 걸러 한 번씩 만납니다.

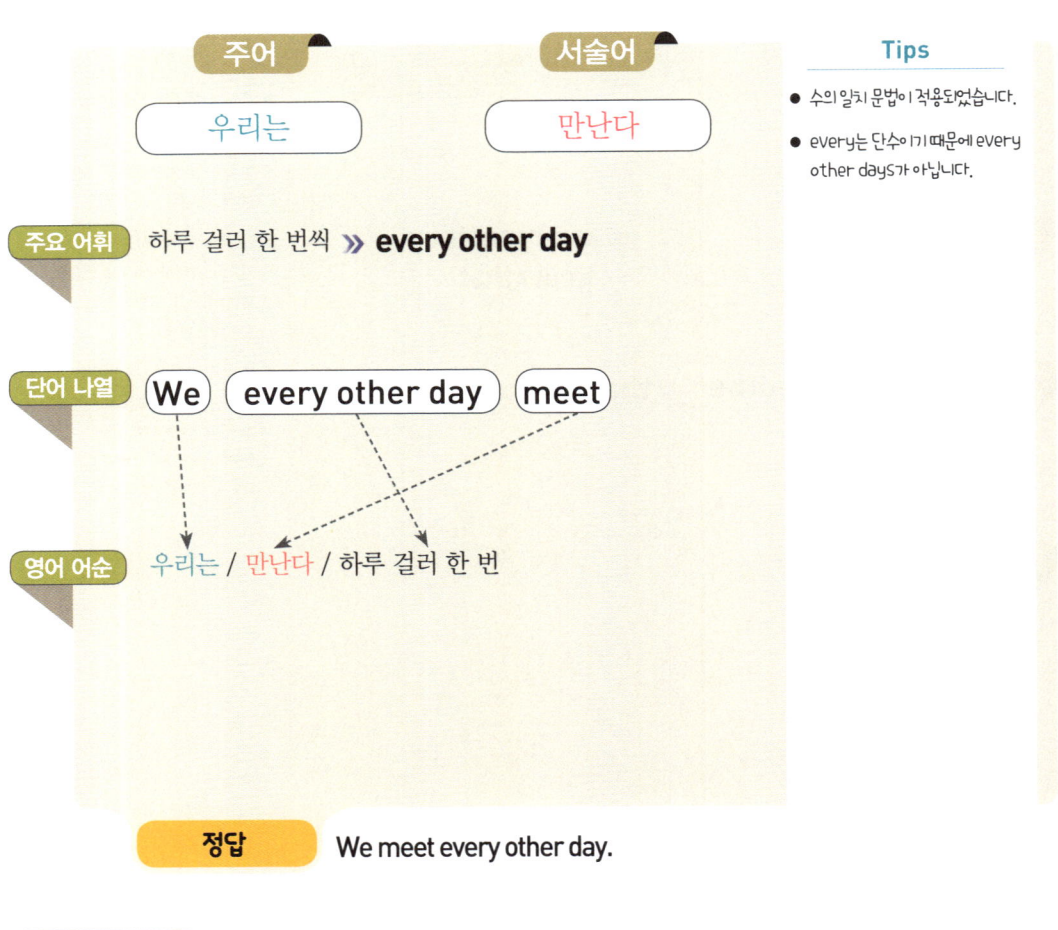

주어

우리는

서술어

만난다

Tips

● 수의 일치 문법이 적용되었습니다.

● every는 단수이기 때문에 every other days가 아닙니다.

주요 어휘   하루 걸러 한 번씩 ≫ **every other day**

단어 나열   We   every other day   meet

영어 어순   우리는 / 만난다 / 하루 걸러 한 번

정답   We meet every other day.

필기체로 영작하기

We meet every other day.

We meet every other day.

We meet every other day

수의 일치

그들은 매일 학교에 걸어간다.

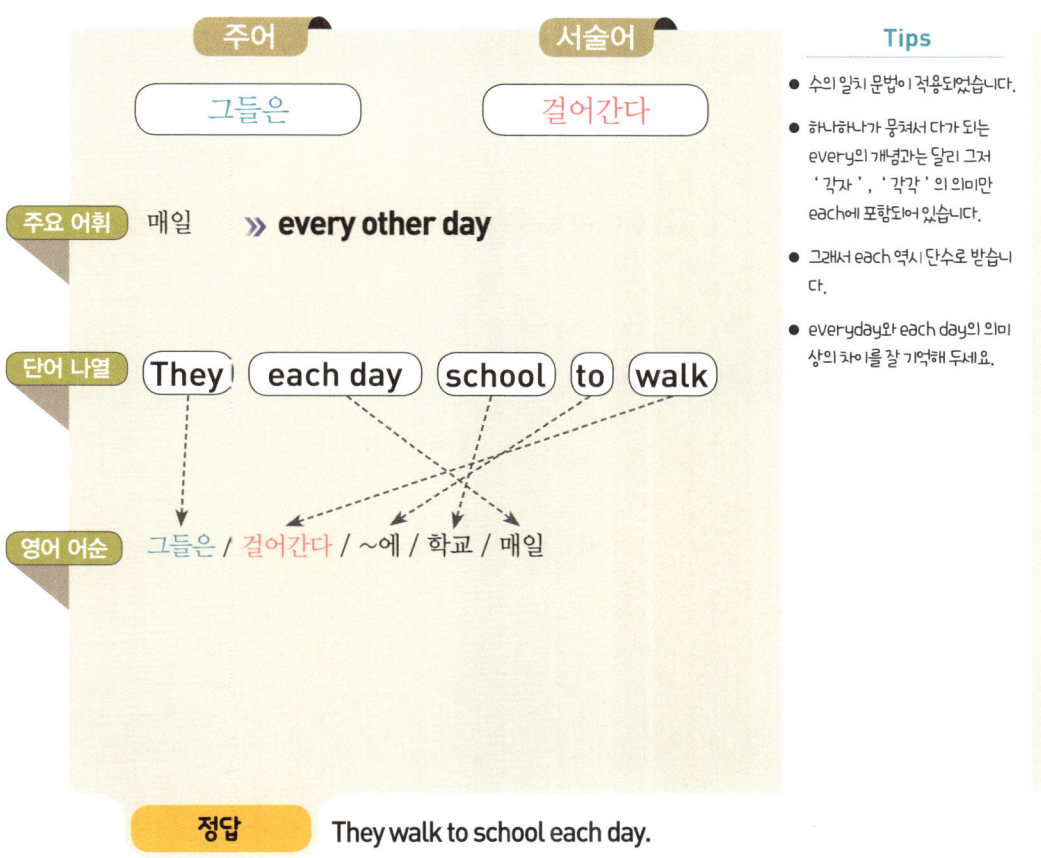

주어 **그들은**

서술어 **걸어간다**

주요 어휘 · 매일 » **every other day**

단어 나열 · They · each day · school · to · walk

영어 어순 · 그들은 / 걸어간다 / ~에 / 학교 / 매일

Tips

- 수의 일치 문법이 적용되었습니다.

- 하나하나가 뭉쳐서 다가 되는 every의 개념과는 달리 그저 '각자', '각각'의 의미만 each에 포함되어 있습니다.

- 그래서 each 역시 단수로 받습니다.

- everyday와 each day의 의미상의 차이를 잘 기억해 두세요.

정답 · They walk to school each day.

필기체로 영작하기

They walk to school each day.
They walk to school each day.
They walk to school each day.

137 소년들이 그녀의 양 옆에 있었다.

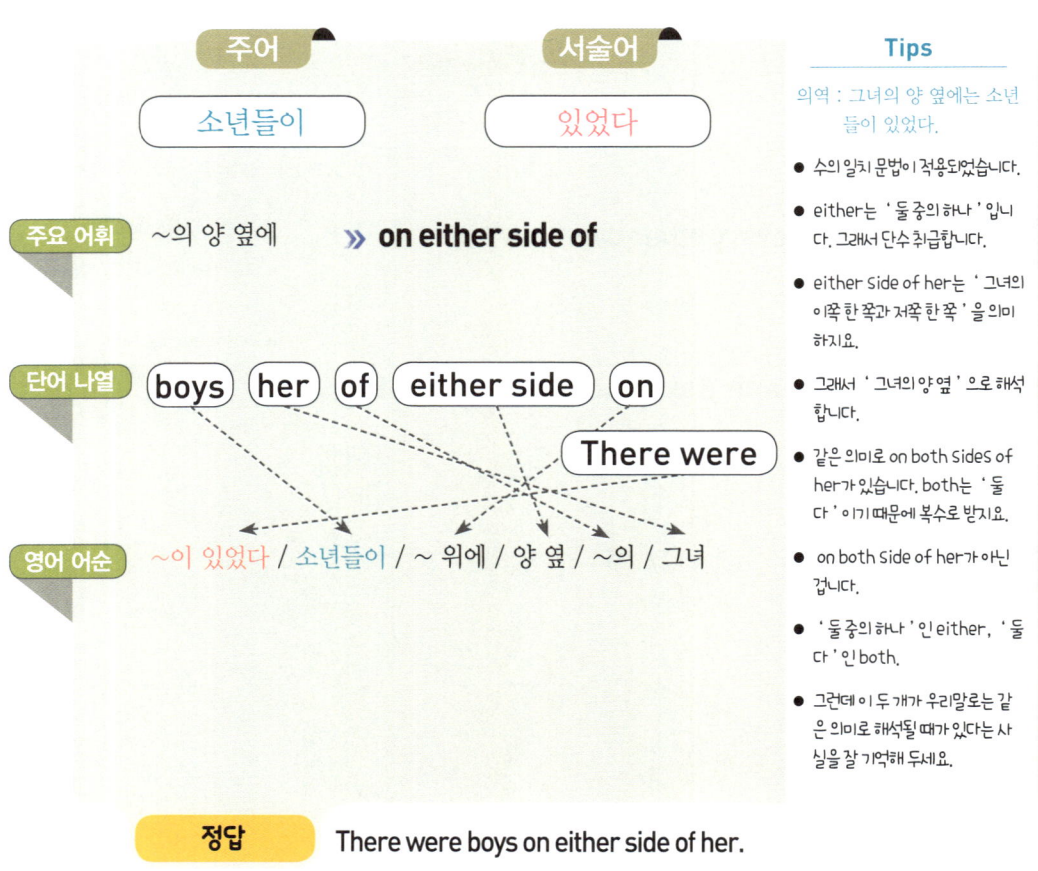

주어 소년들이

서술어 있었다

주요 어휘 ~의 양 옆에 » **on either side of**

단어 나열 boys her of either side on There were

영어 어순 ~이 있었다 / 소년들이 / ~ 위에 / 양 옆 / ~의 / 그녀

Tips

의역 : 그녀의 양 옆에는 소년들이 있었다.

- 수의 일치 문법이 적용되었습니다.
- either는 '둘 중의 하나'입니다. 그래서 단수 취급합니다.
- either side of her는 '그녀의 이쪽 한 쪽과 저쪽 한 쪽'을 의미하지요.
- 그래서 '그녀의 양 옆'으로 해석합니다.
- 같은 의미로 on both sides of her가 있습니다. both는 '둘 다'이기 때문에 복수로 받지요.
- on both side of her가 아닌 겁니다.
- '둘 중의 하나'인 either, '둘 다'인 both.
- 그런데 이 두 개가 우리말로는 같은 의미로 해석될 때가 있다는 사실을 잘 기억해 두세요.

정답 There were boys on either side of her.

필기체로 영작하기

There were boys on either side of her.

There were boys on either side of her.

There were boys on either side of her.

"모리, 대화하실 수 있겠어요?" 코니가 물었다.

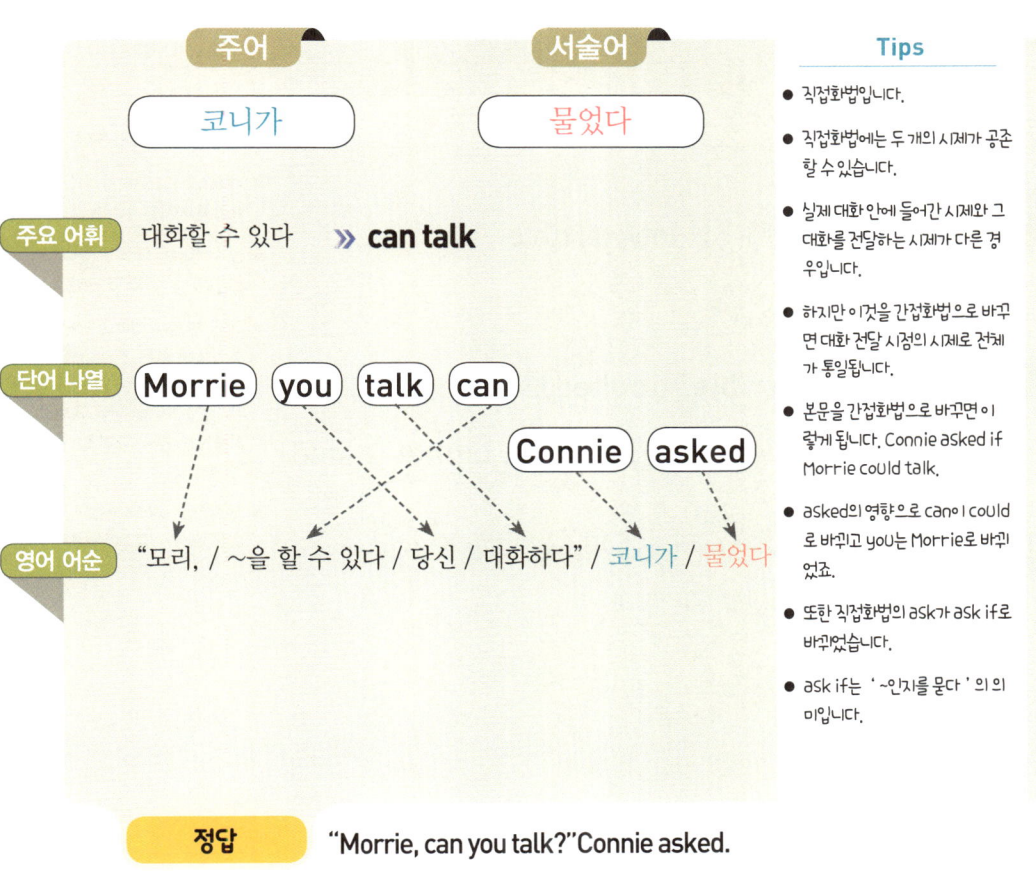

주어

코니가

서술어

물었다

주요 어휘 대화할 수 있다 ≫ **can talk**

단어 나열 Morrie you talk can

Connie asked

영어 어순 "모리, / ~을 할 수 있다 / 당신 / 대화하다" / 코니가 / 물었다

Tips

- 직접화법입니다.
- 직접화법에는 두 개의 시제가 공존할 수 있습니다.
- 실제 대화 안에 들어간 시제와 그 대화를 전달하는 시제가 다른 경우입니다.
- 하지만 이것을 간접화법으로 바꾸면 대화 전달 시점의 시제로 전체가 통일됩니다.
- 본문을 간접화법으로 바꾸면 이렇게 됩니다. Connie asked if Morrie could talk.
- asked의 영향으로 can이 could로 바뀌고 you는 Morrie로 바뀌었죠.
- 또한 직접화법의 ask가 ask if로 바뀌었습니다.
- ask if는 '~인지를 묻다'의 의미입니다.

정답 "Morrie, can you talk?" Connie asked.

필기체로 영작하기

"Morrie, can you talk?" Connie asked.

"Morrie, can you talk?" Connie asked.

"Morrie, can you talk?" Connie asked.

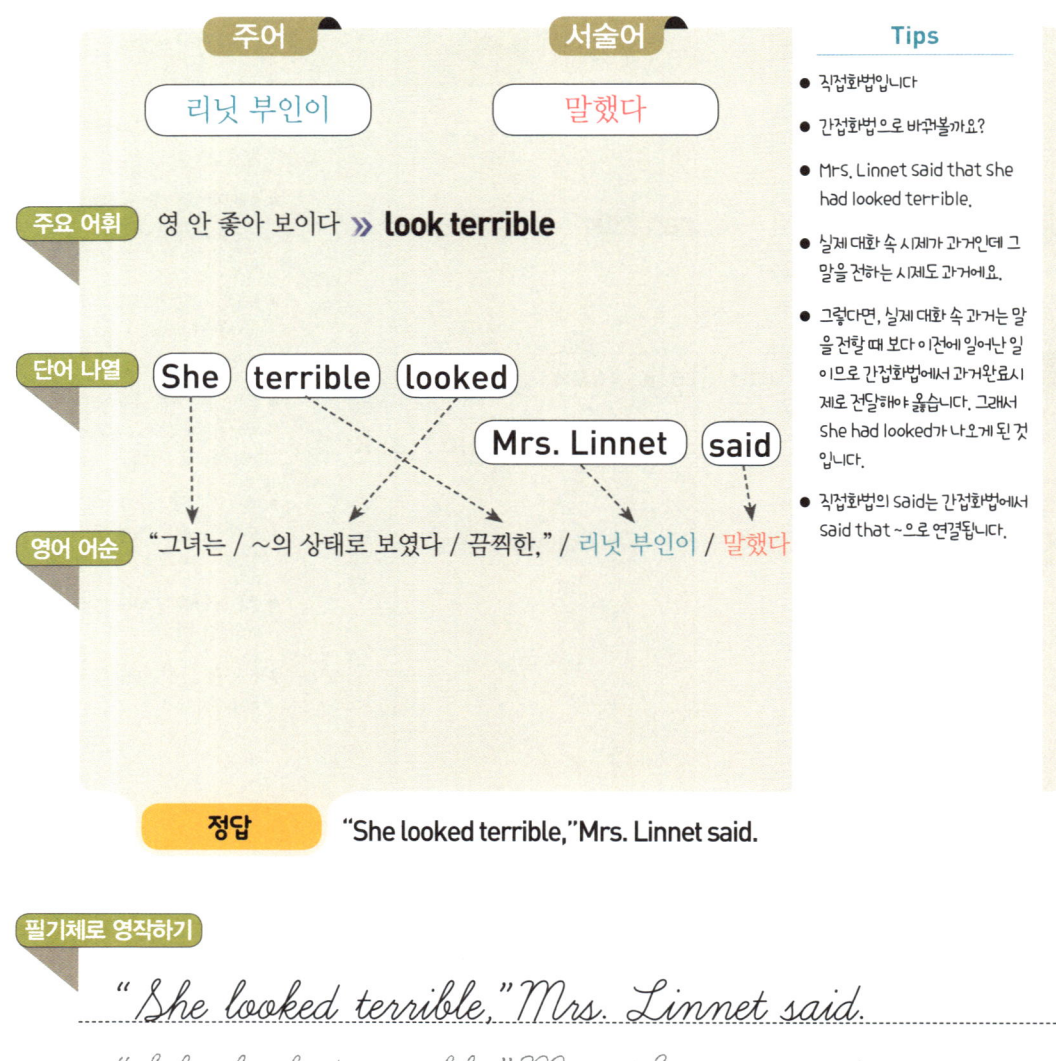

139 화법

"그녀는 영 안 좋아 보였어." 리닛 부인이 말했다.

주어: 리닛 부인이

서술어: 말했다

주요 어휘: 영 안 좋아 보이다 » **look terrible**

단어 나열: She terrible looked Mrs. Linnet said

영어 어순: "그녀는 / ~의 상태로 보였다 / 끔찍한," / 리닛 부인이 / 말했다

Tips

- 직접화법입니다
- 간접화법으로 바꿔볼까요?
- Mrs. Linnet said that she had looked terrible.
- 실제 대화 속 시제가 과거인데 그 말을 전하는 시제도 과거에요.
- 그렇다면, 실제 대화 속 과거는 말을 전할 때 보다 이전에 일어난 일이므로 간접화법에서 과거완료시제로 전달해야 옳습니다. 그래서 She had looked가 나오게 된 것입니다.
- 직접화법의 said는 간접화법에서 said that ~으로 연결됩니다.

정답: "She looked terrible,"Mrs. Linnet said.

필기체로 영작하기

"She looked terrible,"Mrs. Linnet said.

"She looked terrible,"Mrs. Linnet said.

"She looked terrible,"Mrs. Linnet said.

"용서해줘." 그녀는 로라에게 말했다.

주어	서술어
그녀는	말했다

주요 어휘 나를 용서하다 » **forgive me**

단어 나열 me Forgive she Laura to said

영어 어순 "~을 용서하다 / 나 " / 그녀는 / 말했다 /~에게 / 로라

Tips

- 직접화법입니다
- 간접화법으로 바꿔볼까요?
- She asked Laura to forgive her.
- 직접화법의 명령문을 간접화법으로 바꾸는 방법입니다.
- 명령문의 내용이 중요합니다. Forgive me.는 명령하는 것이 아니라 부탁하는 것이죠.
- 그래서 간접화법에서는 ask가 가장 잘 어울립니다.
- 직접화법의 me는 본문에서 she를 뜻합니다. 그래서 간접화법에서는 she의 목적격인 her를 써야만 합니다.

정답 "Forgive me," she said to Laura.

필기체로 영작하기

"Forgive me," she said to Laura.

"Forgive me," she said to Laura.

"Forgive me," she said to Laura.

Part 2

품사편

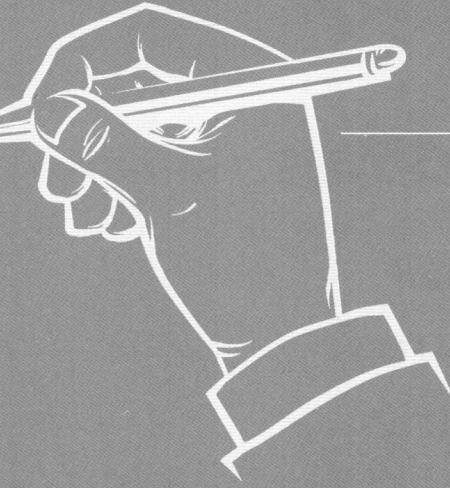

제 **15**장
가정법

141 만일 네가 내 말을 귀 기울여 잘 들어보면 너는 그것을 이해하게 될 거야.

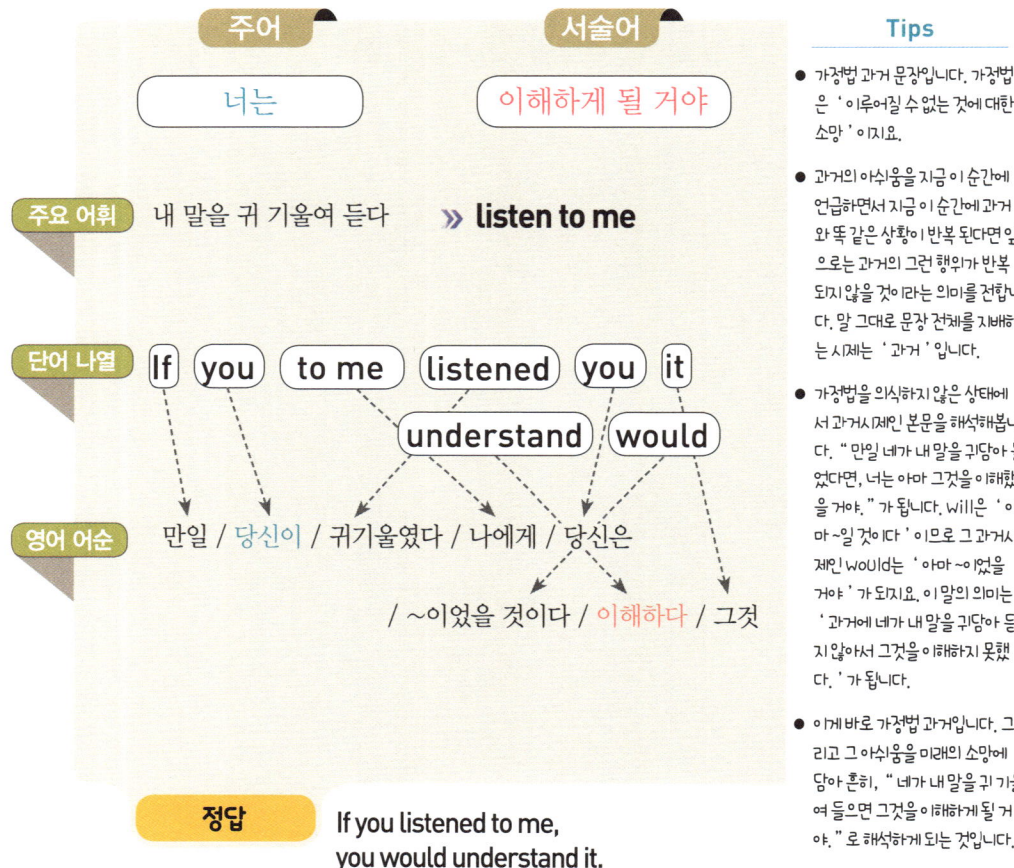

주어	서술어
너는	이해하게 될 거야

주요 어휘 내 말을 귀 기울여 듣다 » **listen to me**

단어 나열 If you to me listened you it understand would

영어 어순 만일 / 당신이 / 귀기울였다 / 나에게 / 당신은

/ ~이었을 것이다 / 이해하다 / 그것

정답 If you listened to me, you would understand it.

Tips

● 가정법 과거 문장입니다. 가정법은 '이루어질 수 없는 것에 대한 소망'이지요.

● 과거의 아쉬움을 지금 이 순간에 언급하면서 지금 이 순간에 과거와 똑같은 상황이 반복된다면 앞으로는 과거의 그런 행위가 반복되지 않을 것이라는 의미를 전합니다. 말 그대로 문장 전체를 지배하는 시제는 '과거'입니다.

● 가정법을 의식하지 않은 상태에서 과거시제인 본문을 해석해봅니다. "만일 네가 내 말을 귀담아 들었다면, 너는 아마 그것을 이해했을 거야."가 됩니다. will은 '아마 ~일 것이다'이므로 그 과거시제인 would는 '아마 ~이었을 거야'가 되지요. 이 말의 의미는 '과거에 네가 내 말을 귀담아 듣지 않아서 그것을 이해하지 못했다.'가 됩니다.

● 이게 바로 가정법 과거입니다. 그리고 그 아쉬움을 미래의 소망에 담아 흔히, "네가 내 말을 귀 기울여 들으면 그것을 이해하게 될 거야."로 해석하게 되는 것입니다.

필기체로 영작하기

If you listened to me, you would understand it.

If you listened to me, you would understand it.

If you listened to me, you would understand it.

142 내가 한 잔 하면 네가 신경이 쓰일까?

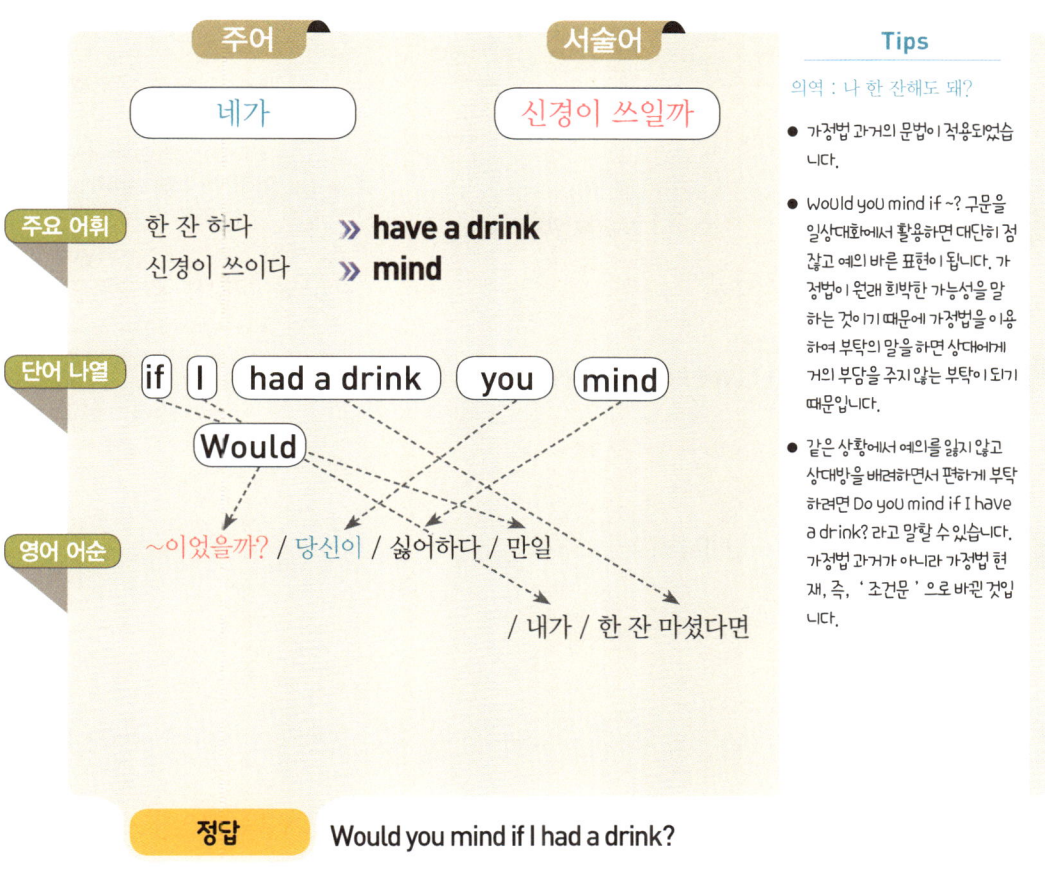

주어 네가

서술어 신경이 쓰일까

주요 어휘
한 잔 하다 » **have a drink**
신경이 쓰이다 » **mind**

단어 나열 if · I · had a drink · you · mind · Would

영어 어순 ~이었을까? / 당신이 / 싫어하다 / 만일 / 내가 / 한 잔 마셨다면

Tips

의역 : 나 한 잔해도 돼?

● 가정법 과거의 문법이 적용되었습니다.

● Would you mind if ~? 구문을 일상대화에서 활용하면 대단히 점잖고 예의 바른 표현이 됩니다. 가정법이 원래 희박한 가능성을 말하는 것이기 때문에 가정법을 이용하여 부탁의 말을 하면 상대에게 거의 부담을 주지 않는 부탁이 되기 때문입니다.

● 같은 상황에서 예의를 잃지 않고 상대방을 배려하면서 편하게 부탁하려면 Do you mind if I have a drink? 라고 말할 수 있습니다. 가정법 과거가 아니라 가정법 현재, 즉, '조건문'으로 바뀐 것입니다.

정답 Would you mind if I had a drink?

필기체로 영작하기

Would you mind if I had a drink?
Would you mind if I had a drink?
Would you mind if I had a drink?

195

143 가정법 과거

내가 너라면 나는 그렇게는 하지 않을 거야.

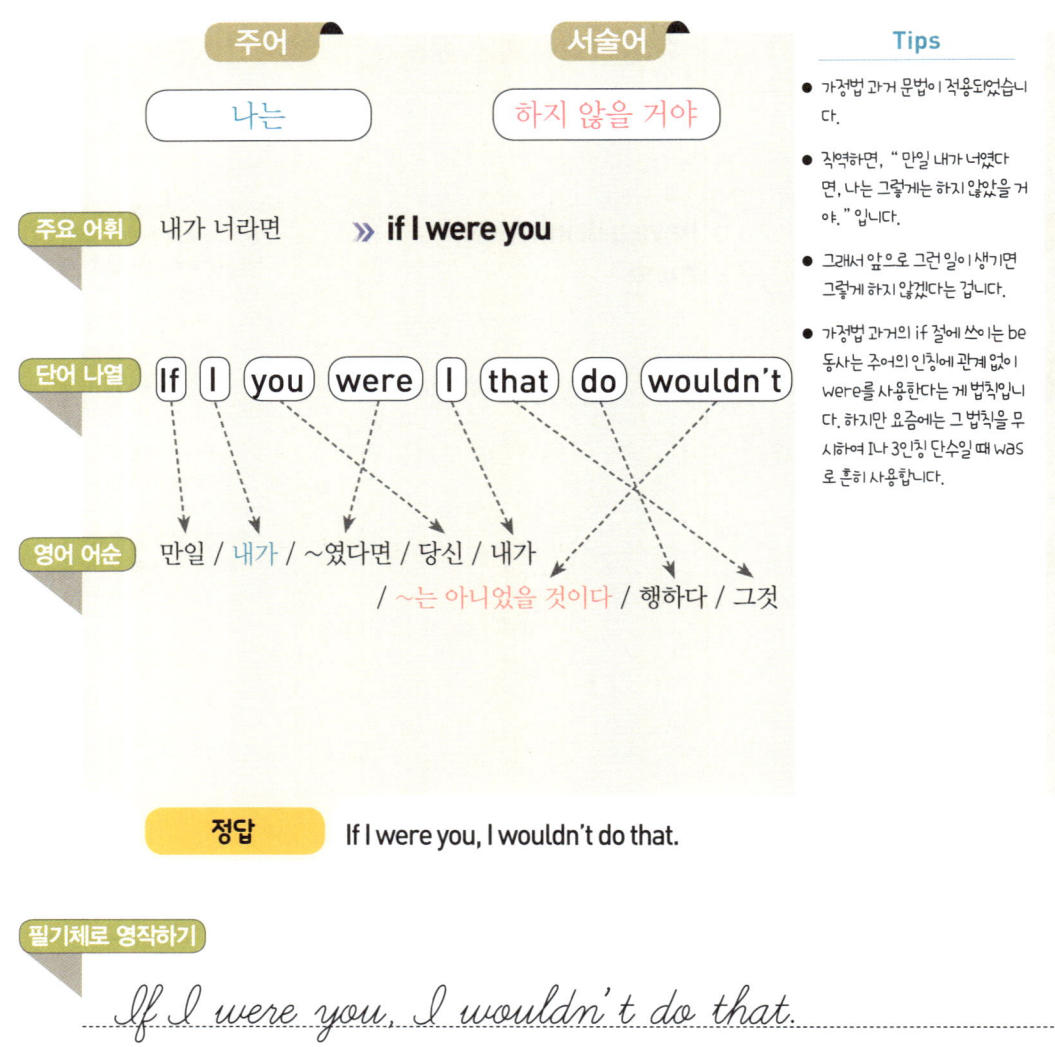

주어

나는

서술어

하지 않을 거야

Tips

- 가정법 과거 문법이 적용되었습니다.

- 직역하면, "만일 내가 너였다면, 나는 그렇게는 하지 않았을 거야."입니다.

- 그래서 앞으로 그런 일이 생기면 그렇게 하지 않겠다는 겁니다.

- 가정법 과거의 if 절에 쓰이는 be동사는 주어의 인칭에 관계 없이 were를 사용한다는 게 법칙입니다. 하지만 요즘에는 그 법칙을 무시하여 1나 3인칭 단수일 때 was로 흔히 사용합니다.

주요 어휘 내가 너라면 》 **if I were you**

단어 나열 If I you were I that do wouldn't

영어 어순 만일 / 내가 / ~였다면 / 당신 / 내가 / ~는 아니었을 것이다 / 행하다 / 그것

정답 If I were you, I wouldn't do that.

필기체로 영작하기

If I were you, I wouldn't do that.
If I were you, I wouldn't do that.
If I were you, I wouldn't do that.

144 만일 네가 정말 나를 잘 알게 되면 너는 나를 좋아하지 않을 수도 있어.

주어

너는

서술어

좋아하지 않을 수도 있어

Tips

● 가정법 과거 문법이 적용되었습니다.

● 가정법의 주절에는 조동사의 과거형들이 등장합니다. would, could, might 등이 대표적이지요.

● 그 중에 might는 가능성이 가장 적은 경우에 사용됩니다.

주요 어휘 나를 잘 알게 되다 **» get to know me**

단어 나열 if you really got to know me

You not like me might

영어 어순 너는 / ~일 수도 있다 / 나를 좋아하지 않다 / 만일

/ 당신이 / 정말 / 나에 대한 사실을 알게 되었다

정답 You might not like me, if you really got to know me.

필기체로 영작하기

You might not like me, if you really got to know me.

You might not like me, if you really got to know me.

You might not like me, if you really got to know me.

197

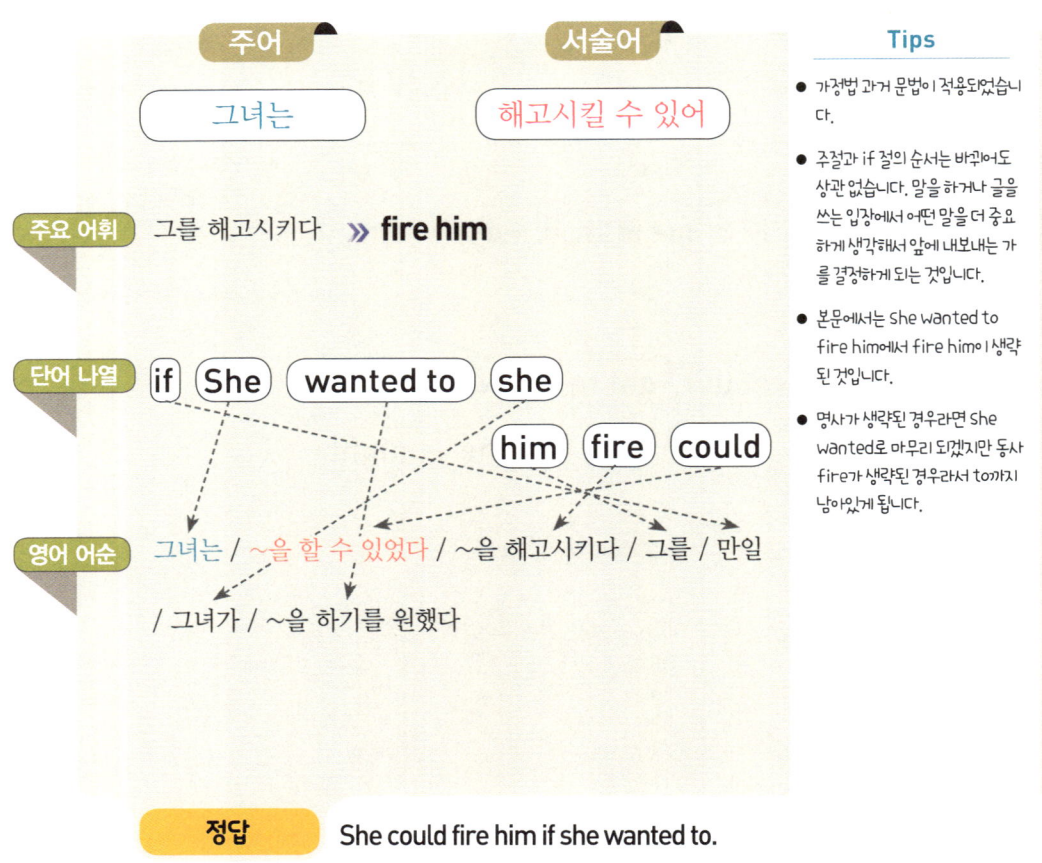

145 가정법 과거

그녀는 원하기만 하면 그를 해고시킬 수 있을 거야.

주어	서술어
그녀는	해고시킬 수 있어

주요 어휘 그를 해고시키다 » **fire him**

단어 나열 if She wanted to she him fire could

영어 어순 그녀는 / ~을 할 수 있었다 / ~을 해고시키다 / 그를 / 만일 / 그녀가 / ~을 하기를 원했다

Tips

- 가정법 과거 문법이 적용되었습니다.

- 주절과 if 절의 순서는 바뀌어도 상관없습니다. 말을 하거나 글을 쓰는 입장에서 어떤 말을 더 중요하게 생각해서 앞에 내보내는 가를 결정하게 되는 것입니다.

- 본문에서는 she wanted to fire him에서 fire him이 생략된 것입니다.

- 명사가 생략된 경우라면 She wanted로 마무리 되겠지만 동사 fire가 생략된 경우라서 to까지 남아있게 됩니다.

정답 She could fire him if she wanted to.

필기체로 영작하기

She could fire him if she wanted to.

She could fire him if she wanted to.

She could fire him if she wanted to.

146 만일 네가 네 친구들이 힘있는 애들한테 괴롭힘을 당하는 것을 본다면 거리낌 없이 말해라.

주어

너는(생략)

서술어

거리낌 없이 말해라

Tips

- 가정법 현재, 즉 조건문이 적용되었습니다.
- 주절은 명령문, 조건절에는 현재 시제가 쓰였습니다.
- '조건'에는 항상 '미래'의 의미가 수반된다는 것도 기억하셔야 합니다.
- '만일 ~한다면'에는 '조건'과 '미래'가 공존한다는 것입니다.
- See your friends bullied는 5형식 문장입니다.

주요 어휘
힘있는 애들한테 괴롭힘을 당하다 » **be bullied**
거리낌 없이 말하다 » **speak up**

단어 나열
(you) if you your friends bullied
see Speak up

영어 어순
너는(생략) / 거리낌 없이 말해라 / 만일 / 네가 / 보다
/ 네 친구들 / 괴롭힘을 당한 상태인

정답 Speak up if you see your friends bullied.

필기체로 영작하기

Speak up if you see your friends bullied.
Speak up if you see your friends bullied.
Speak up if you see your friends bullied.

가정법 현재(조건)

만일 이 사실이 밝혀지면 우리는 분명히 곤란한 상황에 처하게 될 거야.

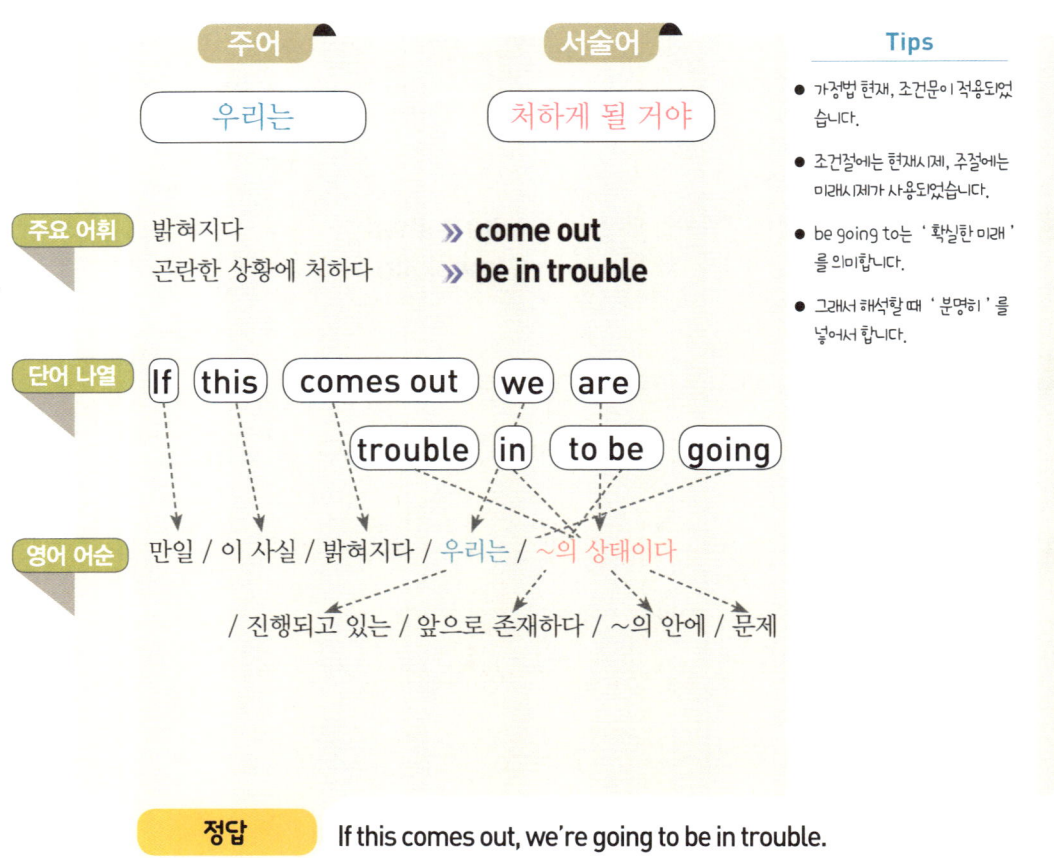

주어

우리는

서술어

처하게 될 거야

Tips

- 가정법 현재, 조건문이 적용되었습니다.
- 조건절에는 현재시제, 주절에는 미래시제가 사용되었습니다.
- be going to는 '확실한 미래'를 의미합니다.
- 그래서 해석할 때 '분명히'를 넣어서 합니다.

주요 어휘
밝혀지다 　　 » **come out**
곤란한 상황에 처하다 　 » **be in trouble**

단어 나열
If　this　comes out　we　are
trouble　in　to be　going

영어 어순
만일 / 이 사실 / 밝혀지다 / 우리는 / ~의 상태이다
/ 진행되고 있는 / 앞으로 존재하다 / ~의 안에 / 문제

정답　　If this comes out, we're going to be in trouble.

필기체로 영작하기

If this comes out, we're going to be in trouble.
If this comes out, we're going to be in trouble.
If this comes out, we're going to be in trouble.

148 가정법 현재(조건)

네가 뭔가가 필요하다면, 나한테 알려줘.

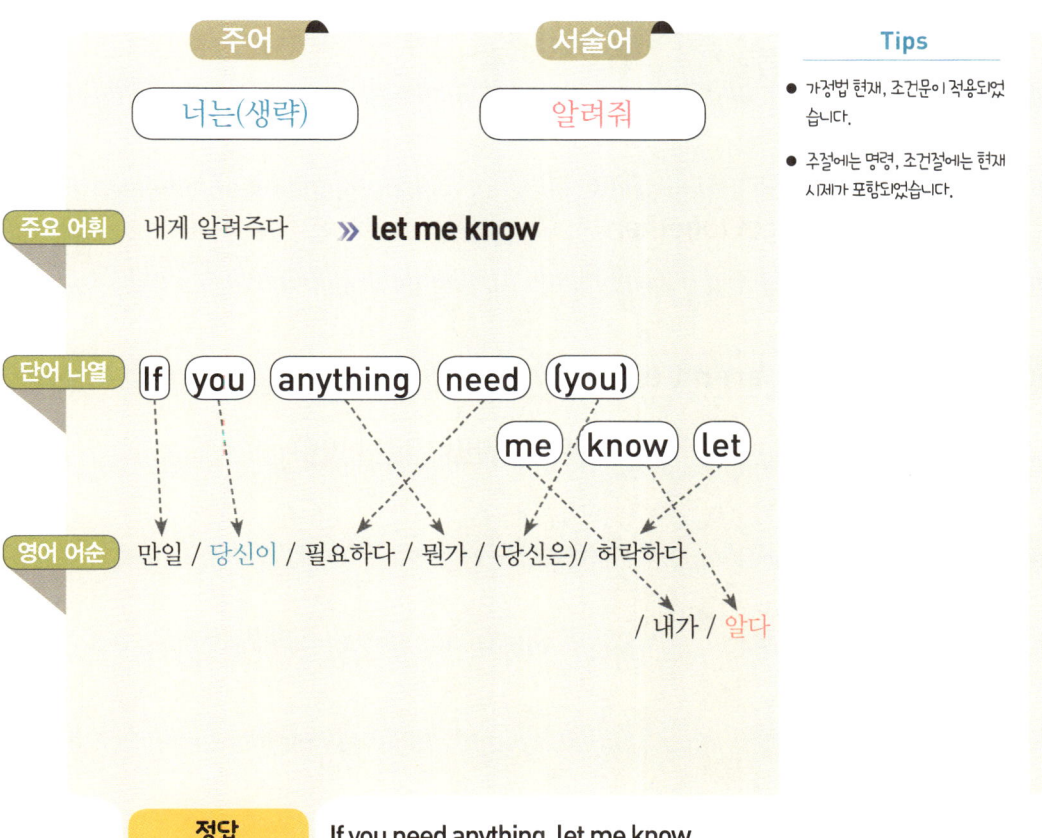

주어
너는(생략)

서술어
알려줘

주요 어휘　내게 알려주다　》 **let me know**

단어 나열　If　you　anything　need　(you)　me　know　let

영어 어순　만일 / 당신이 / 필요하다 / 뭔가 / (당신은)/ 허락하다
/ 내가 / 알다

Tips
● 가정법 현재, 조건문이 적용되었습니다.
● 주절에는 명령, 조건절에는 현재 시제가 포함되었습니다.

정답　If you need anything, let me know.

필기체로 영작하기

If you need anything, let me know.
If you need anything, let me know.
If you need anything, let me know.

149 만일 네가 너무 바쁘지만 않으면 우리 한 번 만나자.

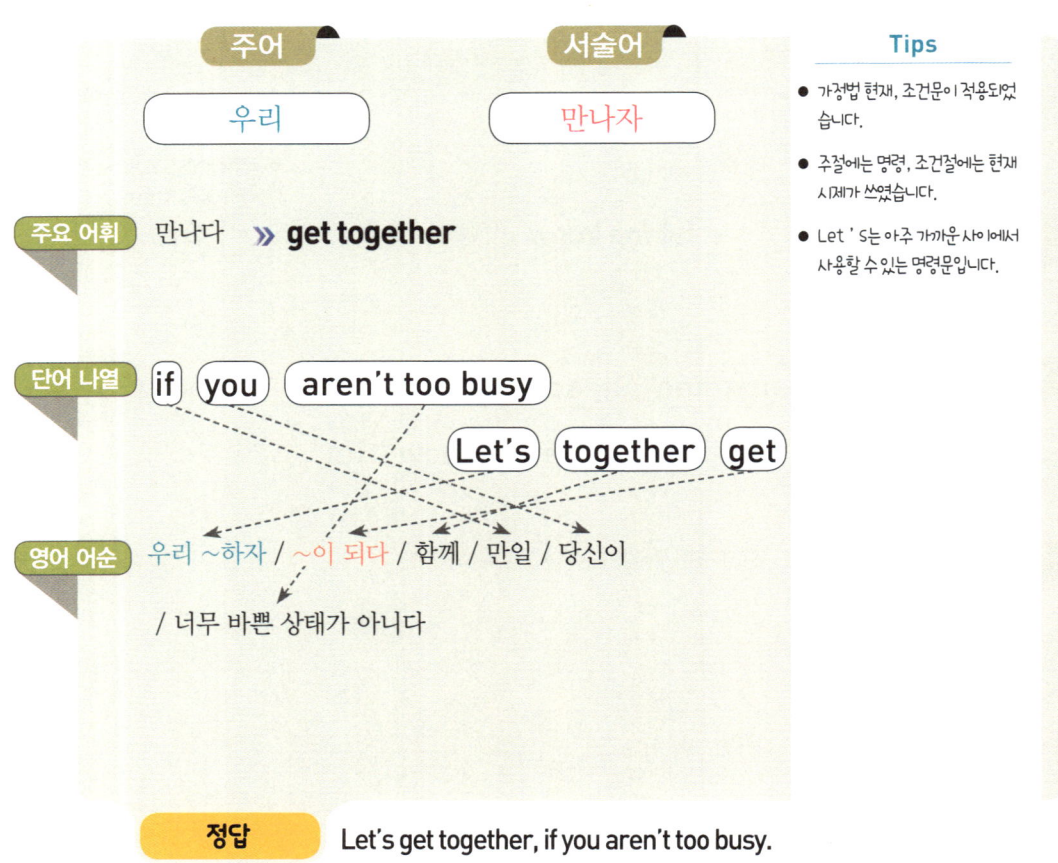

주어 우리

서술어 만나자

Tips
- 가정법 현재, 조건문이 적용되었습니다.
- 주절에는 명령, 조건절에는 현재 시제가 쓰였습니다.
- Let's는 아주 가까운 사이에서 사용할 수 있는 명령문입니다.

주요 어휘 만나다 » **get together**

단어 나열 if you aren't too busy

Let's together get

영어 어순 우리 ~하자 / ~이 되다 / 함께 / 만일 / 당신이

/ 너무 바쁜 상태가 아니다

정답 Let's get together, if you aren't too busy.

필기체로 영작하기

Let's get together, if you aren't too busy.

Let's get together, if you aren't too busy.

Let's get together, if you aren't too busy.

150 가정법 현재(조건)

그것이 너를 불편하게 하면 나는 멈출 수 있어.

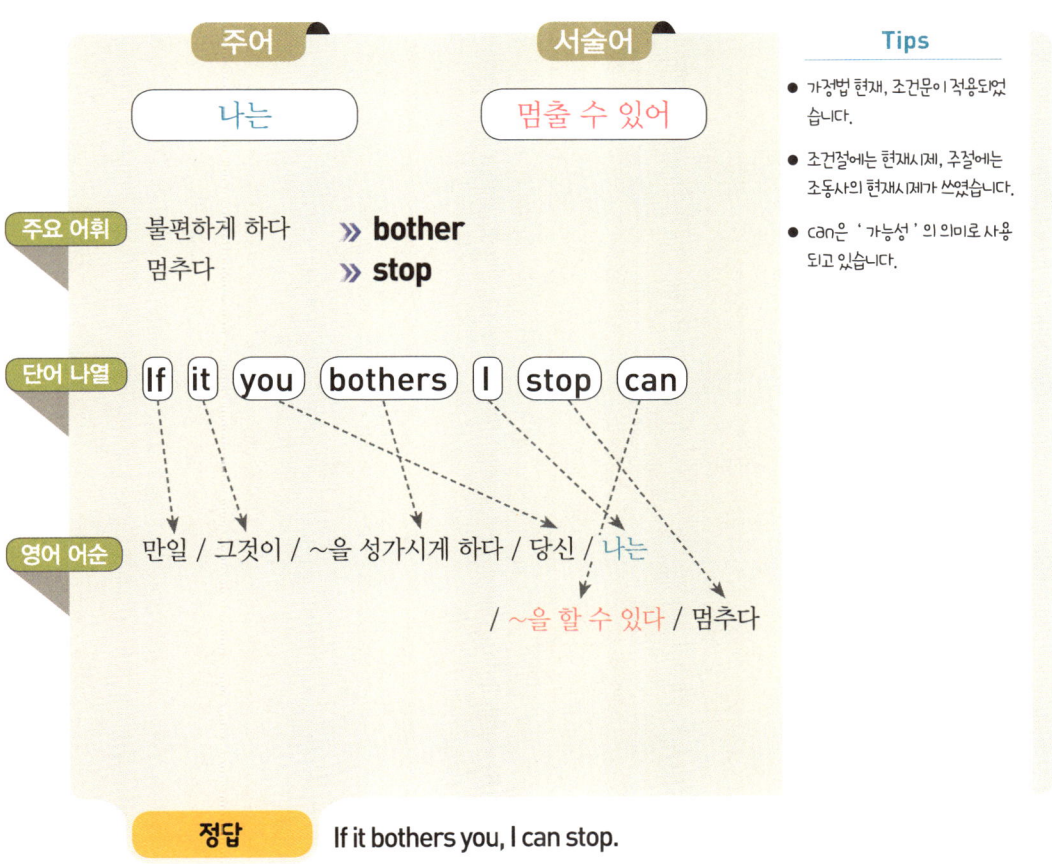

주어: 나는

서술어: 멈출 수 있어

주요 어휘:
불편하게 하다 » **bother**
멈추다 » **stop**

단어 나열: If · it · you · bothers · I · stop · can

영어 어순: 만일 / 그것이 / ~을 성가시게 하다 / 당신 / 나는
/ ~을 할 수 있다 / 멈추다

Tips
- 가정법 현재, 조건문이 적용되었습니다.
- 조건절에는 현재시제, 주절에는 조동사의 현재시제가 쓰였습니다.
- can은 '가능성'의 의미로 사용되고 있습니다.

정답 If it bothers you, I can stop.

필기체로 영작하기

If it bothers you, I can stop.

If it bothers you, I can stop.

If it bothers you, I can stop.

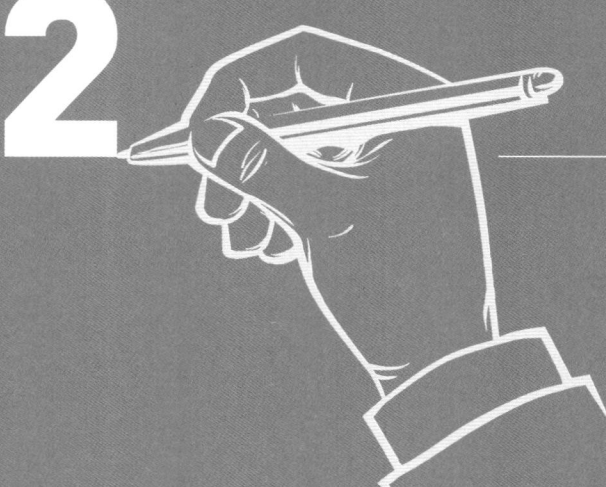

Part 2

품사편

제 **16** 장
접속사

1. 시간의 개념

 (when, as, while, before, after, until)

2. 이유와 조건의 개념

 (because, since, if, unless)

151 나는 그가 들어왔을 때 그것을 그에게 말했다.

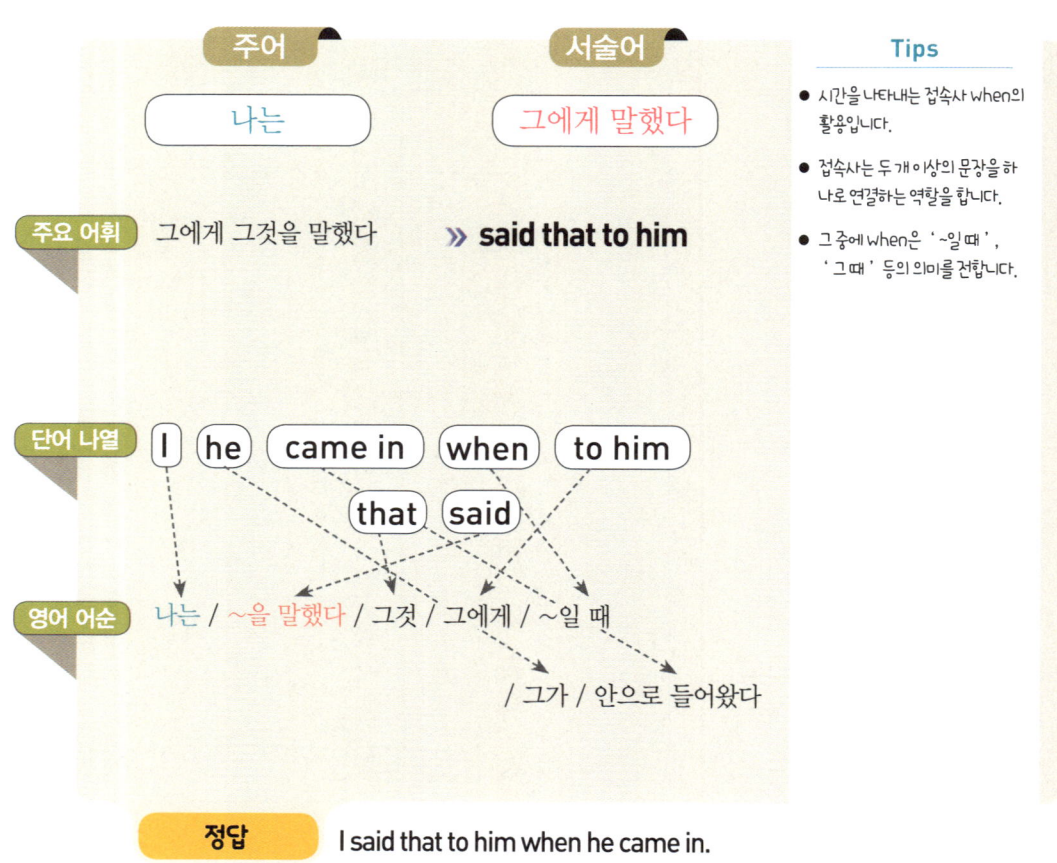

Tips

- 시간을 나타내는 접속사 when의 활용입니다.
- 접속사는 두 개 이상의 문장을 하나로 연결하는 역할을 합니다.
- 그 중에 when은 '~일 때', '그 때' 등의 의미를 전합니다.

주어 나는

서술어 그에게 말했다

주요 어휘 그에게 그것을 말했다 » **said that to him**

단어 나열 I · he · came in · when · to him · that · said

영어 어순 나는 / ~을 말했다 / 그것 / 그에게 / ~일 때 / 그가 / 안으로 들어왔다

정답 I said that to him when he came in.

필기체로 영작하기

I said that to him when he came in.

I said that to him when he came in.

I said that to him when he came in.

152 시간이 지남에 따라, 그 사건은 아마도 잊혀질 거야.

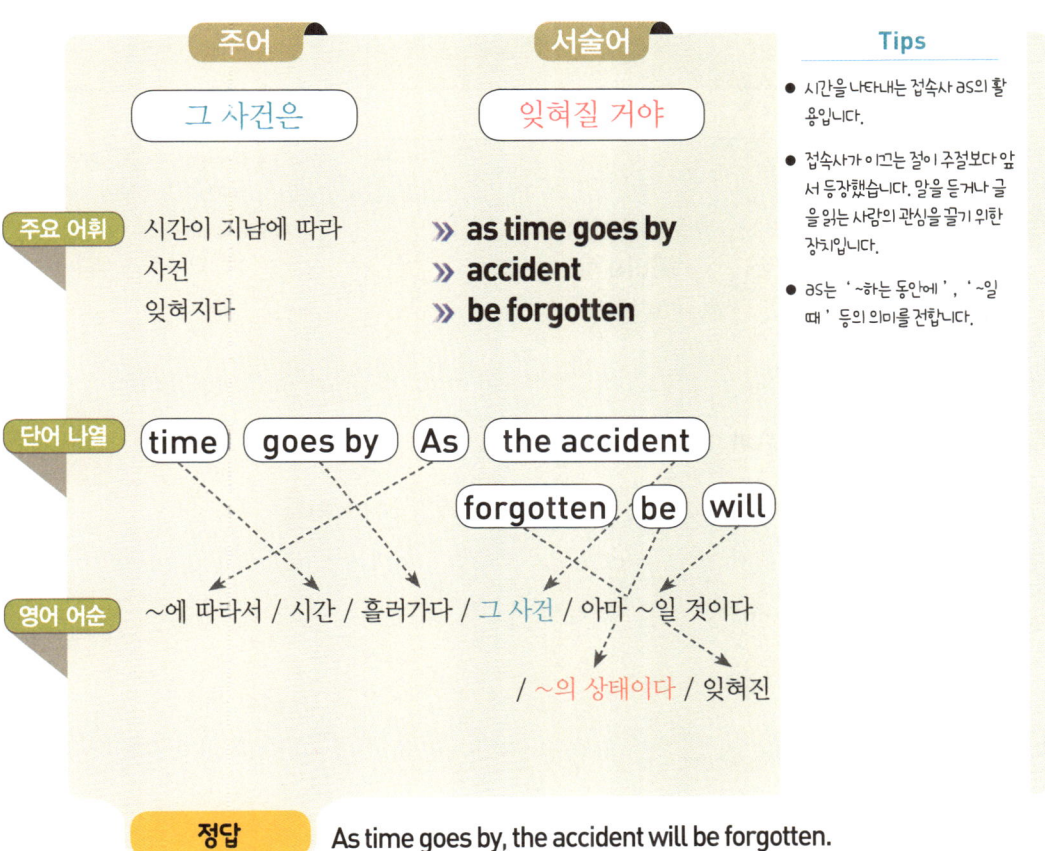

주어	서술어
그 사건은	잊혀질 거야

Tips

- 시간을 나타내는 접속사 as의 활용입니다.
- 접속사가 이끄는 절이 주절보다 앞서 등장했습니다. 말을 듣거나 글을 읽는 사람의 관심을 끌기 위한 장치입니다.
- as는 '~하는 동안에', '~일 때' 등의 의미를 전합니다.

주요 어휘

시간이 지남에 따라 » as time goes by
사건 » accident
잊혀지다 » be forgotten

단어 나열

time   goes by   As   the accident

forgotten   be   will

영어 어순

~에 따라서 / 시간 / 흘러가다 / 그 사건 / 아마 ~일 것이다

/ ~의 상태이다 / 잊혀진

정답   As time goes by, the accident will be forgotten.

필기체로 영작하기

As time goes by, the accident will be forgotten.

As time goes by, the accident will be forgotten.

As time goes by, the accident will be forgotten.

153 그는 글을 쓰는 동안에 나를 거의 쳐다보지 않았다.

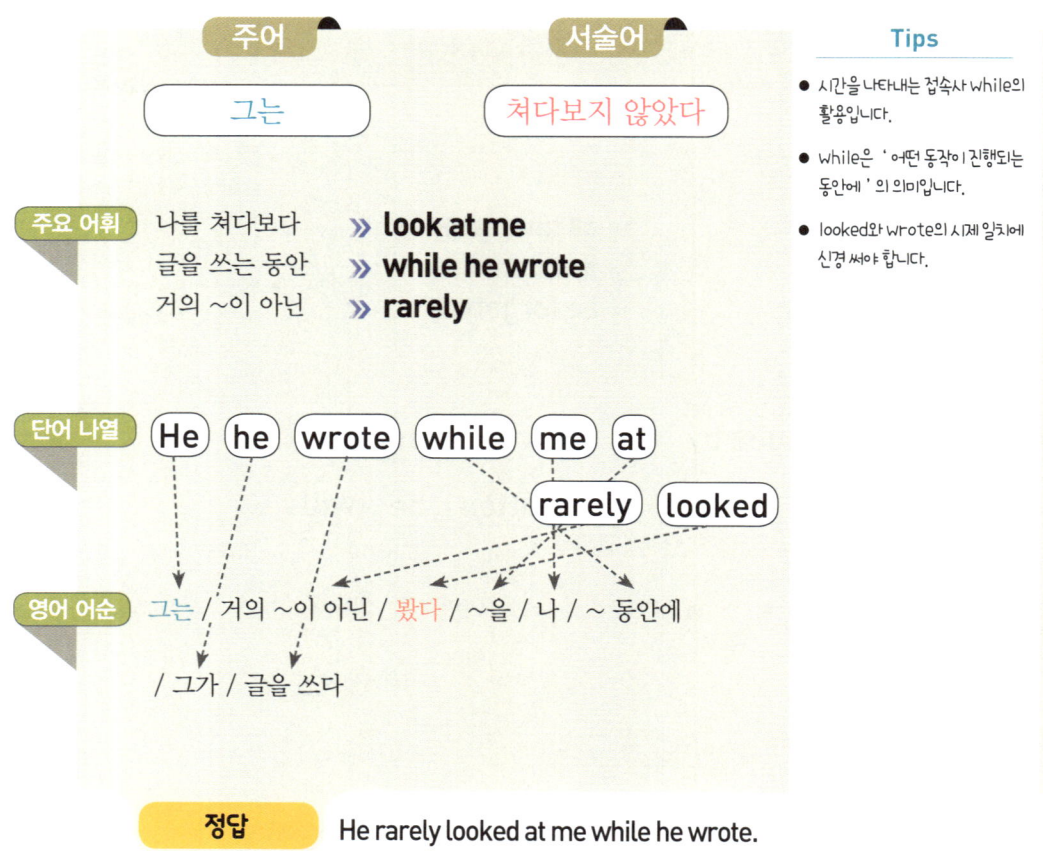

주어 그는

서술어 쳐다보지 않았다

Tips
- 시간을 나타내는 접속사 while의 활용입니다.
- while은 '어떤 동작이 진행되는 동안에 '의 의미입니다.
- looked와 wrote의 시제 일치에 신경 써야 합니다.

주요 어휘
나를 쳐다보다 » look at me
글을 쓰는 동안 » while he wrote
거의 ~이 아닌 » rarely

단어 나열
He he wrote while me at
rarely looked

영어 어순
그는 / 거의 ~이 아닌 / 봤다 / ~을 / 나 / ~ 동안에
/ 그가 / 글을 쓰다

정답 He rarely looked at me while he wrote.

필기체로 영작하기

He rarely looked at me while he wrote.
He rarely looked at me while he wrote.
He rarely looked at me while he wrote.

154 문을 열기 전에 그녀는 잠깐 서있었다.

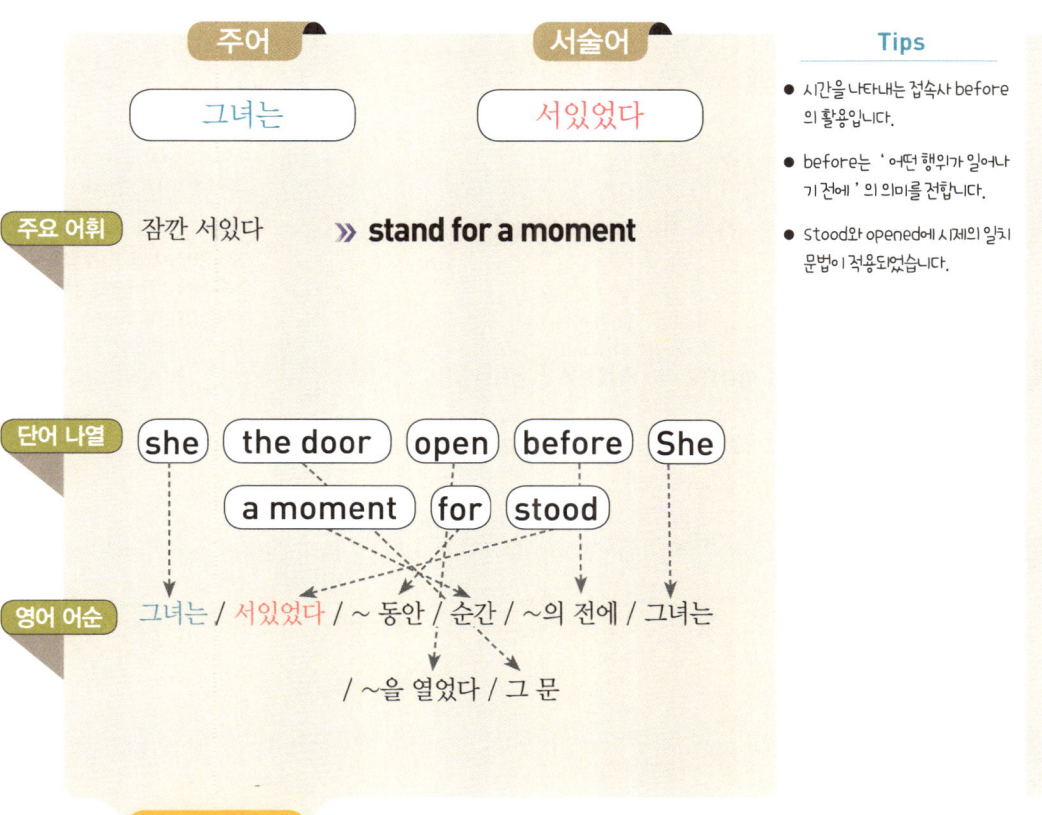

주어 그녀는

서술어 서있었다

Tips
- 시간을 나타내는 접속사 before의 활용입니다.
- before는 '어떤 행위가 일어나기 전에'의 의미를 전합니다.
- stood와 opened에 시제의 일치 문법이 적용되었습니다.

주요 어휘 잠깐 서있다 » **stand for a moment**

단어 나열
she | the door | open | before | She
a moment | for | stood

영어 어순 그녀는 / 서있었다 / ~ 동안 / 순간 / ~의 전에 / 그녀는
/ ~을 열었다 / 그 문

정답 She stood for a moment before she opened the door.

필기체로 영작하기

She stood for a moment before she opened the door.
She stood for a moment before she opened the door.
She stood for a moment before she opened the door.

155 시간의 개념(when, as, while, before, after, until)

그가 떠난 후에 그녀는 위층으로 올라가서 자기 침대 위에 누웠다.

주어 | 서술어

그녀는 | 누웠다

Tips

- 시간을 나타내는 접속사 after의 활용입니다.

- after는 '어떤 행위가 일어난 후에 '의 의미를 전합니다.

- 그가 떠난 것은 그녀가 침대 위에 눕기 전의 일이므로 과거완료인 had gone과 과거 lay를 통해서 시차를 표현하고 있습니다. '시제의 일치 ' 문법입니다.

주요 어휘 | 침대 뒤에 눕다 » **lie on her bed**

단어 나열 | he had gone After she went upstairs on her bed and lay

영어 어순 | ~의 후에 / 그는 / 떠났다 / 그녀는 / 위층으로 갔다 / 그리고 / 누웠다 / 그녀의 침대 위에

정답 | After he had gone, she went upstairs and lay on her bed.

필기체로 영작하기

After he had gone, she went upstairs and lay on her bed.

After he had gone, she went upstairs and lay on her bed.

After he had gone, she went upstairs and lay on her bed.

156 그녀는 문이 닫힐 때까지 계속 기다렸다.

주어	서술어
그녀는	기다렸다

Tips

- 시간을 나타내는 접속사 until의 활용입니다.
- until은 '어떤 행위가 일어날 때까지 계속'의 의미를 전합니다.
- '계속'의 느낌을 갖고 있다는 사실이 중요합니다.

주요 어휘 ~ 때까지 계속 》 **until**

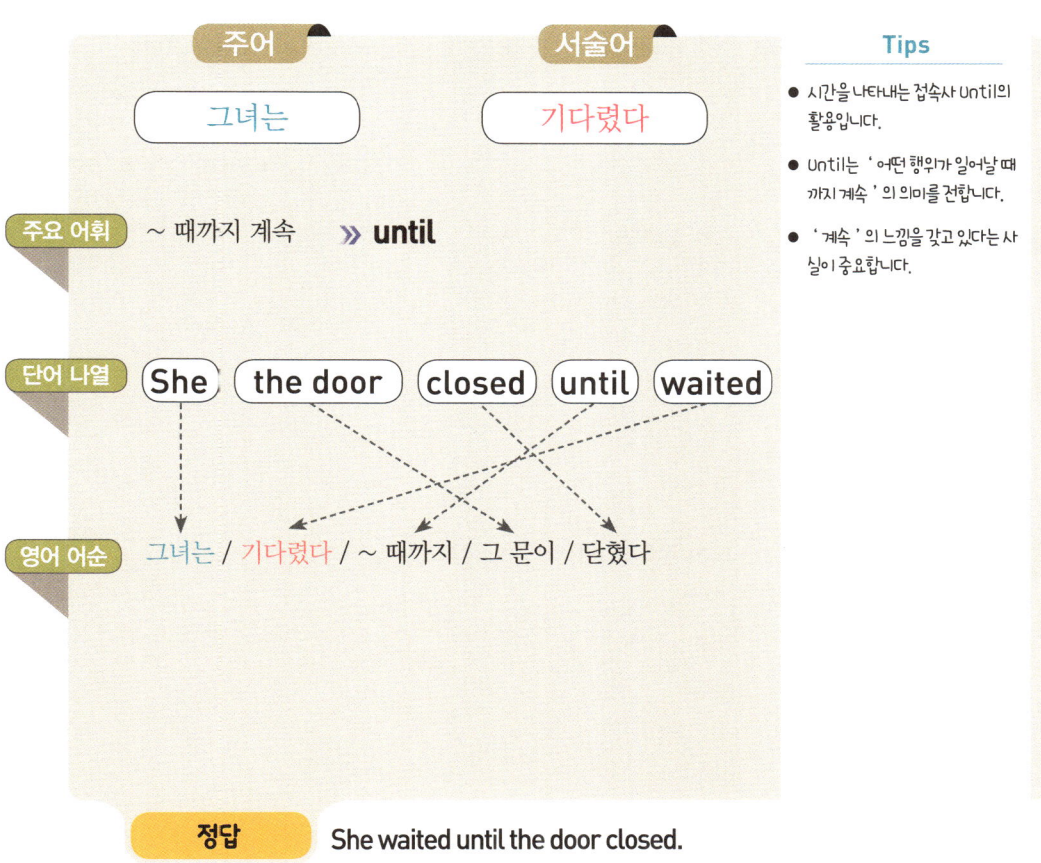

단어 나열 She　the door　closed　until　waited

영어 어순 그녀는 / 기다렸다 / ~ 때까지 / 그 문이 / 닫혔다

정답 She waited until the door closed.

필기체로 영작하기

She waited until the door closed.

She waited until the door closed.

She waited until the door closed.

211

157 그가 죽은 이래로 시간이 거의 정확히 1년이 되었다.

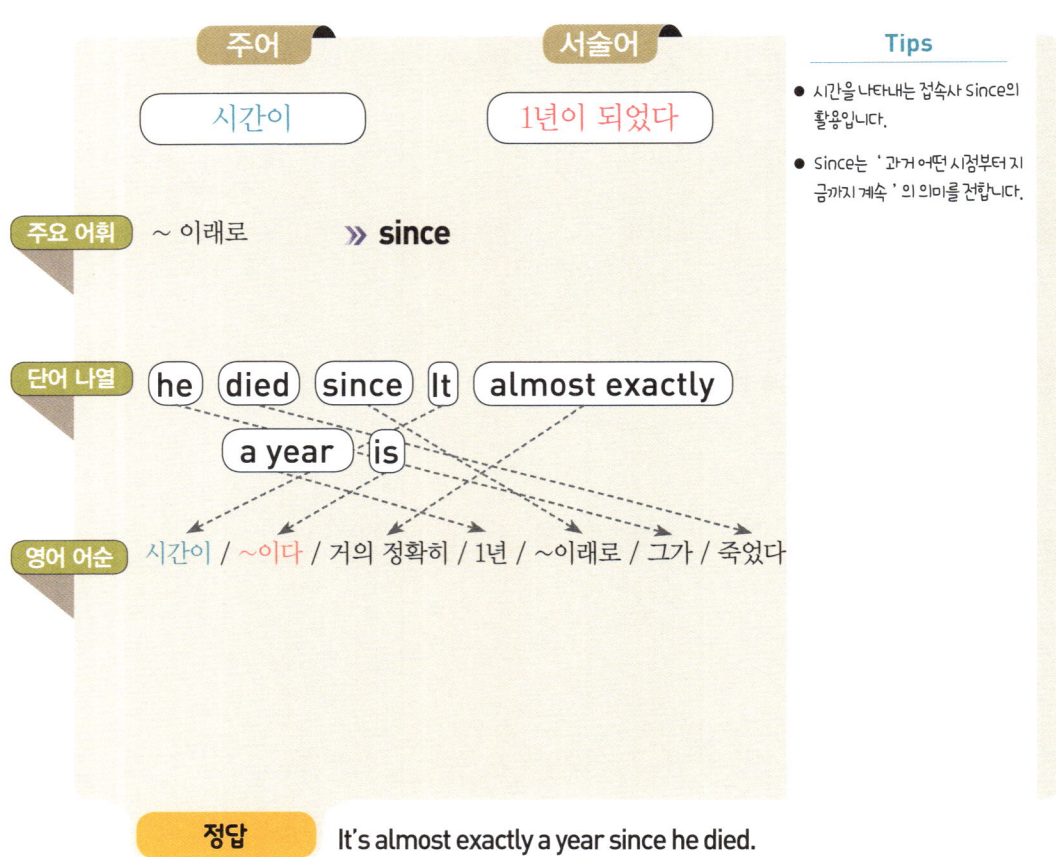

주어 시간이

서술어 1년이 되었다

Tips
- 시간을 나타내는 접속사 since의 활용입니다.
- Since는 '과거 어떤 시점부터 지금까지 계속'의 의미를 전합니다.

주요 어휘 ~ 이래로　≫ **since**

단어 나열 he died since It almost exactly a year is

영어 어순 시간이 / ~이다 / 거의 정확히 / 1년 / ~이래로 / 그가 / 죽었다

정답 It's almost exactly a year since he died.

필기체로 영작하기

It's almost exactly a year since he died.

It's almost exactly a year since he died.

It's almost exactly a year since he died.

이유와 조건의 개념(because, since, if, unless)

너무 바빴기 때문에 내가 너한테 전화할 수가 없었다.

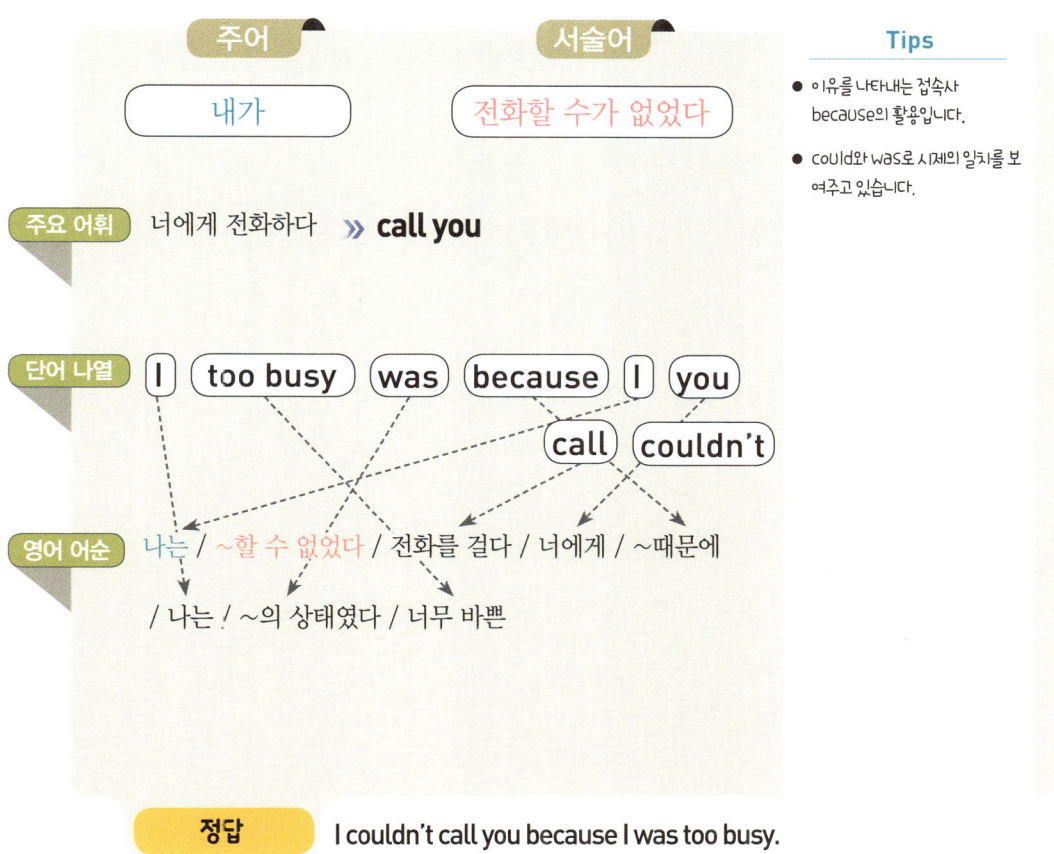

주어	서술어
내가	전화할 수가 없었다

Tips
- 이유를 나타내는 접속사 because의 활용입니다.
- could와 was로 시제의 일치를 보여주고 있습니다.

주요 어휘 너에게 전화하다 » **call you**

단어 나열 I · too busy · was · because · I · you · call · couldn't

영어 어순 나는 / ~할 수 없었다 / 전화를 걸다 / 너에게 / ~때문에
/ 나는 / ~의 상태였다 / 너무 바쁜

정답 I couldn't call you because I was too busy.

필기체로 영작하기

I couldn't call you because I was too busy.
I couldn't call you because I was too busy.
I couldn't call you because I was too busy.

159 그것을 원한다면 내게 말해.

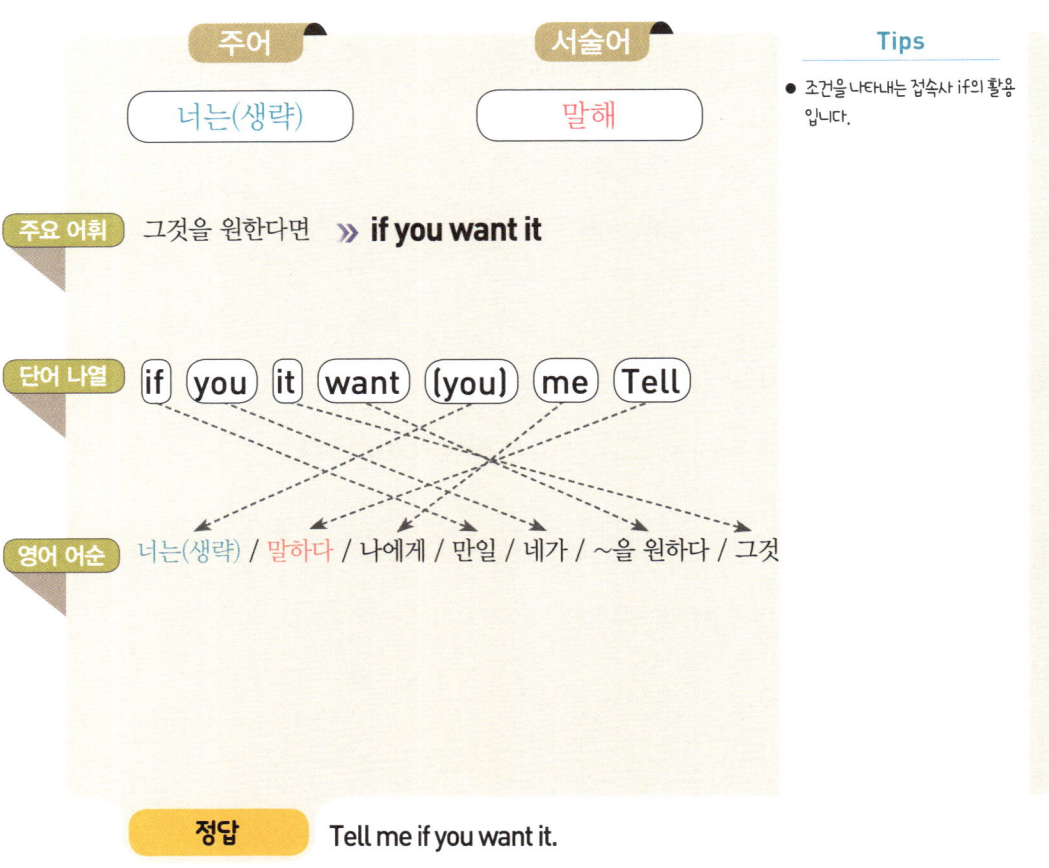

주어   서술어

너는(생략)   말해

Tips

● 조건을 나타내는 접속사 if의 활용입니다.

주요 어휘   그것을 원한다면 ≫ **if you want it**

단어 나열   if you it want (you) me Tell

영어 어순   너는(생략) / 말하다 / 나에게 / 만일 / 네가 / ~을 원하다 / 그것

정답   Tell me if you want it.

필기체로 영작하기

Tell me if you want it.

Tell me if you want it.

Tell me if you want it.

214

이유와 조건의 개념(because, since, if, unless)

그녀가 너에게 말을 걸지 않는 한 너는 절대 그녀에게 말을 걸지 마.

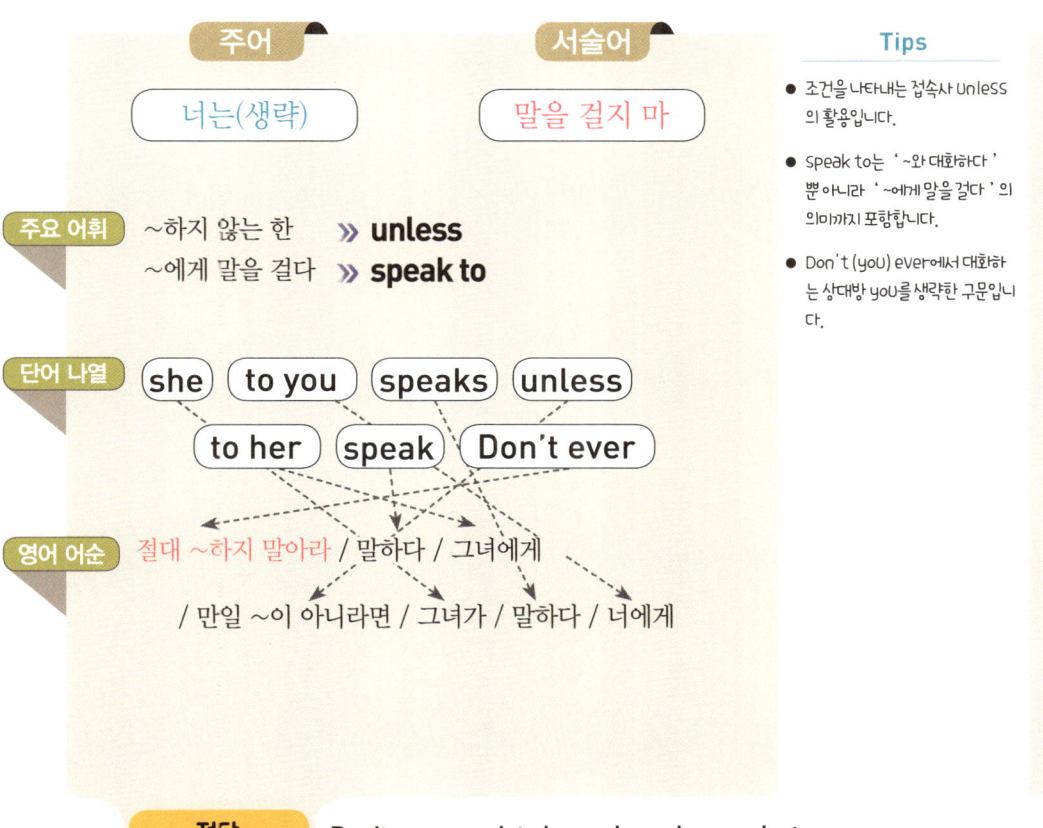

주어	서술어
너는(생략)	말을 걸지 마

Tips

● 조건을 나타내는 접속사 unless 의 활용입니다.

● speak to는 '~와 대화하다' 뿐 아니라 '~에게 말을 걸다'의 의미까지 포함합니다.

● Don't (you) ever에서 대화하는 상대방 you를 생략한 구문입니다.

주요 어휘

~하지 않는 한 》 **unless**
~에게 말을 걸다 》 **speak to**

단어 나열

she / to you / speaks / unless / to her / speak / Don't ever

영어 어순

절대 ~하지 말아라 / 말하다 / 그녀에게 / 만일 ~이 아니라면 / 그녀가 / 말하다 / 너에게

정답 Don't ever speak to her unless she speaks to you.

필기체로 영작하기

Don't ever speak to her unless she speaks to you.
Don't ever speak to her unless she speaks to you.
Don't ever speak to her unless she speaks to you.

Part **2**

품사편

제 **17** 장
전치사

161 한 시간 후에 네 사무실 안에서 보자.

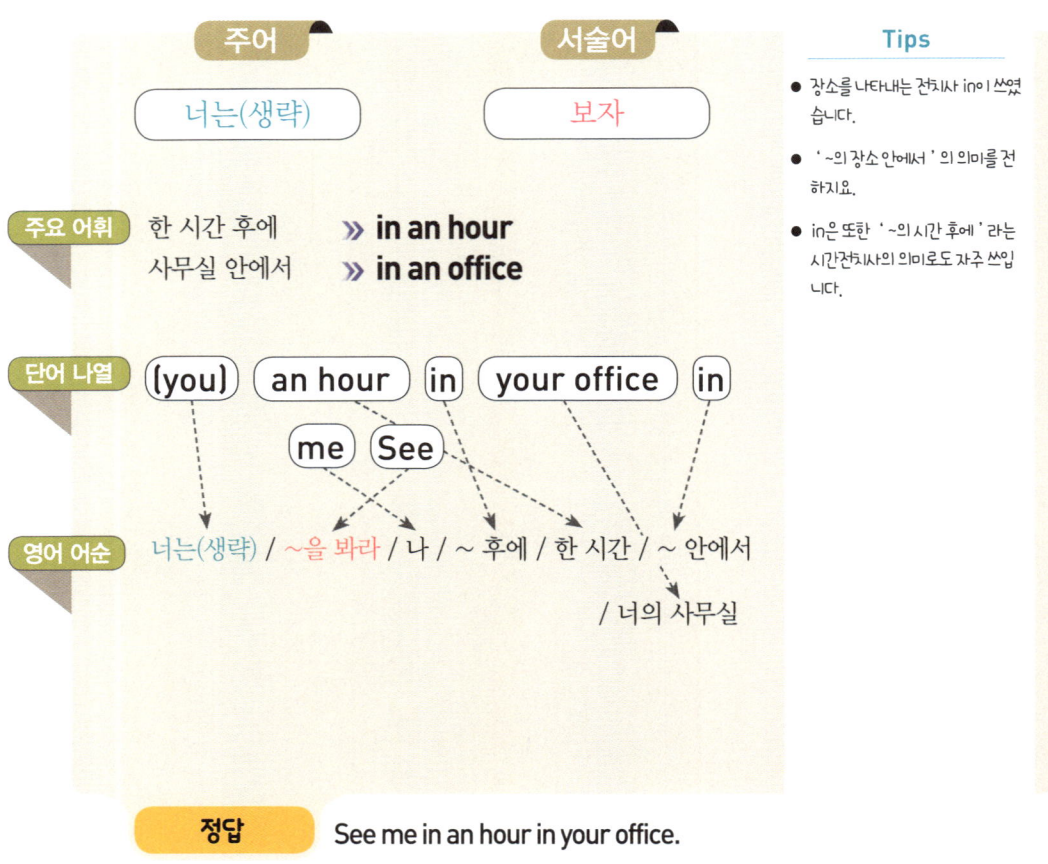

주어 — 너는(생략)

서술어 — 보자

Tips
- 장소를 나타내는 전치사 in이 쓰였습니다.
- '~의 장소 안에서'의 의미를 전하지요.
- in은 또한 '~의 시간 후에'라는 시간전치사의 의미로도 자주 쓰입니다.

주요 어휘
한 시간 후에 » **in an hour**
사무실 안에서 » **in an office**

단어 나열
(you) an hour in your office in
me See

영어 어순
너는(생략) / ~을 봐라 / 나 / ~ 후에 / 한 시간 / ~ 안에서
/ 너의 사무실

정답 See me in an hour in your office.

필기체로 영작하기

See me in an hour in your office.

See me in an hour in your office.

See me in an hour in your office.

162 내가 책상 위에 열쇠를 두었다.

주어   서술어

내가   두었다

Tips
- 장소를 나타내는 전치사 on이 쓰였습니다.
- '~의 장소 위에'의 의미를 전하지요.
- on은 또한 '집중'의 개념으로도 흔히 사용됩니다.

주요 어휘   책상 위에   **» on the desk**

단어 나열   I   the desk   on   my keys   left

영어 어순   내가 / 남겨두었다 / 내 열쇠 / ~ 위에 / 그 책상

정답   I left my keys on the desk.

필기체로 영작하기

I left my keys on the desk.

I left my keys on the desk.

I left my keys on the desk.

163 나는 지금 은행에 가는 중이야.

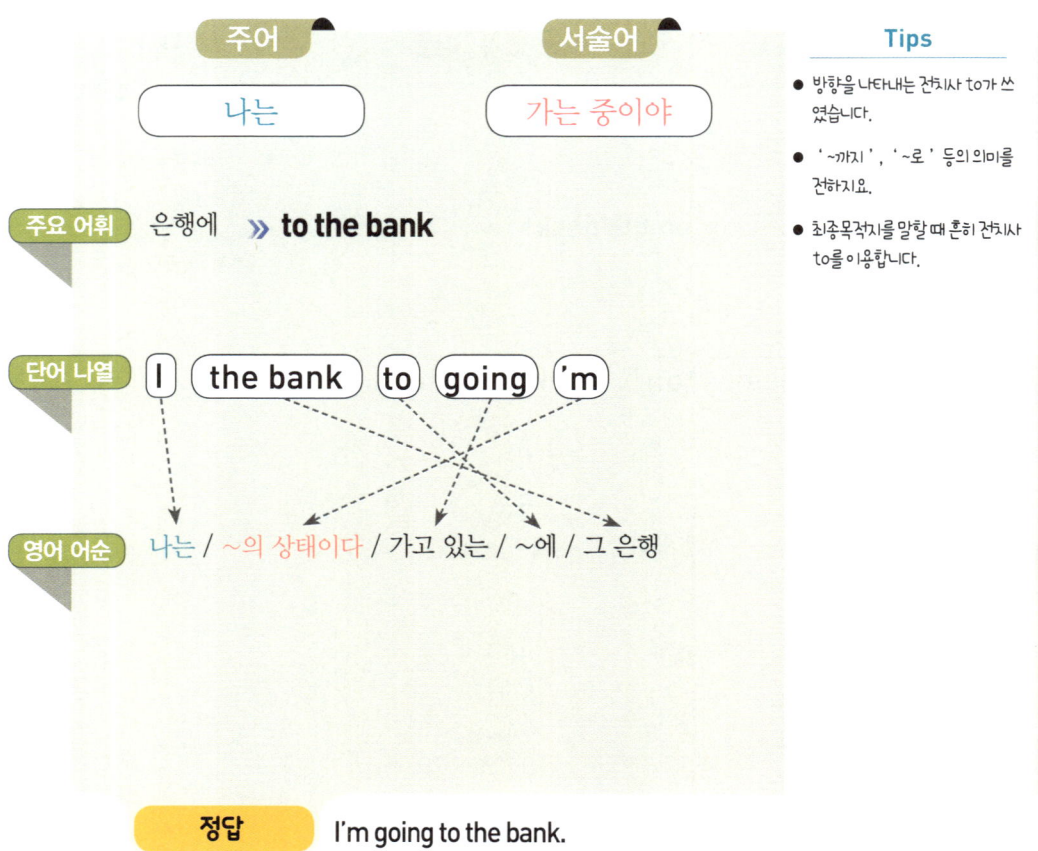

주어	서술어
나는	가는 중이야

Tips

- 방향을 나타내는 전치사 to가 쓰였습니다.

- ' ~까지 ', ' ~로 ' 등의 의미를 전하지요.

- 최종목적지를 말할 때 흔히 전치사 to를 이용합니다.

주요 어휘   은행에   » **to the bank**

단어 나열   I   the bank   to   going   'm

영어 어순   나는 / ~의 상태이다 / 가고 있는 / ~에 / 그 은행

정답   I'm going to the bank.

필기체로 영작하기

I'm going to the bank.
I'm going to the bank.
I'm going to the bank.

164 나는 그거 재미로 한 거야.

주어	서술어
나는	한 거야

주요 어휘 재미로 » **for fun**

단어 나열 I it fun for did

영어 어순 나는 / ~을 했다 / 그것 / ~을 위해서 / 재미

Tips

● 목적을 나타내는 전치사 for가 쓰였습니다.

● '~때문에', '~을 위해서' 등의 의미이지요.

● for fun은 '재미를 위해서', '재미 때문에' 등의 의미에서 '재미로'로 파생되었습니다.

정답 I did it for fun.

필기체로 영작하기

I did it for fun.

I did it for fun.

I did it for fun.

165 나는 지금 경험을 통해서 말하고 있는 거야.

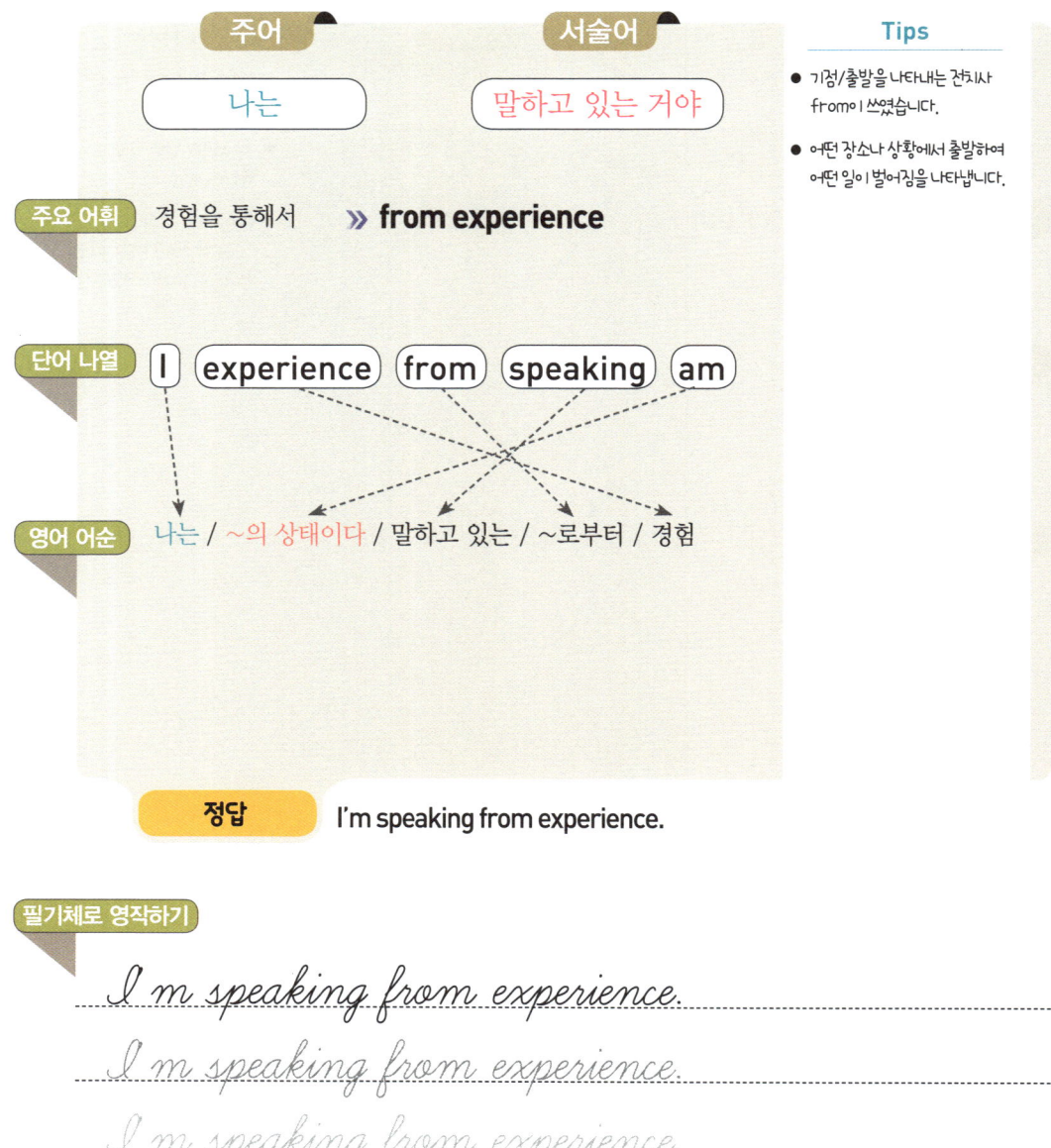

주어 나는

서술어 말하고 있는 거야

Tips
- 기점/출발을 나타내는 전치사 from이 쓰였습니다.
- 어떤 장소나 상황에서 출발하여 어떤 일이 벌어짐을 나타냅니다.

주요 어휘 경험을 통해서 » **from experience**

단어 나열 I experience from speaking am

영어 어순 나는 / ~의 상태이다 / 말하고 있는 / ~로부터 / 경험

정답 I'm speaking from experience.

필기체로 영작하기

I m speaking from experience.
I m speaking from experience.
I m speaking from experience.

166 제가 당신의 사진을 좀 찍고 싶은데요.

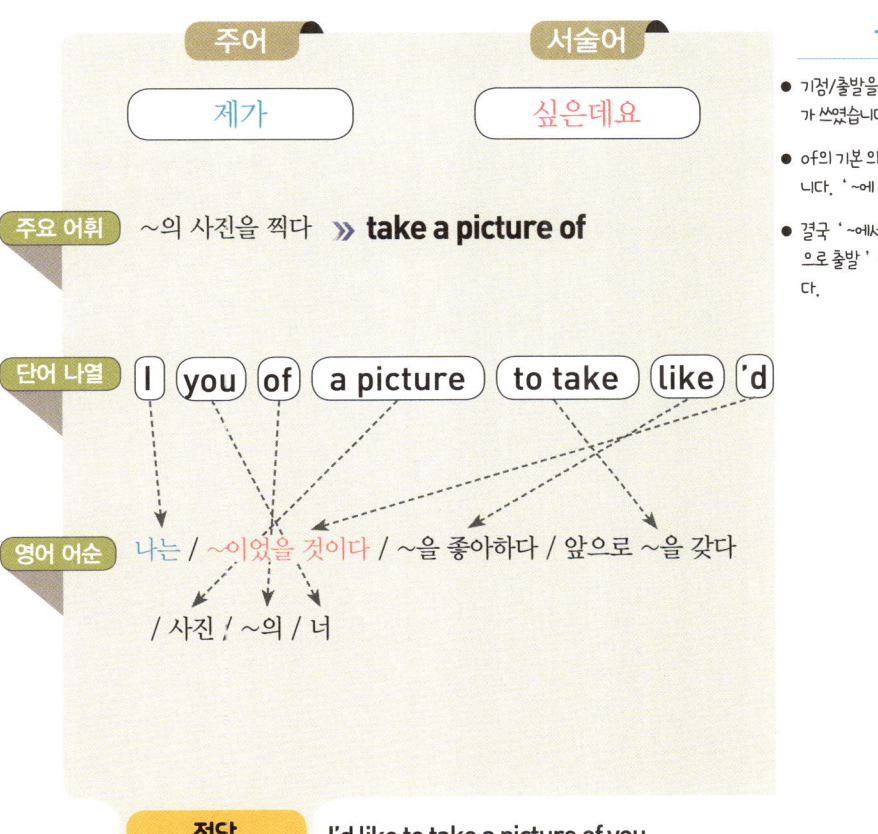

주어

제가

서술어

싶은데요

주요 어휘 ~의 사진을 찍다 **» take a picture of**

단어 나열 I you of a picture to take like 'd

영어 어순 나는 / ~이었을 것이다 / ~을 좋아하다 / 앞으로 ~을 갖다

/ 사진 / ~의 / 너

Tips

- 기점/줄발을 나타내는 전치사 of 가 쓰였습니다.

- of의 기본 의미는 belong to 입니다. '~에 속해있다'는 것이죠.

- 결국 '~에서 출발', '~을 기점으로 출발' 등의 느낌이 있는 겁니다.

정답 I'd like to take a picture of you.

필기체로 영작하기

I'd like to take a picture of you.

I'd like to take a picture of you.

I'd like to take a picture of you.

223

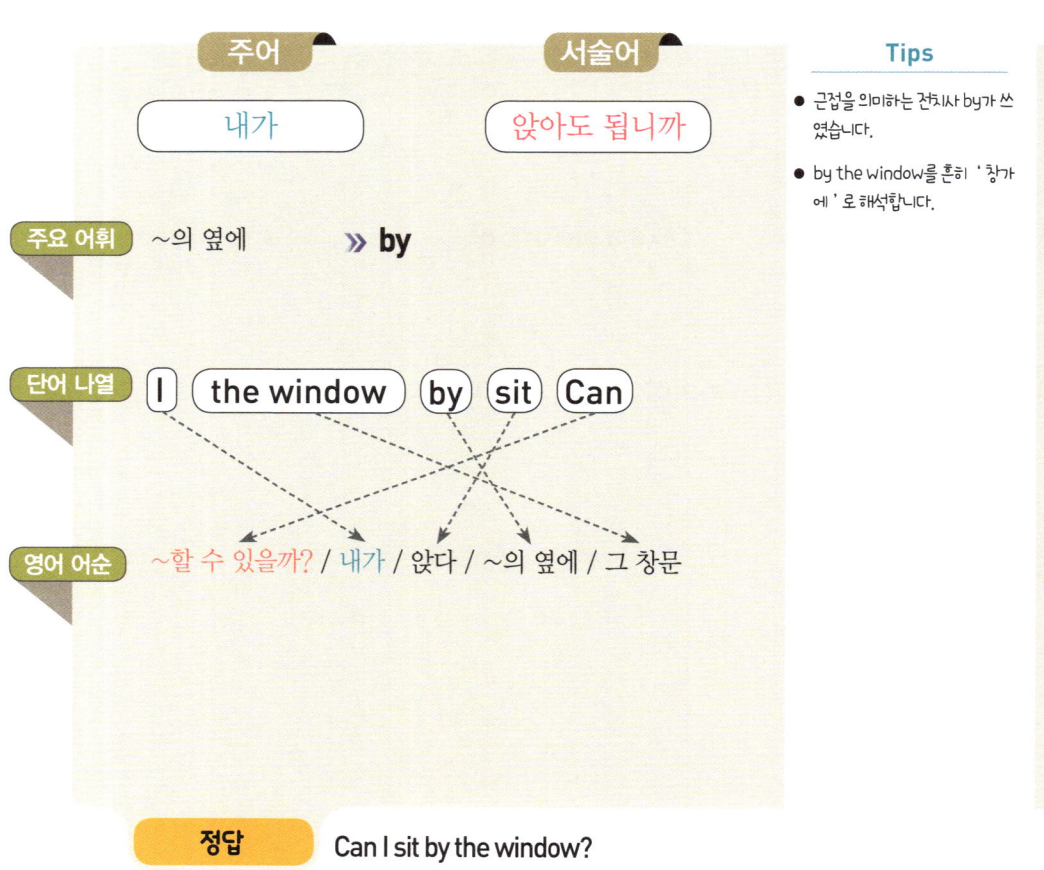

주어 내가

서술어 앉아도 됩니까

Tips

● 근접을 의미하는 전치사 by가 쓰였습니다.

● by the window를 흔히 '창가에'로 해석합니다.

주요 어휘 ~의 옆에 》 **by**

단어 나열 I / the window / by / sit / Can

영어 어순 ~할 수 있을까? / 내가 / 앉다 / ~의 옆에 / 그 창문

정답 Can I sit by the window?

필기체로 영작하기

Can I sit by the window?
Can I sit by the window?
Can I sit by the window?

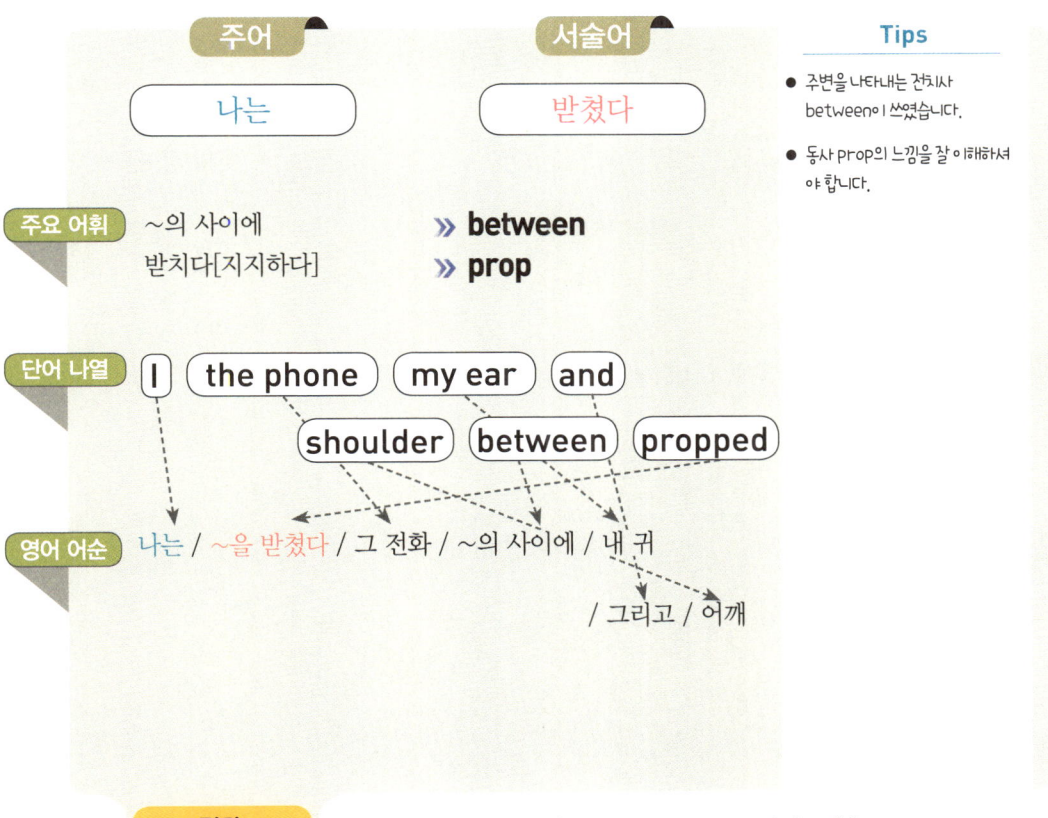

168 주변 전치사(between)

나는 전화를 내 귀와 어깨 사이에 받쳤다.

주어 나는

서술어 받쳤다

Tips
- 주변을 나타내는 전치사 between이 쓰였습니다.
- 동사 prop의 느낌을 잘 이해하셔야 합니다.

주요 어휘
~의 사이에 » **between**
받치다[지지하다] » **prop**

단어 나열 I | the phone | my ear | and | shoulder | between | propped

영어 어순 나는 / ~을 받쳤다 / 그 전화 / ~의 사이에 / 내 귀 / 그리고 / 어깨

정답 I propped the phone between my ear and shoulder.

필기체로 영작하기

I propped the phone between my ear and shoulder.

I propped the phone between my ear and shoulder.

I propped the phone between my ear and shoulder.

225

169 퇴근 후에 보자.

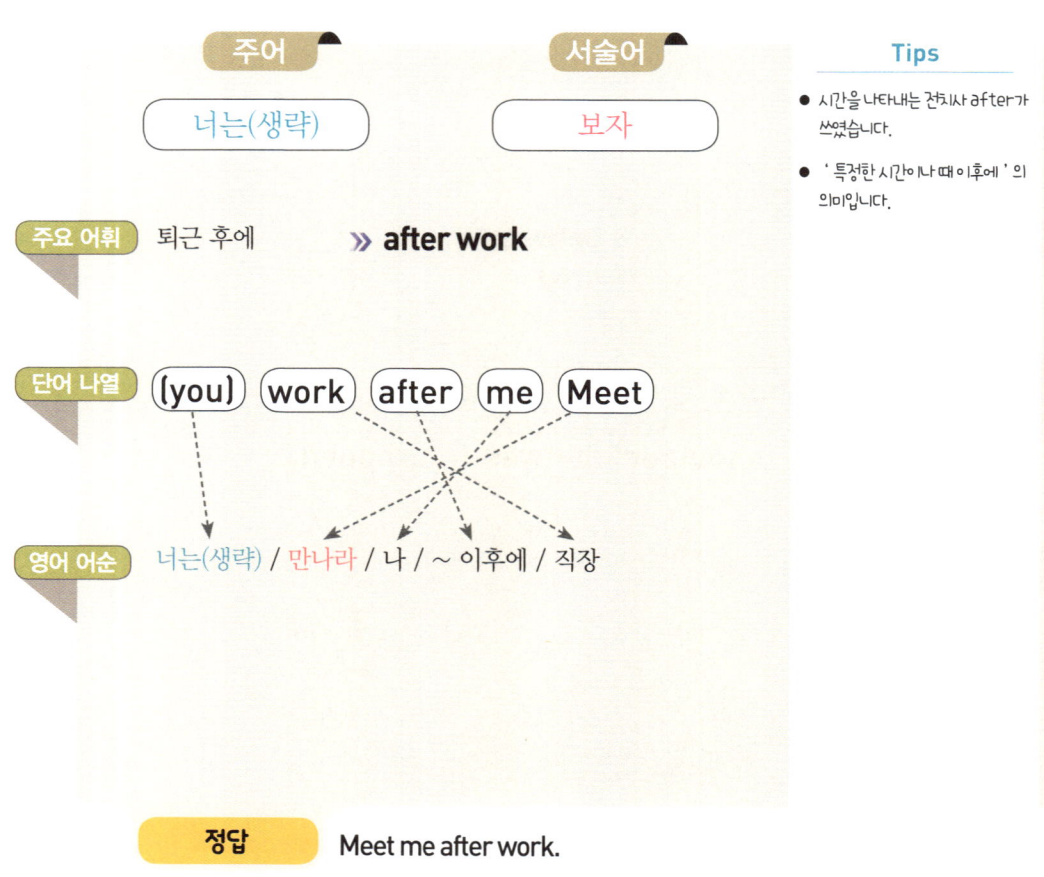

주어	서술어
너는(생략)	보자

Tips
- 시간을 나타내는 전치사 after가 쓰였습니다.
- '특정한 시간이나 때 이후에'의 의미입니다.

주요 어휘 퇴근 후에 ≫ **after work**

단어 나열 (you) work after me Meet

영어 어순 너는(생략) / 만나라 / 나 / ~ 이후에 / 직장

정답 Meet me after work.

필기체로 영작하기

Meet me after work.

Meet me after work.

Meet me after work.

170 그녀는 커피 한 잔을 들고 입구 쪽 베란다에 있었다.

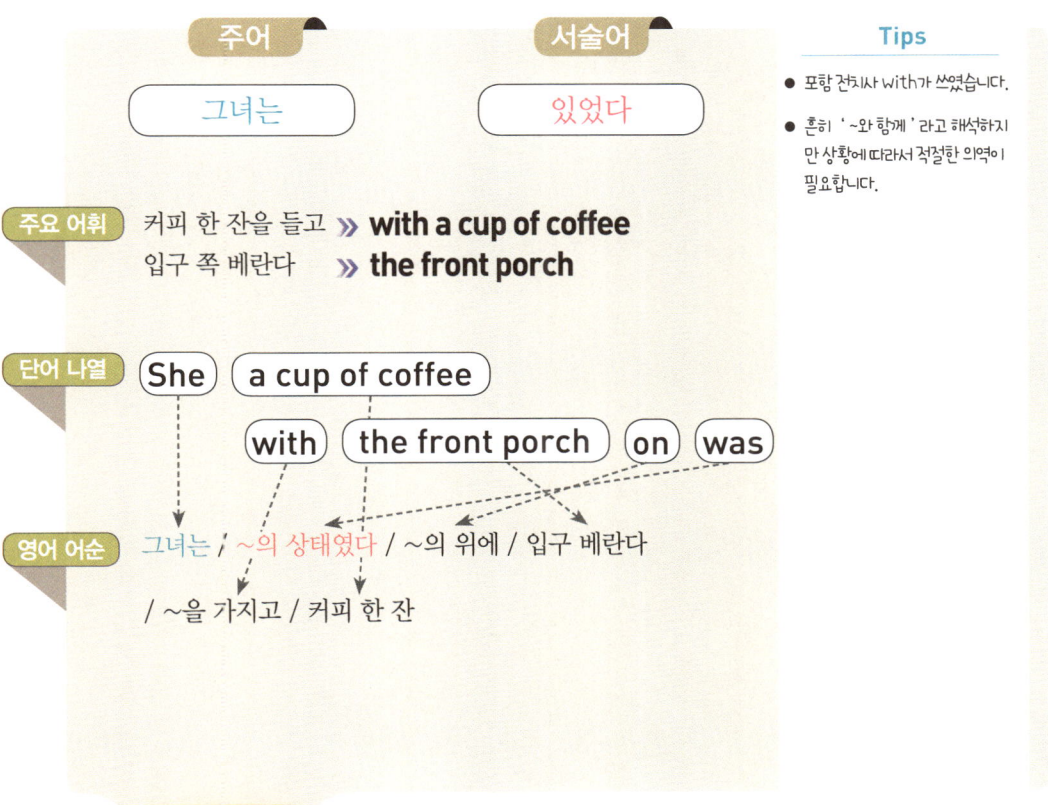

주어 **그녀는**

서술어 **있었다**

주요 어휘
커피 한 잔을 들고 ≫ **with a cup of coffee**
입구 쪽 베란다 ≫ **the front porch**

단어 나열
She · a cup of coffee · with · the front porch · on · was

영어 어순
그녀는 / ~의 상태였다 / ~의 위에 / 입구 베란다 / ~을 가지고 / 커피 한 잔

정답   She was on the front porch with a cup of coffee.

필기체로 영작하기

She was on the front porch with a cup of coffee.

She was on the front porch with a cup of coffee.

She was on the front porch with a cup of coffee.

Part **2**

품사편

제 **18** 장
특수 구문

171　그녀와 대화를 하는 중에 그는 굴욕감을 느꼈다.

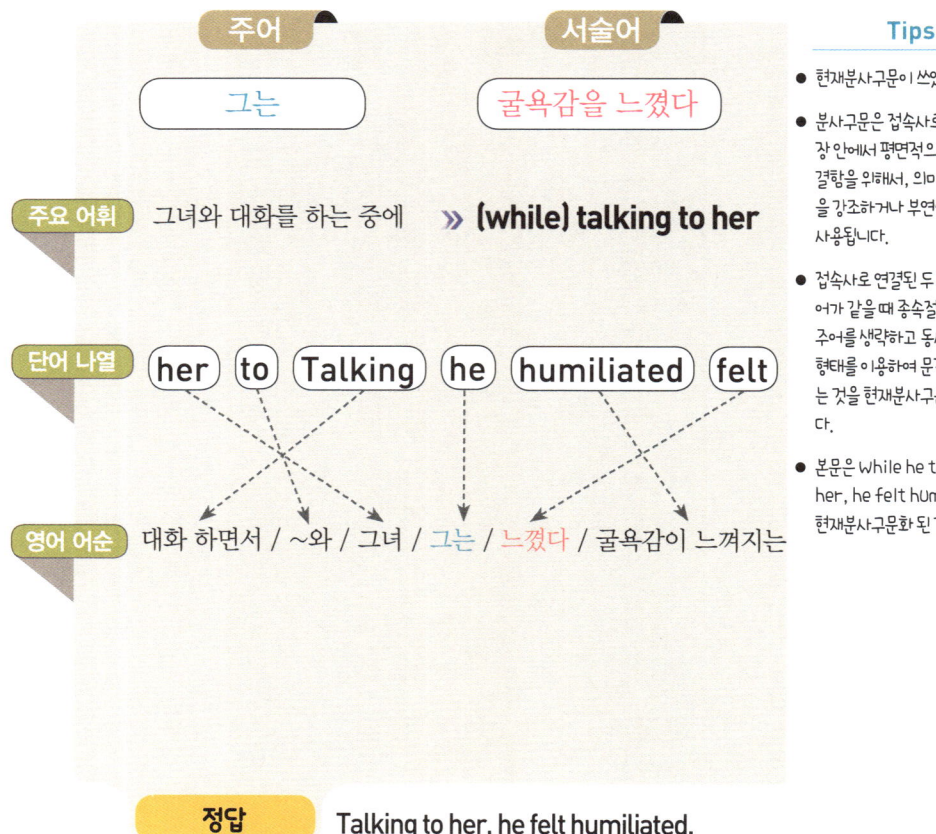

주어

그는

서술어

굴욕감을 느꼈다

주요 어휘　그녀와 대화를 하는 중에　»　**(while) talking to her**

단어 나열　her　to　Talking　he　humiliated　felt

영어 어순　대화 하면서 / ~와 / 그녀 / 그는 / 느꼈다 / 굴욕감이 느껴지는

Tips

- 현재분사구문이 쓰였습니다.

- 분사구문은 접속사로 연결된 한 문장 안에서 평면적으로는 말의 간결함을 위해서, 의미적으로는 본론을 강조하거나 부연설명을 위해서 사용됩니다.

- 접속사로 연결된 두 개 문장의 주어가 같을 때 종속절의 접속사와 주어를 생략하고 동사의 현재분사 형태를 이용하여 문장을 만들어내는 것을 현재분사구문이라고 합니다.

- 본문은 while he talked to her, he felt humiliated.가 현재분사구문화 된 것입니다.

정답　Talking to her, he felt humiliated.

필기체로 영작하기

Talking to her, he felt humiliated.

Talking to her, he felt humiliated.

Talking to her, he felt humiliated.

172 너무 피곤해서, 그녀는 한 마디도 할 수가 없었다.

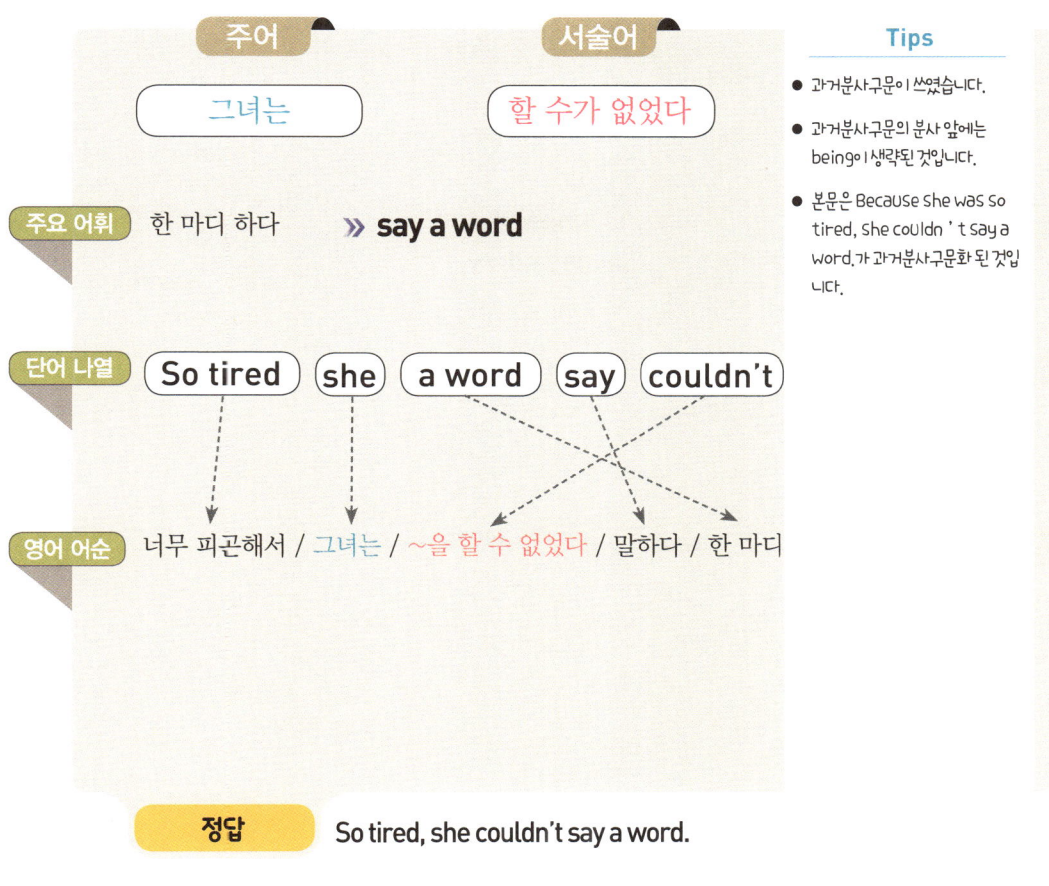

주어 그녀는

서술어 할 수가 없었다

Tips
- 과거분사구문이 쓰였습니다.
- 과거분사구문의 분사 앞에는 being이 생략된 것입니다.
- 본문은 Because she was so tired, she couldn't say a word.가 과거분사구문화 된 것입니다.

주요 어휘 한 마디 하다 » **say a word**

단어 나열 So tired / she / a word / say / couldn't

영어 어순 너무 피곤해서 / 그녀는 / ~을 할 수 없었다 / 말하다 / 한 마디

정답 So tired, she couldn't say a word.

So tired, she couldn't say a word.
So tired, she couldn't say a word.
So tired, she couldn't say a word.

173 그는 꿇어 앉아서 미안하다고 말했다.

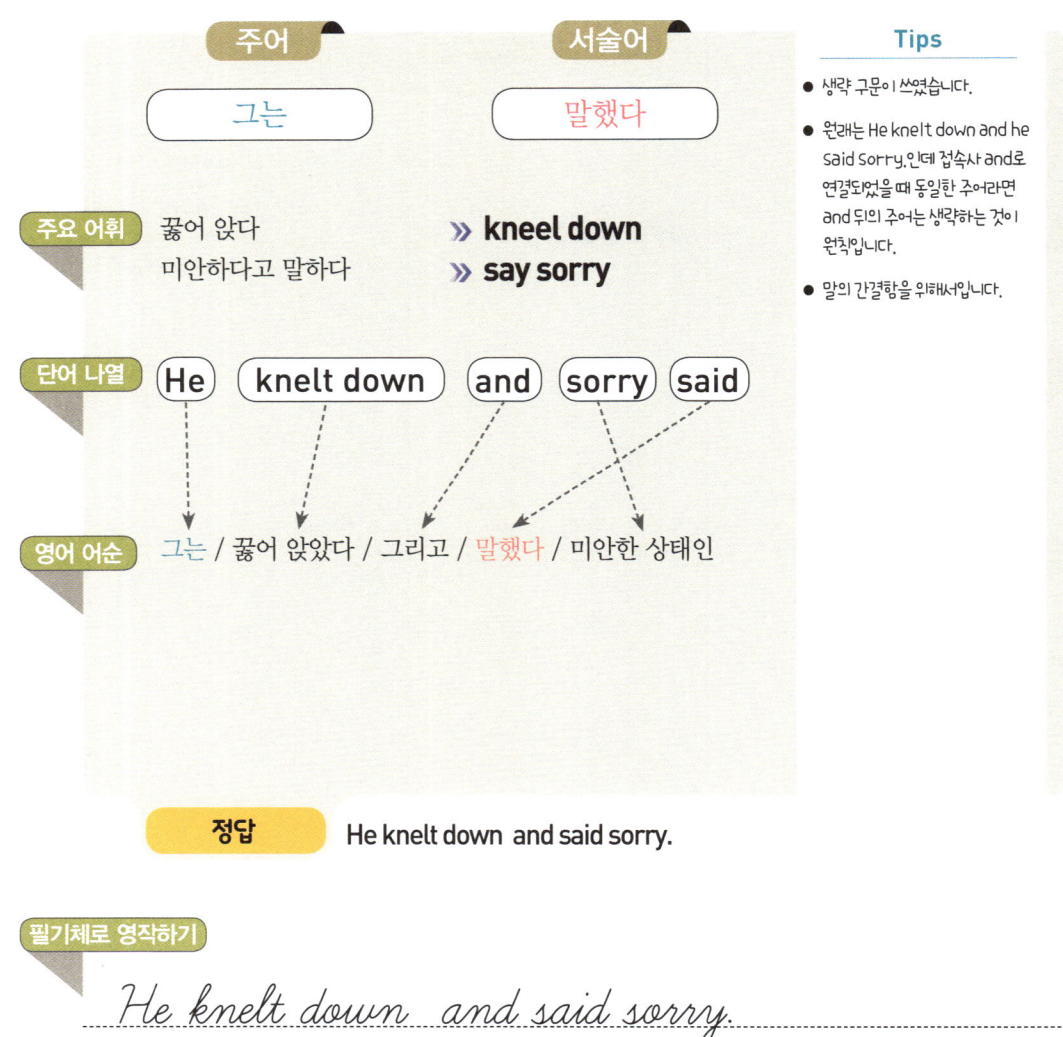

주어

그는

서술어

말했다

Tips

● 생략 구문이 쓰였습니다.

● 원래는 He knelt down and he said sorry. 인데 접속사 and로 연결되었을 때 동일한 주어라면 and 뒤의 주어는 생략하는 것이 원칙입니다.

● 말의 간결함을 위해서입니다.

주요 어휘

꿇어 앉다   » **kneel down**
미안하다고 말하다   » **say sorry**

단어 나열

He   knelt down   and   sorry   said

영어 어순

그는 / 꿇어 앉았다 / 그리고 / 말했다 / 미안한 상태인

정답   He knelt down and said sorry.

필기체로 영작하기

He knelt down and said sorry.

He knelt down and said sorry.

He knelt down and said sorry.

우리 가서 영화 보자.

주어	서술어
우리	가자

주요 어휘　영화를 보다　　» **see a movie**

단어 나열　(Let's) (go) (a movie) (see)

영어 어순　우리 ~을 하자 / 가다 / 보다 / 영화

Tips

● 생략 구문이 쓰였습니다.

● Let's go to see a movie.에서 to가 생략되었습니다. Let's go to see a movie.는 "영화 보러 가자."가 되어서 '미래적 느낌'이 강합니다. to 부정사는 '미래'의 의미를 전하기 때문이지요.

● 하지만 to를 생략하면 '당장'의 느낌이 강조되어서 '가서 보자'로 해석하게 되는 겁니다.

● 그래서 이 문장을 Let's go and see a movie.에서 and가 생략된 문장으로 볼 수도 있습니다.

정답　Let's go see a movie.

필기체로 영작하기

Let's go see a movie.

Let's go see a movie.

Let's go see a movie.

175 생략 그는 내게 등을 돌려 갔고 나를 혼자 남겨 두었다.

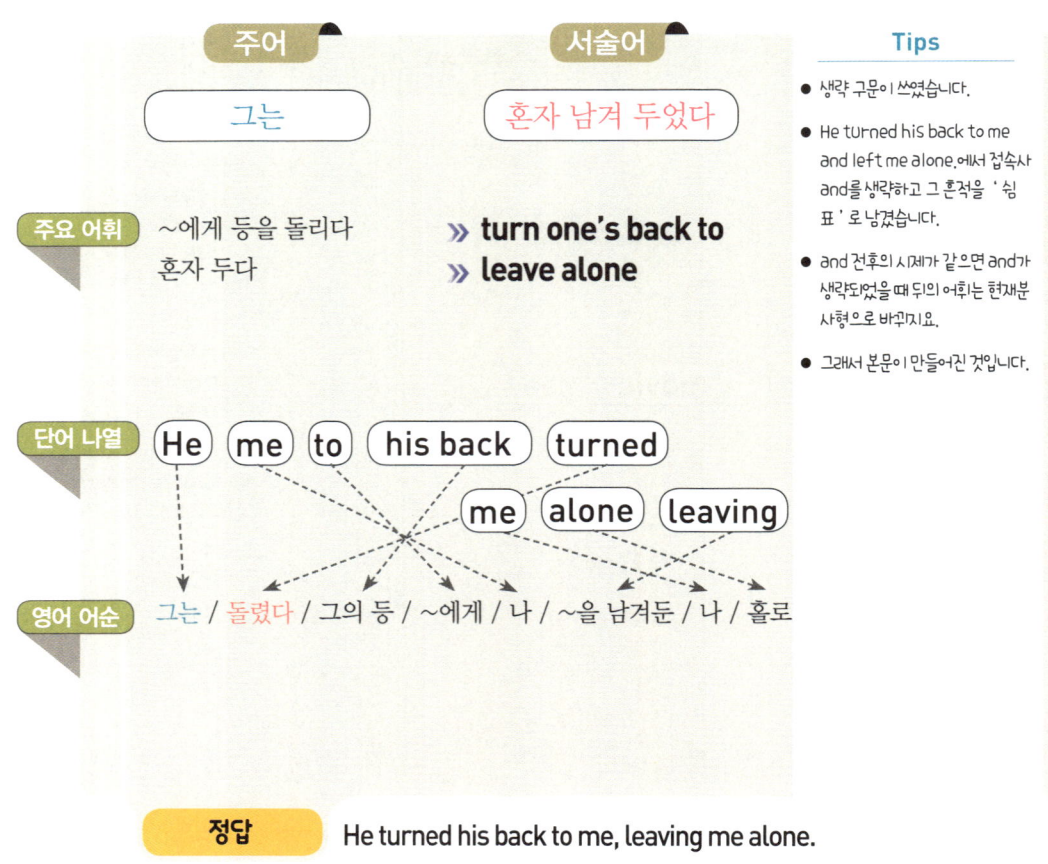

주어

그는

서술어

혼자 남겨 두었다

Tips

- 생략 구문이 쓰였습니다.
- He turned his back to me and left me alone.에서 접속사 and를 생략하고 그 흔적을 '쉼표'로 남겼습니다.
- and 전후의 시제가 같으면 and가 생략되었을 때 뒤의 어휘는 현재분사형으로 바뀌지요.
- 그래서 본문이 만들어진 것입니다.

주요 어휘

~에게 등을 돌리다
혼자 두다

» **turn one's back to**
» **leave alone**

단어 나열

He me to his back turned

me alone leaving

영어 어순

그는 / 돌렸다 / 그의 등 / ~에게 / 나 / ~을 남겨둔 / 나 / 홀로

정답 He turned his back to me, leaving me alone.

필기체로 영작하기

He turned his back to me, leaving me alone.

He turned his back to me, leaving me alone.

He turned his back to me, leaving me alone.

176 생략

나는 그의 눈을 들여봐 봤고, 내 머리는 피곤함으로 현기증이 났다.

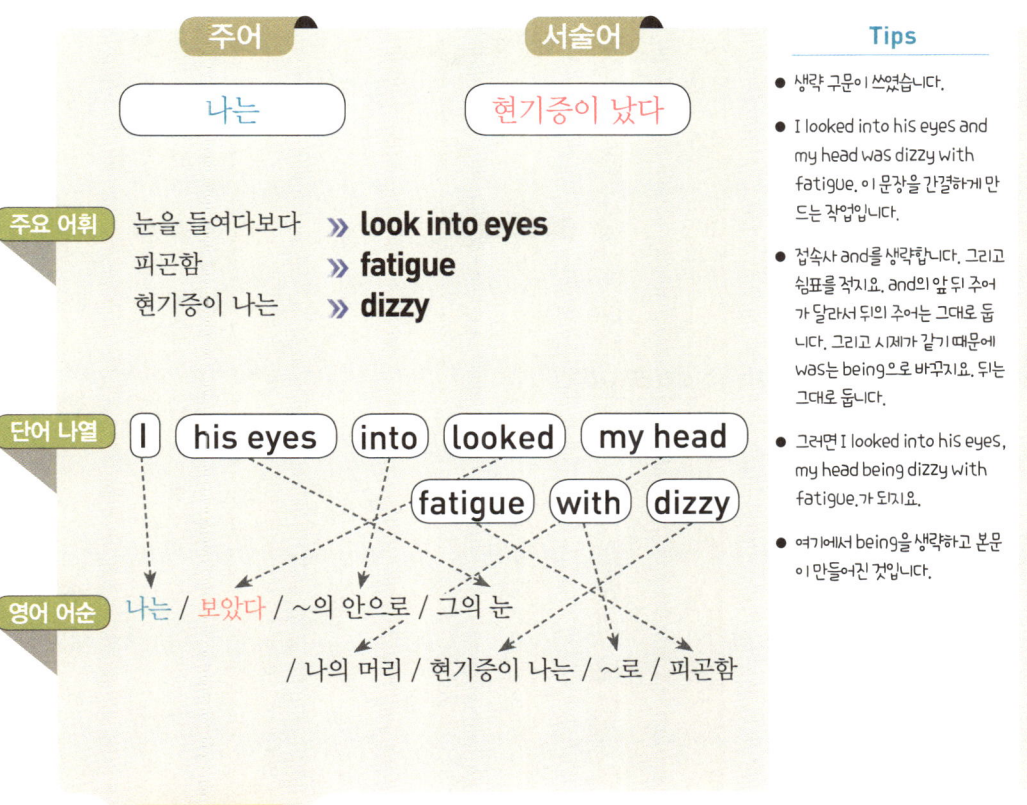

주어	서술어
나는	현기증이 났다

주요 어휘
눈을 들여다보다 » **look into eyes**
피곤함 » **fatigue**
현기증이 나는 » **dizzy**

단어 나열
I his eyes into looked my head
fatigue with dizzy

영어 어순
나는 / 보았다 / ~의 안으로 / 그의 눈
/ 나의 머리 / 현기증이 나는 / ~로 / 피곤함

Tips
- 생략 구문이 쓰였습니다.
- I looked into his eyes and my head was dizzy with fatigue. 이 문장을 간결하게 만드는 작업입니다.
- 접속사 and를 생략합니다. 그리고 쉼표를 찍지요. and의 앞 뒤 주어가 달라서 뒤의 주어는 그대로 둡니다. 그리고 시제가 같기 때문에 was는 being으로 바꾸지요. 뒤는 그대로 둡니다.
- 그러면 I looked into his eyes, my head being dizzy with fatigue.가 되지요.
- 여기에서 being을 생략하고 본문이 만들어진 것입니다.

정답 I looked into his eyes, my head dizzy with fatigue.

필기체로 영작하기

I looked into his eyes, my head dizzy with fatigue.
I looked into his eyes, my head dizzy with fatigue.
I looked into his eyes, my head dizzy with fatigue.

강조

나 평소에 영어공부 해. 정말 열심히.

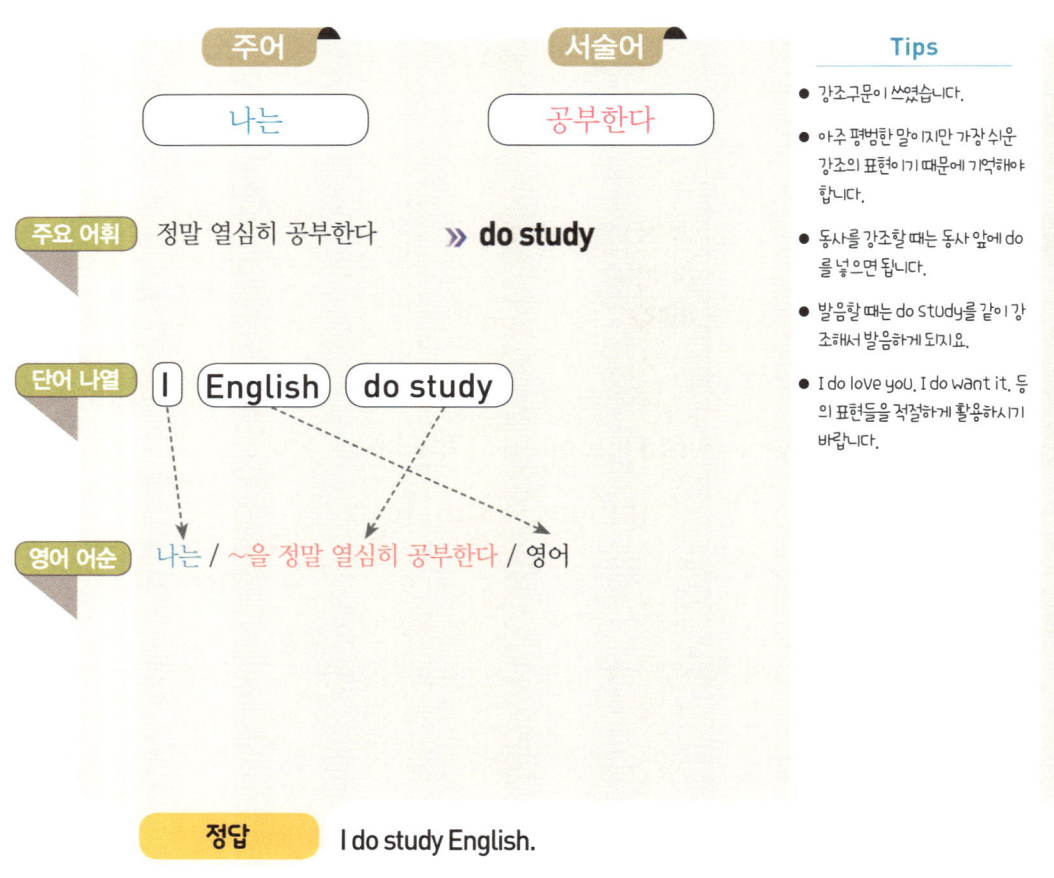

주어

나는

서술어

공부한다

Tips

- 강조구문이 쓰였습니다.
- 아주 평범한 말이지만 가장 쉬운 강조의 표현이기 때문에 기억해야 합니다.
- 동사를 강조할 때는 동사 앞에 do 를 넣으면 됩니다.
- 발음할 때는 do study를 같이 강조해서 발음하게 되지요.
- I do love you. I do want it. 등의 표현들을 적절하게 활용하시기 바랍니다.

주요 어휘   정말 열심히 공부한다   » **do study**

단어 나열   I   English   do study

영어 어순   나는 / ~을 정말 열심히 공부한다 / 영어

정답   I do study English.

필기체로 영작하기

I do study English.

I do study English.

I do study English.

178 강조

내가 당연히 고맙다고 말해야죠.

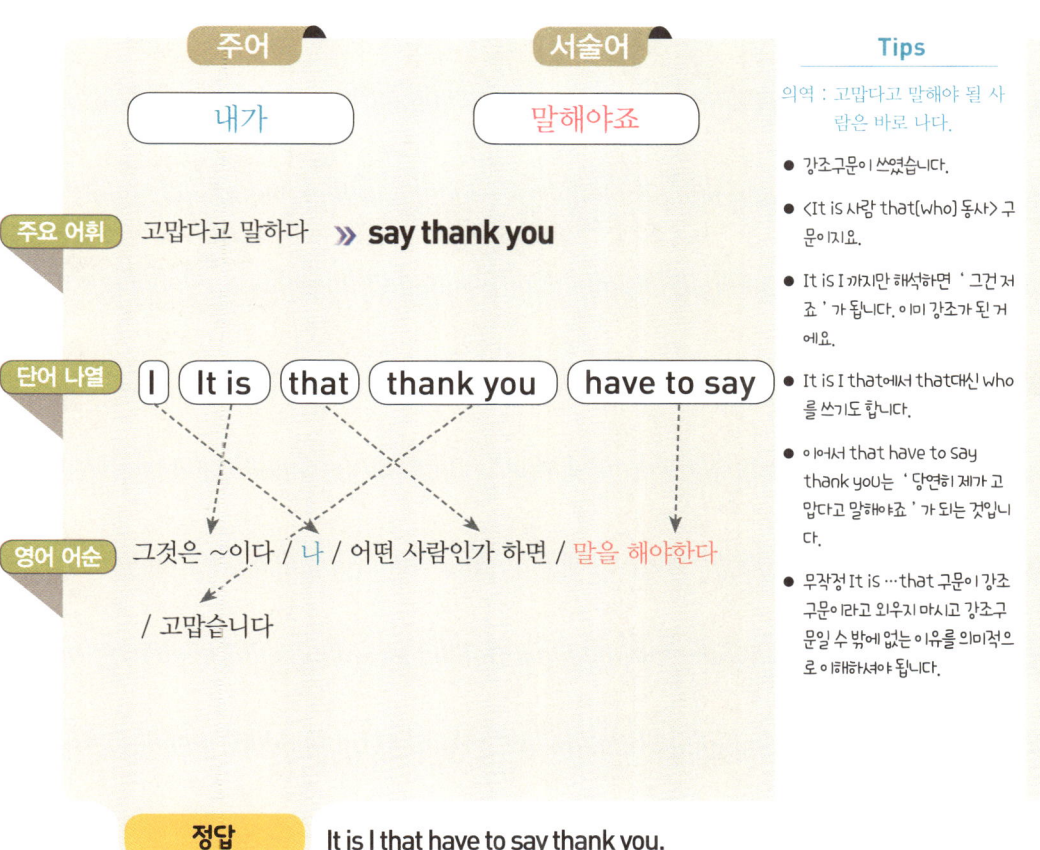

주어

내가

서술어

말해야죠

주요 어휘 고맙다고 말하다 ≫ **say thank you**

단어 나열 | I | It is | that | thank you | have to say |

영어 어순 그것은 ~이다 / 나 / 어떤 사람인가 하면 / 말을 해야한다

/ 고맙습니다

Tips

의역 : 고맙다고 말해야 될 사람은 바로 나다.

- 강조구문이 쓰였습니다.
- 〈It is 사람 that(who) 동사〉 구문이지요.
- It is I 까지만 해석하면 ' 그건 저죠 ' 가 됩니다. 이미 강조가 된 거에요.
- It is I that에서 that대신 who를 쓰기도 합니다.
- 이어서 that have to say thank you는 ' 당연히 제가 고맙다고 말해야죠 ' 가 되는 것입니다.
- 무작정 It is …that 구문이 강조구문이라고 외우지 마시고 강조구문일 수 밖에 없는 이유를 의미적으로 이해하셔야 됩니다.

정답 It is I that have to say thank you.

필기체로 영작하기

It is I that have to say thank you.

It is I that have to say thank you.

It is I that have to say thank you.

237

179 도치

내 버스 온다.

주어	서술어	Tips

주어 내 버스가

서술어 온다

Tips
- 도치구문이 쓰였습니다.
- 원래는 My bus comes here. 또는 My bus is coming here. 이지요.
- 이것을 습관적으로 강조하여 Here comes를 앞으로 보냅니다.
- 도치를 이용하는 이유는 의미의 강조를 위해서입니다.

주요 어휘   이리로 오다   » **come here**

단어 나열   my bus   Here   comes

영어 어순   이리로 / 온다 / 내 버스가

정답   Here comes my bus.

필기체로 영작하기

Here comes my bus.

Here comes my bus.

Here comes my bus.

238

180 쟤 정말 예쁘다.

도치

주어: 그녀는

서술어: 예쁘다

주요 어휘 정말 예쁜 » **how beautiful**

단어 나열 she / How beautiful / is

영어 어순 정말 예쁜 / 그녀는 / ~의 상태이다

정답 How beautiful she is.

Tips

- 도치구문이 쓰였습니다.
- 원래는 She is very beautiful. 이지요. 이것을 강조하기 위해서
- 문장의 앞에 How beautiful을 등장시켰습니다.
- '어떻게 저렇게 예쁠 수가'의 느낌입니다.

필기체로 영작하기

How beautiful she is.

How beautiful she is.

How beautiful she is.

A 브랜드 라떼	shot	6.6
B 브랜드 라떼	small	5.5
C 브랜드 라떼	regular	4.6

누구나 좋아하는
브랜드 커피 **한 잔**으로

나만의 멋진
영어 필기체 완성

착한 가격 **4,900**원

Cursive Handwriting

Pub 365

무턱대고 쓰기만 하면
영어 필기체가 만들어질까요?

하나씩 차근차근
단계를 밟아가며
자신만의 글꼴을 만들어보세요.

나만의 멋진 **영어 필기체** 완성

글꼴연구소 지음 | 185x255 | 스프링북 | 착한 가격 4,900원

지금 적중을 경험하라!

엣지 실전모의고사 TOEIC 시험 적중 분석!!!

* 103번 적중 > 엣지 모의고사 3회 112번
  전치사 "in"은 "~에 있어서의" 의미이다.

* 105번 적중 > 엣지 모의고사 3회 146번
  "available"은 형용사로 "이용가능한"의 의미이다.

* 107번 적중 > 엣지 모의고사 1회 113번
  "for" 전치사의 의미를 묻는 문제, "~하기 위해"의 의미로 목적을 나타낸다.

* 114번 적중 > 엣지 모의고사 1회 117번
  "charge"는 명사로 "청구금액, 청구액"의 의미이다.

* 119번 적중 > 엣지 모의고사 3회 116번
  "themselves" 목적어로 쓰인 재귀대명사는 주어와 일치할 때 사용한다.

... ...

新토익 엣지 만점 마무리 실전모의고사

지금 적중을 경험하라!

특별 정가 5,500원

edge¹ 新토익 실전모의고사 3회분(봉투형)
edge² OMR 카드 3장 + 회차별 정답 제공
edge³ 실제 시험처럼 진행하는 QR코드 MP3 제공
edge⁴ 어떤 악조건에서도 토익시험은 진행된다!
돌발상황! 불량 방송실 음원 완벽 재현 MP3 추가 제공

14740
9 791186 533529
ISBN 979-11-86533-52-9
979-11-86533-51-2 (세트)

Pub.365

박영수 지음 | TOEIC 실제 시험지 사이즈 | 모의고사 3세트 | 특별 정가 5,500원

영어 하자!!!

기본문장 **40**개
x 표현확장 **40**개 = **1,600**문장

네이티브는 일상에서 **쉬운 영어**로만 말한다!

외국인이 자주 쓰는 **40개 기본문장**으로 쉽게 말할 수 있다!

☆ **40개 기본문장**으로 쉽게 말한다!
> **Do you**…? / **What do you**…? / **I am
> happy to**… / **I can**…

☆ **40개 기본문장**으로 길게 말한다!
> "넌 영화를 좋아해? 그 영화 어때? 영화봐서
> 행복해. 나는 또 볼 수 있어."

☆ **40개 기본문장**으로 유창하게 말한다.
> <u>**Do you**</u> like movies? <u>**What do you**</u> think
> about the movie? <u>**I am happy to**</u> see the
> movie. <u>**I can**</u> watch it again.

입문 / 초급 / 중급 / 고급

발칙한 영어로 진짜 쉽게 말하자
— **기본문장 편**

심진섭, 레이나, 김현주 지음 | 170x225 | 384p | 14,800원

네이티브는 일상에서 **쉬운 영어**로만 말한다!

외국인이 자주 쓰는 40개 확장표현으로 쉽게 말할 수 있다!

☆ **40개 확장표현**으로 쉽게 말한다!

clean up… / be carrying out… / listen to… / focus on…

☆ **40개 확장표현**으로 길게 말한다!

"너는 나 대신 집안을 **치울** 수 있니? 나는 지금 프로젝트의 마지막 부분을 **실행하는 중**이야. 이것을 끝낸 후에, 나는 너가 말하는 모든 것들은 **경청할게**. 내가 끝까지 프로젝트에 **집중하도록** 해줘."

☆ **40개 확장표현**으로 유창하게 말한다.

Can you **clean up** the house instead of me? I **am carrying out** the last part of the project. After finishing this, I will **listen** carefully **to** everything you say. Please let me **focus on** the project to the end.

어떻게~
감이 좀~ 잡히시나요?
OPIc 같은 스피킹 시험도
문제 없습니다.

입문 초급 중급 고급

문장으로 완성하는

누구나
영작문

따 라 쓰 기

품사편